教育思想双書 II-1

教育思想のポストモダン

戦後教育学を超えて

下司 晶

勁草書房

まえがき

教育思想のポストモダン——このタイトルから、あなたはどのような内容を想像しただろうか。「ポストモダンという新しい思想の立場による、これまでにない教育のあり方の提言」への期待だろうか。あるいは「時代遅れの思想を今さら取り上げることに何の意味があるのか」という疑念だろうか。もしこのいずれかの想いとともにページをめくるならば、残念ながら肩すかしを食らったような感覚を味わうかもしれない。本書のねらいは、特定の外来思想に基づいた教育のヴィジョンを提示することではないからだ。
しかしそもそも、今さらポストモダン／ポストモダニズムについて、語るべき何事かが残されているのだろうか。一九八〇年代に日本でポストモダン思想がブームになってから、すでに三〇年以上の歳月が流れている。ラカン、フーコー、ドゥルーズ、デリダ、等々……。彼らはみな鬼籍に入っているし、主な思想はほぼ紹介され尽くしたといっていい。その間にポストモダン思想は、ハーバーマスによって「新保守」のレッテルを貼られ、ソーカルらによって「ファッショナブル・ナンセンス」の烙印を押された。さらに二〇〇〇年代以降の日本では、フランス現代思想に代わって英米圏の政治哲学が主流になってきている。

だがそれでも、いやだからこそ、本書によって「最新の」教育学の状況は明らかになると筆者は考えている。それは先にのべたように、ヨーロッパ（特にフランス）由来の思想に我が身を置いて、そこから日本の教育を眺めることによってなされるものではない。本書が描き出すのは、日本の教育学がいかにポストモダン／ポストモダニズムに応答し、自分たちを変化させてきたかである。現代の私たちにとって、ポストモダン／ポストモダニズムは当たり前のものになってしまった。だが、そのことに気づかない人、あるいはそのことを否定しようとする人は相変わらず多い。

現代教育学のパラダイムは、いつの間にか変わってしまった。ではいつ、どのように変わったのか。これを「ポストモダン」というタームに即して明らかにすることが本書の目的である。後に詳しく論じていくように、実は日本の教育学はポストモダン思想を十分に咀嚼も受容もしてこなかった。にもかかわらずその影響は皆無というわけではない。そもそも、ポストモダン思想を学ばなくても、ポストモダン状況からは逃れられない。ポストモダニズムは、もはやその登場以前には戻ることができないほど、深い爪痕を教育学に残している。だから本書では、その傷の深さを探る作業を通して、今後の教育のあり方を考えたい。

外来文化との関係については、しばしば次のようなことがいわれる。日本はある外来の文化を同時代的に受容しはするが、それを自らのものとして完全に消化しきる前に、次なる外来文化の波にさらわれてしまい、結局はそれらの文化は一過性の流行で終わってしまう。そうして私たちは何も学ばず、外来のものを自らのものとして血肉化することはない、と。おそらく丸山眞男や吉本隆明の著作でこうした論に触れた一九歳の頃、まさに我が意を得たりと、目の前の靄が晴れたような気がしたことを記憶している。

だがしばらくすると、こうした説への疑問も頭をよぎるようになってきた。はたして外来の文化は、あるいはそれらを受容してきた先人たちの努力は、後世に何も残さなかったのだろうか。漢字とカタカナ語を同時に駆使するこの言語をとってみても、私たちの文化的クレオール状況はあきらかだ。日本という国家や文化の輪郭を明治以前にまで遡る発想には本質主義的誤謬が含まれるとしても、現在私たちが受け継いでいる文化は常に、「外」との対話を通して構築されてきたはずである。教育学にとってポストモダン思想は、そのような対話の相手だった。もっとも、教育学はそれを完全に受け入れたわけではない。共感。呼応。疑念。反発。拒否。拒絶。反応の仕方はさまざまであったが、いずれにせよ、それに応答するなかで教育学が自らを変化させていったことは疑いない。

ポストモダン／ポストモダニズムほど、毀誉褒貶の激しい言葉は近年ない。それは一部の人々にとっては、近代の遺産を全て否定する諸悪の根源であり、学術的検討に値しない疑似科学であり、民主主義社会の脅威となる保守主義の新たな一派であり、反知性主義の代表であり、すでにピークを過ぎた一過性の流行病である。専門学会ではアレルギー反応を示す人も多く、定義が統一されないままに各論者が自説を語るため、生産的な議論になったためしがない。だから誰しもこの語から距離を取り、自己をそれとは峻別しようとする。

こうした状況で「ポストモダン」という語を自著のタイトルに冠するなど、どう考えても賢明な選択とは思われない。にもかかわらずあえてこの「逆張り」を選択した理由は、一つには筆者の性格が素直でないからだが、もう一つには、この視野の暗点に立つことによってしか見通すことのできないものがあると考えるからである。

この試みがうまくいっているかどうか、読者諸氏の批判を待ちたい。

教育思想のポストモダン——戦後教育学を超えて／目次

目　次

序章　教育思想とポストモダン

一　教育学とポストモダン

(一)「ポストモダン」を誰も知らない

教育思想のポストモダン——もはや「近代」を準拠枠にできなくなった教育思想のあり方を本書ではこう呼ぶ。より正確には「教育思想研究のポストモダン・モード」というべきかもしれない。ポストモダニズムは、教育学に何をもたらしたのか。教育思想研究のポストモダン・モードへの転換は、どのようにしてなされたのか。この転換によって、教育実践や教育現実と教育学との関係は、どのように変化したのか。これらの問題を検討することが本書の目的である。
だが、「ポストモダン」あるいは「ポストモダニズム」とはそもそも何であろうか。定義の難しさ、その鵺のような性質――それこそポストモダン／ポストモダニズム最大の特徴であるといえるかもしれない。イギリスの文学研究者スチュアート・シムは、『ラウトレッジ批判的事典　ポストモダン思想』(1)の序で、「ポストモダン」は定型句として日常的に用いられるにもかかわらず、その言葉が何を意味するのかを確信を持っていえる人はほとんどいないという（Sim 1999a: vii＝二〇〇二ａ：三）。

こうした状況は教育学でも同様である。『オックスフォード教育哲学ハンドブック』に収録された「ポストモダニズムと教育」でニコラス・ブーブレスは、そもそも「ポストモダニズムとは何か」について合意が形成されていないため、その教育理論へのインパクトを描き出すことは困難であるという。ポストモダニズムとは全く異なる理論的立場を束ねる包括的用語（an umbrella term）である。例えばローティのネオ・プラグマティズム、フーコーやリオタールのポスト構造主義、デリダの脱構築哲学、ガダマーの解釈学的現象学、ハーバーマスの批判理論、フレイザー、ベンハビブ、ハラウェイ、イリガライらの差異のフェミニズム、そのほかさまざまな立場が――彼らの多くは自らそう名乗らず、またこれらの理論に共通点を見いだすことは困難であるにもかかわらず――「ポストモダニズム」と総称される。しかも近年では、ポストモダン・マルクス主義、ポストモダン・キリスト教、ポストモダン保守主義というように、全くポストモダン的でない世界観にもこの修飾語は付加される。首尾一貫した定義を拒むことこそ、ポストモダニズムの本質のようにも思われる（Burbules 2009: 525）。

ポストモダニズムの定義が一定しないことによって議論が拡散して収拾しがたいという事情は、日本の教育学でも変わらない。増淵幸男と森田尚人の編による『現代教育学の地平——ポストモダニズムを超えて』（南窓社、二〇〇一年）は、日本の教育学ではじめてポストモダニズムを本格的に検討した好著であるが、その冒頭で増淵は、ポストモダンの影響をきちんと整理する必要があるという。

ポストモダンという言葉は今日では一種の流行語として使用されているが、その本質や実体についての理解と論議はどこまでなされているのであろうか。〔中略〕教育学においても、ポストモダンが教育の理論と実践に対して与えた影響と問題点とを一度きちんと整理しておくことが求められるであろう（増淵　二〇〇一：七）。

ではこの目論見は成功したのかといえば、残念ながら首をかしげざるをえない。同書に収録された各論文ではポストモダン／ポストモダニズムの定義が異なっているために、かえって問題は複雑化しているようにすら思える。それは一方ではポストモダン／ポストモダニズムの多様性を担保しているともいえるが、その教育への影響を整理したというには、あまりにも雑然とした印象を受ける。

る。

(二) 教育学事典の「ポストモダン」

であるならば、まずは定義の検討からはじめよう。最初に二冊の教育学事典から、代表的な例を比較しておきたい。一つは、細谷俊夫編集代表『新教育学大事典』(第一法規出版、一九九〇年)収録の藤田英典「ポストモダニズム」、もう一つは教育思想史学会編『教育思想事典』(勁草書房、二〇〇〇年)における田中智志「ポストモダン」である。両者の記述にはポストモダン/ポストモダニズム評価の差が端的にあらわれていて興味深い。全てを引用はできないが、特徴的な点を分析する。

まず定義から比較しよう。藤田はポストモダニズムを、近代の脱構築に関連づけて論じる。

近代 modern の意味を問い、その編成原理・知的態度としての近代主義 modernism の正当性を疑い、近代社会と近代主義を脱構築 deconstruct しようとする思想的・認識論的立場をいう。一九六〇年代以降、文芸批評・文明批評・現代社会論・科学論・哲学などの諸領域で盛んになってきた(藤田 一九九〇:二七六)。

それに対して田中は、ポストモダンを以下のように特徴づけている。

ポストモダンの特徴は、①自律性(主体性)よりも豊かな差異を賛美する態度、②表象

（representation）よりもアイロニーやパスティシュ（諧謔なきパロディ）を肯定すること、③俗流ニヒリズムに陥ることなく進歩主義的な〈進歩〉、ユートピア的な〈夢〉を放棄すること、④恣意性・偶然性・非連続を承認すること（基礎づけの否定ないし脱文脈化の肯定）である（田中 二〇〇〇：六四六）。

一見して藤田は簡潔であり田中は説明的であるといえるが、全体としては共通点もある。第一に、ともにリオタールの『ポスト・モダンの条件』（Lyotard 1979＝一九八六）に依拠して、「大きな物語の失墜」をポストモダン／ポストモダニズムの特徴に挙げている点である。第二に、この語の起源を一九六〇年代に求め、ジェンクスの『ポスト・モダニズムの建築言語』（Jencks 1977＝一九七八）を契機に建築分野から広がっていったことを示している点である。

他方、思想としてのポストモダニズムについては両者は少々意見が分かれる。藤田がデカルト以来の近代哲学に異論を唱えた現象学、構造主義（ポスト構造主義）をその例としているのに対し（藤田 一九九〇：二七七）、田中はポスト構造主義を中核としつつ、ドゥルーズに加えて、ジェイムソン、ローティなどを挙げている（田中 二〇〇〇：六四六―六四七）。とはいえ、この差は現象学やアメリカ思想を含めるかどうかという点にあり、両者とも構造主義・ポスト構造主義といったフランス現代思想を中核としていることに変わりはない。

（三）ポストモダニズムと教育

ところが、ポストモダニズムと教育との関連に論がおよぶと、その連結可能性に関して、藤田と田中の説は大きく分岐する。
藤田は、ポストモダニズムという語の意味を拡張して、アリエス、イリイチ、フーコー、マイヤーらを――彼ら自身がそのように自らを定義していなかったとしても――ポストモダニズムに位置づける。それらは近代社会や学校教育のあり方を批判し、それまで自明視されてきた学校を相対化するからである。

一九六〇年代後半から盛んになった学校批判の言説や社会史的な学校研究の中には、近代的な制度としての学校の意味と性格を問い、これまで自明視されてきた学校を相対化しているという点で、ポストモダニズムに属するものが少なくない（藤田　一九九〇：二七七）。

藤田はポストモダニズムを、一九七〇年代から一九八〇年代に受容された近代批判の思潮として広く理解している。そのため、フリー・スクール、オープン・スクール、オープン・エデュケーション、オルタナティブ・スクールなど、既存の学校とは異なる新たな教育を求める動向は、近代教育の特徴たる標準化・効率化の弊害を批判して、遊び・自由・自発性などを重視するという点で、「ジェンクス的な意味でのポストモダニズム教育の試み」であるという（藤田　一九九〇：二七七）。

藤田は、ジェンクスが『ポスト・モダニズムの建築言語』で描き出した建築の二類型を教育に援用する。近代建築は直線で構成され機能的・効率的であるのに対して、ポストモダン建築は曲線や円など、効率に還元されない自由や遊びをデザインに取り入れる（Jencks 1977＝一九七八）。教育に置き換えれば前者のモダンな教育とは基準を設け児童生徒を効率的に標準化していく近代学校に対応し、後者のポストモダン的な教育のあり方とはそうした近代学校の限界を積極的に超え出ようとするあらたな動きに対応している。
これに対して田中の整理では、藤田にあった広がりは姿を消してしまっている。田中によれば、近代教育学は「大きな物語」に依拠するものであり、ポストモダニズムはその解体を前提にするのだから、教育とポストモダニズムは基本的に相容れない。

ポストモダニズムがリオタールのいう〈大きな物語〉――目的論をビルトインされた歴史像――の統一性・普遍性を否定する言説であるかぎり、現在の多くの教育学（近代教育学）は、このポストモダニズムに背反するものである。〔中略〕社会／個人の対立、大人／子どもの対立を媒介するものは、解放の歴史であれ、発達の過程であれ、〈大きな物語〉だからである（田中 二〇〇〇：六四七）。

こうして田中が挙げる「ポストモダン教育学」の例は、アメリカのジルーの「批判的教育学」、「境界教育学」に留まることとなる。(2) しかもポストモダン教育学を自称するジルーは、他方で近代

表 序-1　二つの事典項目における「ポストモダン／ポストモダニズム」理解

	藤田英典「ポストモダニズム」『新教育学大事典』(1990)	田中智志「ポストモダン」『教育思想事典』(2000)
ポストモダン状況（ポストモダニティ）	脱産業社会、近代産業文明の変質	モダンの後の状況、高度資本主義社会
ポストモダン芸術・建築	ジェンクス、遊び・自由な発想・象徴的表現	ブリコラージュ
ポストモダン思想	リオタール、現象学、構造主義・ポスト構造主義	ポスト構造主義、リオタール、ドゥルーズ、ジェイムソン、ローティ
ポストモダン教育学	学校批判言説、社会史的な学校研究、アリエス、イリイチ、フーコー、マイヤー	ジルー
ポストモダン教育実践	フリー・スクール、オープン・スクール、オープン・エデュケーション、オルタナティブ・スクール	批判的教育学、境界教育学（ただしこれらは近代教育学的でもある）

的な主体を想定している点でハーバーマス的であり、モダンに回帰してしまっている。このように「ポストモダン教育学」は「根本的に自己矛盾した概念」だというのである（田中二〇〇〇：六四八）。

近代学校を超えようとするオルタナティブな教育の試みをポストモダニズムと捉える藤田と、ポストモダニズムと教育とは根本的に矛盾すると考える田中。この差は何に起因するのだろうか。これを理解するには、教育社会学と教育哲学という専門分野の違いよりも、一九九〇年と二〇〇〇年という発行年の隔たりに注目するべきだろう。第一章以下で詳述するように、教育学では一九九〇年代にポストモダニズムがある程度理解され、浸透した。だが二〇〇〇年頃になると――仲正昌樹が『ポスト・モダンの左旋回』（二〇〇二）で描き出したように――日本の論壇ではポストモダニズムを過去のものとする風潮があり、日本のポストモダニストたちは「左旋回」をとげた。ポストモダニズムはもともと、保革や左右といった二項対立の脱構築を本意として、政治からは距離を取っていた。しかし一九九〇年代後半以降、柄谷行人や高橋哲哉らそれまでポストモダン派とみられてきた論者は、左派の退潮によって空位となった日本におけるリベラルの位置を復活させようとした。その結果彼らの論は、かつての左派のそれと極めて類似するものになってしまった。そして同時期、田中智志や広田照幸といったポストモダニズムに影響を受けた日本の教育学者も、教育の脱構築から再構築に方向を転換する。一九九〇年代は近代教育学や戦後教育学のあり方を批判してきた論者たちが、従来の教育学が担っていた役割を積極的に引き受けるようになったのである。こうした姿勢の転換が、ポストモダニズムのインパクトを切り詰める表現となって現れていると思われる。

二　ポストモダンとポストモダニズム

（一）ポストモダン状況（ポストモダニティ）

以上、教育学におけるポストモダン／ポストモダニズム受容を簡単に整理したが、そこでは語の定義が問題になっていた。そこで次に、本書での理解と使用法を説明しておきたい。基本的なことだが、以下の区別を導入しよう。
ポストモダニズム（postmodernism）＝ポストモダン思想（postmodern ideas, postmodern thoughts）
ポストモダニティ（postmodernity）＝ポストモダン状況（postmodern situation）(3)

というのも、多くのポストモダン論は、ポストモダニズム＝ポストモダン思想と、ポストモダニティ＝ポストモダン状況を十分に峻別しないために混乱に陥っているからである。教育学者の柳沼良太による『ポストモダンの自由管理教育』（二〇一〇）はその例だろう。柳沼は一九八〇年代以降の教育改革の動向を「ポストモダン」の語で特徴づけている。意欲的な通史の叙述には首肯する面も多い。しかし柳沼の論では新教育や進歩主義教育、新自由主義や「教育の個性化」、学校選択、地域との連携、「ゆとり教育」、カウンセリングの導入やいじめに至るまで、あらゆるものが「ポストモダン」の徴候になってしまう。それは彼が「ポストモダン」の語を「思想性、時代性、文化性、社会状況性の意味合いを適宜取り入れながら」用いるからである（柳沼 二〇一〇：一〇）。

基礎的なことだが確認しておこう。よく知られているリオタールの『ポスト・モダンの条件』の原題 *La condition postmoderne* は訳者の小林康夫によれば「《ポスト・モダンの現状》というほどの意味」である（小林 一九八六：二二八）。「ポストモダン」とは、「大きな物語」による知の正当化が前提とできなくなった状態のことである。ポストモダン状況の起源は、リオタールによれば一九世紀末であり（Lyotard 1979: 7 = 一九八六：七）、ヨーロッパでは一九五〇年代末から本格化した（Lyotard 1979: 11 = 一九八六：一三）。[4]

科学はみずからのステータスを正当化する言説を必要とし、その言説は哲学という名で呼ばれてきた。このメタ言説がはっきりとした仕方でなんらかの大きな物語――《精神》の弁証法、意味の解釈学、理性的人間あるいは労働者としての主体の解放、富の発展――に依拠しているとすれば、みずからの正当化のためにそうした物語に準拠する科学を、われわれは《モダン》と呼ぶことにする（Lyotard 1979: 7 = 一九八六：七―八）。

極度の単純化を懼れずに言えば、《ポスト・モダン》とは、まずなによりも、こうしたメタ物語に対する不信感だと言えるだろう。〔中略〕このような正当化のメタ物語機構の衰退には、とりわけ形而上学としての哲学の危機、そしてそれに依存していた大学制度の危機が対応している（Lyotard 1979: 7 = 一九八六：八―九）。

藤田英典は、ポストモダンを存在論と認識論に分けているが、この区分が本書でいうポストモダン状況とポストモダン思想の区分におおむね対応する。ポストモダン状況（存在論）の特徴である「大きな物語」の失墜とは、教育でいえば、「〈学校〉を〈よいもの〉として自明視することへの批判」であり、ポストモダン思想（認識論）とは、「近代的な啓蒙・進歩の観念に疑義を呈し、制度としての教育を貫く近代主義の諸価値とその機能を明らかにし、それを知的に相対化しようとする立場」である（藤田 一九九二：一一五―一一六）。

日本では一九七〇年代以降、学校教育の持つ形式性・標準性・一律性・強制性・独占性に対する不満・反発として、校内暴力・いじめ・不登校といった「学校の荒廃」「教育病理」が表面化した（藤田 二〇一〇：四―五）。これらを指して教育のポストモダン状況と呼ぶかどうかは判断が分かれるところだろう。これらの現象が、あらゆる社会階層が学校教育に包摂されることによって生起したとすれば、それは近代教育があらかじめ内包していた問題が教育の拡大によって噴出したものともいえる。とはいえ、このような「教育問題」への着目を契機に高まった学校批判・教育批判が、教育学におけるポストモダン思想の受容を準備したことは疑いない。

もちろん、ポストモダン状況は知のあり方にも変容をもたらすのだから、ポストモダン状況とポストモダン思想が関連するのは当然である。しかし論の混乱を避けるためには、この両者をまずは切り離しておくことが必要であろう。本書の中心的な検討対象は、ポストモダニズム＝ポストモダン思想だが、ポストモダニティ＝ポストモダン状況についても触れざるをえない面もある。例えば第五章で扱う教育学と教育実践との関係性の転換などは、ポストモダン思想の影響というよりも、ポストモダン状況の帰結といえる。

（二）ポストモダン思想（ポストモダニズム）

続いて、ポストモダン思想／ポストモダニズムについて本書の定義を示しておきたい。
田中智志は、『現代教育学の地平』（二〇〇一）に収録された論文にて、前年の『教育思想事典』から一転して、「ポストモダニズム」の定義を変更し、それをポストモダニティ＝ポストモダン状況に適応する実践理論のことであるという。田中はさらに、フーコー、デリダ、ドゥルーズらのポスト構造主義を――前年の『教育思想事典』の定義とは異なり――「ポストモダニズム」から除外している。だがこれは、一般的な理解からはかなりかけ離れた独自の論といわざるをえない。

ここでは、「ポストモダニズム」という言葉を、その語源的な由来から切りはなして、ポストモダン的な状況に適応することを主張する実践理論をさす言葉として使用する。〔中略〕したがってフーコー、デリダ、ドゥルーズの記述理論は、「ポストモダニズム」と呼ぶことができない（田中　二〇〇一：五五）。

それに対して先に触れたシムは、ポストモダニズムはポスト構造主義を包含する概念であるという（Sim 1999a: ix＝二〇〇二ａ：五）。ソシュール、レヴィ＝ストロース、初期バルトらの構造主義は、世界は客観的に認識可能であると前提していた。それに対して、ポスト構造主義はまさにこの前提を否定する。

ポスト構造主義は、構造主義が体現すると思われた文化的な確信、すなわち、世界は本質的に認識可能なものだとか、世界をつくっているさまざまなシステムを解明する鍵を構造主義が与えてくれるといった確信に、疑問を突きつけている（Sim 1999b: 4＝二〇〇二b：一二）。

シムは、ポストモダンの思想家として、デリダ、フーコー、ドゥルーズとガタリ、イリガライ、リオタール、ボードリヤール、ラクラウとムフ、ローティの名を挙げている。彼らの祖にはニーチェがいる。反対にジェイムソン、イーグルトン、ハーバーマスを、ポストモダニズムの批判者に位置づける（Sim 1998b＝二〇〇二b）。

本書でもこのシムの定義にしたがい、ポストモダニズム＝ポストモダン思想の中核は、フーコー、デリダ、ドゥルーズら、一般にポスト構造主義に位置づけられるフランス現代思想とその影響を受けた思想群であると考える(5)。アメリカのローティもポストモダニズムに位置づけられる。

しかし他方で、何をポストモダン思想と呼ぶかについては、シムのような線引きでは十分ではなく、機能的な定義が必要であるとも考える。つまり、どのように把握され何に対置されるかで、ある思想はポストモダニズムに位置づけられたり、その埒外と考えられたりするのではないか。例えば、構造主義は世界の客観的把握が可能であると前提する点で、基礎づけ主義的であり近代的といえる。構造主義のこうした想定を、ポスト構造主義は批判した。だが他方で、構造主義は実存主義に主体の死を宣言したという点においては、ポストモダニズムに共振しているともいえる（先に触れた藤田英典の整理はこの立場からのものである）。

また、ポストモダニズムの近代批判には、理性の背後に大きな暗部を見いだしたニーチェ、マルクス、フロイトといった一九世紀末の先行者がおり、そこにソシュールやウィトゲンシュタインの言語学、フッサールやハイデガーの現象学、ディルタイやガダマーの解釈学等、二〇世紀の思想が連なっている。これらは「現代思想」と呼ばれるのが一般的だろうが（仲正 二〇〇六）、近代批判の文脈で参照されるのであれば、ポストモダニズムの先駆ともいえる。

例えばフロイトは、意識や理性の背後に無意識を発見したが、無意識をどのように捉えるかによって、構造主義的にもポスト構造主義的にもなりうる。仮に無意識を実体と捉えその正確な把握が可能であると考えるのであれば構造主義的であり、近代的である。構造主義とは呼ばれないが、パーソンズらのフロイト解釈は、そうした実体的なものである（Parsons et al. 1956＝一九八一）。ラカンのフロイト解釈は構造主義的だがやや変則的で、無意識を記述可能とするものの、その構造には記述不可能な欠如が存在するというものである（Lacan 1966＝一九七二／一九七七／一九八一）[6]。それに対して、無意識をむしろ我々自身の知性の臨界点として捉えるのであれば、ポスト構造主義的でありポストモダン的である。リクールやフーコーのフロイト理解はそうした例である（Ricœur 1965＝一九八二、Foucault 1994＝一九九九）。したがって本書でポストモダン思想／ポストモダニズムの影響といった場合には、狭義のポストモダン思想の効果に限定されるものではなく、「現代思想」に含まれる近代批判の思潮が、後発のポストモダニズムと響き合っている場合もある。

この構図を日本に移し替えることも可能である。日本のポストモダニズム受容については一般に、一九七三年創刊の雑誌『現代思想』（青土社）が牽引し、浅田彰の『構造と力』（一九八三）の出版を契機に「ニューアカデミズム」が注目され、ポストモダニズムのブームが起きたと整理される（仲正 二〇〇六）。批評家の東浩紀らはこの流れをやや詳細に区分し、三浦雅士が『現代思想』（青土社）の編集長を務めていた一九七五年から一九八二年を「プレニューアカ期」と、浅田彰の『構造と力』が出版される一九八三年から一九八九年までを「ニューアカ期＋α」と呼ぶ（市川ほか 二〇一五）。「ニューアカ期＋α」に活躍する柄谷行人、蓮實重彦、浅田彰らが、狭義のポストモダニズムの論者である。しかし「プレニューアカ期」の丸山圭三郎、山口昌男、今村仁司、栗本慎一郎ら「現代思想」の論者たちも、明確に峻別されることなく一般にはポストモダニストと位置づけられることも多い。

なお一九八〇年代の日本では、ニューエイジ思想やニューサイエンスも一世を風靡した（一柳二〇〇九）。浅田彰と並ぶニューアカのスターに中沢新一がいたように、神秘主義体験によって近代合理主義を乗り越えようとする思潮の一部は、ポストモダニズムと共鳴していた。教育学では、ユング、ウィルバー、シュタイナーらの思想から死後の魂の「発達段階」を考察する西平直『魂のライフサイクル』（一九九七）は、やや年代は下るがニューエイジ思潮を昇華したものといえよう。神秘主義はホリスティック教育をはじめとするオルタナティブ教育とも関連するし、実存主義を介してカウンセリング理論の背景ともなっているが、本書では、これらの動向までフォローしてはいない。定義問題になってしまうが、ポストモダニズムの本体は近代的な知のありようへの懐疑であり、非近代的なものによるその乗り越えではないと考えるからである。また、建築をはじめ芸術や美学におけるポストモダニズムに関しては、本書では扱わない。

三　教育学のポストモダン思想

(一) 教育学の反省

さてここで教育学に話を戻せば、教育学のポストモダニズムへの反応は独特なものだったといわざるをえない。一般にポストモダニズムの中核と考えられるポスト構造主義の思想群は、フーコーをのぞけば教育学に大きなインパクトを与えてはいない。教育学では、フーコーとともにイリイチやアリエスなどの仕事が、実質的にポストモダニズムとして受容された。

近代教育という「大きな物語」への不信。それこそ教育学にとってのポストモダニズムだった。かつて教育は、社会の発展とそこでの個人の成長が学校教育を通じて調和的に促進されるという前提から理解されていた。しかし一九七〇年代以降、その前提は疑われることになる。藤田はこうした研究を、イリイチらの学校批判／学校化批判論と、アリエスやフーコーの社会史研究という二つの潮流から整理している(藤田 一九九一：二一七)。

アリエスとフーコーは教育学に、実体論から構築主義への、基礎づけ主義から反基礎づけ主義への転換をもたらした。従来の教育学は「教育」や「子ども」を普遍的に存在する実体と想定し、科学的な研究によって普遍的で客観的な理解に近づくことが可能であるという前提に立っていた。しかし「教育」も「子ども」も近代において成立した歴史的構築物であり、しかも教育の普及が必ずしも人々の解放を意味するものではなかったことが明らかにされてくると、教育学の基盤は大きく揺らぐこととなった。教育社会学者の広田照幸は、アリエスとフーコーの仕事が教育学のあり方に反省を促したとのべている。

教育という行為や教育学という知、子ども、家族、さらには個性や能力といった諸カテゴリーが、普遍性をもったある実体だという考え方（たとえば「真の教育とは何か」という問いが導く考察の平面）が、幻想であることは、今ではもはや周知のこととなっている。〔中略〕アリエスによる「子供期」の歴史的・社会的形成の叙述、フーコーによる近代諸科学の依拠するエピステーメーの解剖は、安易な前提に寄りかかってきた教育学者・教育社会学者に対して、全面的な反省と懐疑をうながすものであるだろう（広田　一九九五ａ：一二三）。

（二）イリイチ

では、イリイチ、フーコー、アリエスは教育学では具体的にどのように受容されたのだろうか。
教育哲学・教育思想史については第一章以下で論じるので、以下では学校論、教育社会学と教育史を中心に動向をまとめておこう。

日本では一九七七年に邦訳されたイヴァン・イリイチ（Ivan Illich, 1926–2002）の『脱学校の社会』（Illich 1971＝一九七七）は、世界中のフリー・スクール運動やオルタナティブ教育の理論的バックボーンとなった書である。イリイチはもともとウィーン出身の神父で、ニューヨークやプエルトリコ、メキシコなどで活動していたが、後にカトリックを批判して教会を去り、思想家として活躍した。彼は先進諸国のみならず途上国にも共通する「価値の制度化」を問題視し、これを理論づけるためのモデルとして学校を選んだ。学校は、学習（learning）と教授（teaching）を混同させる装置である。人は本来、自ら学ぶことができる存在なのに、学校は何かを学ぶためには誰かに教えられる必要があると錯覚させ、制度に依存させて人々を無力化してしまう。イリイチの思想は文明論的な広がりを有するのだが、『脱学校の社会』は学校論・学校化批判論として受容されることが多かった。

教育法制学者の下村哲夫による『先きどり学校論』（一九七八）は、学校論としてのイリイチ受容の例だろう。同書は「『壁のない学校』から『学校のない社会』まで」の副題の通り、新教育の系譜を継ぐオルタナティブな学校から、その最もラディカルな形態としての学校のない社会の構想まで、既存の学校とは異なる教育のあり方を模索するなかでその終局点の一つとしてイリイチを位置づけている。

それに対してイリイチの主宰したＣＩＤＯＣ（国際文化資料センター、メキシコ）で学んだ山本哲士は、『学校・医療・交通の神話』（一九七九）において、イリイチの主眼は制度化論なのであり学校論として読むことは誤りであるという（山本 一九七九：九一―九二、一〇六）。山本によればdeschooling は「非学校化」あるいは「学校無化」とでも訳すべきであり、*Deschooling Society* の邦題『脱学校の社会』は、イリイチの思想を学校論に矮小化してしまう誤訳である（山本 一九七九：一三一）。「〈教育〉に焦点をおく議論は、おそらくより良い、より多くの『取り扱い（treatment）』に結果するものに終わる他ない」（山本 一九七九：一三六）。

イリイチは、アリエスやフーコーとともに、近代という時代への批判的な眼差しも醸成した。教育社会学者の森重雄は、イリイチに触発されて教育の特殊近代性を指摘する。

> イリイチの教育化論からすれば、〈教育〉を人類史に普遍的な事象と考える通念的把握は、〈教育〉にかんするあまりに無批判な認識にほかならない。〔中略〕近代教育ではなく、近代＝教育。近代社会によって制度的にアシストされた教育ではなくて、近代社会の本性としての、要するにモダニティとしての教育。イリイチの教育化論には、おそらくこのシェーマが内蔵されている（森 一九八七：一一〇）。

森によれば、教育こそが近代そのものである（森 一九八七、一九九三）。森は一九八〇年代からポストモダン的な観点から近代教育のラディカルな批判を継続してきたが、この立場は近代教育学批判の潮流と合流し、一九九〇年代には大きな流れを形成することになる。

(三) フーコー

フランスの哲学者でありポスト構造主義の一人に数えられるミシェル・フーコー（Michel Foucault, 1926-1984）については、日本でも一九六〇年代末から一九七〇年代にかけて『臨床医学の誕生』（1963＝一九六九）、『知の考古学』（1969＝一九七〇）、『言葉と物』（1966＝一九七四）、『狂気の歴史』（1972＝一九七五）などの主だった著作が翻訳されてきた。しかし、数多いフーコーの著作のなかで教育学で最も注目されたのは、『監獄の誕生――監視と処罰』（1975＝一九七七）であった。いや、少なくともしばらくの間は『監獄の誕生』だけだった、とすらいえるかもしれない。加藤隆雄は、教育社会学のフーコー受容が『監獄の誕生』の規律訓練型権力論を中心としていたことを整理しているが、この傾向は教育社会学だけでなく、教育学全般に共通する。

『監獄の誕生』からは、人間の身体を内側から「従順な身体」にしていく力（pouvoir）としての「規律訓練（discipline）型権力」が取り上げられた。

自発的自己管理を促進させる装置の象徴的存在となるものが、ジェレミー・ベンサムの考案した一望監視装置（panopticon）である。フランスの相互教育学校などで用いられた教育方法（およびベル＝ランカスター方式の一斉授業）は、強制的・矯正的支配をもってというよりは、本人にとって強制力が感じられないようなソフトな支配をもって身体を形成する。あからさまな力としては立ち現れないような管理のあり方を示す用語が、「規律＝訓練」であり、近代教育の装置たる学校の作動様式であるとされてきたのである（加藤 二〇一四：一一）。


しかも、イリイチが学校批判の文脈で受容されたのと同様に、フーコーもはじめは学校批判・管理主義教育批判の文脈で読まれた。山本哲士ははやくも一九八五年に、こうした読解に異を唱えている。「フーコーの教育論は、学校告発の書などではなく、厳密な意味での《教育的なるもの》の歴史を描いているのです」（山本 一九八五：二七四）。フーコーは近代という時代を問題化することによって、イリイチと同じく、それまでの教育学が依拠していた教育＝よきものという前提を問いなおさせることになった。

フーコーの影響はまた、権力論にもおよんだ。マルクス主義的なマクロな権力論では、権力は国家が独占するものであった。その影響を受けて日本の戦後教育学は、教育を本来的には非権力的なものとして描き出し、教育の国家権力からの独立を志向した（第六章参照）。それに対してフーコーのミクロな権力論では、教育という営み自体のうちに微細な権力が浸透しており、権力から自由なものとしての教育など存在しようがない。

通常、肯定的に〈教育である〉と考えられているよきものは、非権力的・非政治的なもので、権力・

政治は〈教育〉を基準にして観ると「悪しきもの」であるとされます。あえて、フーコーの〈教育論〉として括りだせるものがあるとすれば、それはこの〈教育↕政治〉〈教育↕権力〉という対立図式を社会的な意識においてまで確定している現在のあり方――それはつまり権力形式――を問いかえすことであるといえましょう（山本 一九八五：二七四―二七五）。

さらにフーコーと、後述するアリエスのインパクトは、近代批判、教育批判に留まらず、教育史や教育社会学に方法論議を喚起することになった。

フーコーの方法学的影響の一つは社会史研究である。広田照幸が天野郁夫らの研究をレビューしながら行った整理によれば、一九八〇年代までの日本の教育社会学における歴史的・社会史的研究は、直接にアリエスやフーコーの輸入ではなく、前世代の近代化論のパラダイムを乗り越えるための苦闘の結果が、結果的にそれらと重なるものとして結実したものだった（広田 一九九〇：八五）。ところが一九九〇年代初頭までには、アリエスやフーコーの影響を受けた研究が大きな潮流を形成するまでに至る。

一九八〇―九〇年代には学校批判・教育批判が非常に盛り上がったが、しばらくの間は、それをどう歴史研究に結びつけていくかについてのツールが見つからなかった。しかし、九〇年代に入るころには、歴史研究の若手たちはフーコーやアリエスを読みこなすことで、そのツールを手に入れたといえる。それは、方法的には社会的構築主義や言説研究にもとづきながら、問題視角としては近代批判や近代教育批判、国民国家批判などの方向を向いていた（広田 二〇〇六：一四九―一五〇）。

教育社会学におけるフーコー受容が教育史と異なるのは、言説研究として展開したという点である。そしてその際に参照されたフーコーの著作は、『監獄の誕生』には留まらなかった。森重雄は『知の考古学』（Foucault 1969＝一九七〇）等を参照しながら、教育言説特有の前提を解体し、教育の語り方の脱構築を試みる。それは従来の教育学研究の規範性を批判の俎上に載せ、大きく問いなおすものであった。アリエスの影響を受けた教育史研究が人々の心性に着目し、民衆の生き方により添う方向に進展したのに対し、教育社会学の言説研究は主体を脱構築する方向に展開した。

教育言説という概念を採用しそれを検討するということは、方法的には、まずなによりも「人間学的隷属」を断ち・「人間学的主題から自由」になって、教育「言説をその審級の働きのうちで扱」い、そこにおいてリアルなものとして教育やこれを言表する主体やが構成され・それらがそこに回帰してゆく、そのメカニズムの解明を志向する――理念的・超越論的な実在性の解体という意味での――脱構築的・エスノメソドロジー的な手続きを要求する、ということである（森 一九九四：二一七）。(7)

この脱構築的手法は、広田にも共有される。(8)森と同じく『知の考古学』に依拠しながら広田は、フーコー的な言説研究の意義を自分が準拠する価値体系を宙吊りにし、それを批判していくことにあるという。
フーコーの言説研究の方法が示唆するもっとも重要な点は、言説の歴史的考察の出発点において、何らかの確実な言明や対象・概念等を前提としないということである。〔中略〕根拠やリアリティに乏しい教育言説をとらえ直すためには、フーコーのこうした統一性の宙吊りという視点を採用することは、きわめて有益であるように思われる（広田 一九九五b：一〇）。

一九八〇年代から一九九〇年代の教育社会学では、フーコーに触発されながら教育をラディカルに問いなおす動向が登場した。それは、次に論じるアリエスの影響と相まって、教育の語り方に大きな変更を求めるものだった。

(四) アリエス

フィリップ・アリエス（Philippe Ariès, 1914-1984）の『〈子供〉の誕生――アンシァン・レジーム期の子供と家族生活』（Ariès 1960＝一九八〇）は、原著の出版から二〇年を経過した一九八〇年に邦訳が出版された。これまで検討してきた論者のなかでは最も紹介が遅れてきたといえるが、近代以前のヨーロッパでは、〈子ども〉という時期はなく、現在〈子ども〉とみなされる年齢でも「小さな大人」とみなされたというテーゼは今ではあまりにも有名である。日本オリジナルの論文集『〈教育〉の誕生』(Ariès 一九八三)も、中内敏夫と森田伸子によって出版されている。
一九八〇年代前半、アリエスを踏まえた子ども論はその代表たる本田和子自身が回顧しているように、ポストモダニズムの思潮とともに受容された(本田 二〇〇〇:一二四―一二六)。本田の『異文化としての子ども』(一九八二)は、子どもを「発達」といった科学的説明の対象とするのではなく、子どものわからなさや非合理性を、秩序ある現代文化を逆照射する視点として捉えようとした。
本田に先立ち、柄谷行人は『日本近代文学の起源』(一九八〇)において――アリエスには直接言及していないものの――ともにアリエスの影響を受けたヴァン・デン・ベルクとフーコーの名を挙げながら、子どもの歴史性を問題化する。

児童に関する〝客観的〟な心理学研究が進めば進むほど、われわれは「児童」そのものの歴史性をみうしなっている。むろん児童は昔から存在したが、われわれが考えるような、対象化するような「児童」はある時期まで存在しなかったのだ(柄谷 一九八〇:一四七)。

また、哲学者の中村雄二郎は『術語集』(一九八四)において、いずれも一九六〇年代の冒頭に出版されたアリエスの『〈子供〉の誕生』、フーコーの『狂気の歴史』、レヴィ＝ストロースの『野性の思考』はそれぞれ、子ども、狂人、未開人という「三つの新しい人間」すなわち「近代ヨーロッパのヒューマニズムが自分たちの社会の内部と外部に見忘れてきた深層的、人、間」を発見した書であるという（中村　一九八四：七六）。このように一九八〇年代前半には、アリエスはポストモダン思潮の文脈から近代を問いなおす視座の一つとして受容されていた。

他方、教育史研究ではアリエスのインパクトは社会史という方法論として受容された。むろん社会史研究には阿部謹也や網野善彦らの仕事がすでに存在したが、子どもという存在自体が歴史的な構築物であるというアリエスの説は教育史研究に、学校中心の制度史に代わって社会史・心性史という新たな観点をもたらした。中内敏夫の『新しい教育史――制度史から社会史への試み』（一九八七）や、宮澤康人編の『社会史のなかの子ども――アリエス以後の〈家族と学校の近代〉』（一九八八）は、一九八〇年代におけるアリエス以後の社会史研究の代表的な成果である。社会史研究は組織的にも行われた。中内は一九八〇年代と一九九〇年代に『叢書・産育と教育の社会史（全五巻）』（一九八三―八五、新評論）と『叢書「産む・育てる・教える」――匿名の教育史（全五巻）』（一九九〇―一九九五、藤原書店）を編集し、宮澤は「大人と子どもの関係史研究会」を組織して一九九四年から紀要を発行してきた。

アリエスはまた、マルクス主義の強い影響下で形成され、抑圧／解放、支配／被支配の二分法で歴史を描いてきた戦後教育史研究への反省ももたらした。このことは近代教育観の転換にもつながった。

戦後の教育史学において歴史記述の産出を支えてきたのは、支配と被支配の二項対立図式であり、このとき歴史的過去の多様な教育作用はこの対立軸にそって、支配者の統治ないし教化としての教育と国民大衆の自己解放としての教育とに、あるいはまた制度化された教育実態と到達目標としての近代教育理念とに区分されてきたとすれば、アリエスの仕事は、教育史家に対して、支配者階層と被支配者階層、現実と理念といった、近代教育内部に引かれた抑圧と解放の分割線を解除して、彼らが近代教育の総体に抑圧の嫌疑をかけるにいたる重要な契機の一つとして作用した（鳥光一九九六：二三〇）[9]。

イリイチ、フーコー、アリエスは、それまでの楽観的な近代観、本質主義的な教育観、実体論的な子ども観を覆した。フーコーとアリエスはさらに、社会史や構築主義的な歴史学・歴史社会学、言説研究といった新たな手法を教育史や教育社会学にもたらした[10]。では、同時期の教育哲学・教育思想史はどのような転換をとげたのか。それは第一章以下で明らかにされることになるだろう。

四　本書の対象と範囲

(一)　教育学と教育言説

ポストモダニズムは、大学で講じられる教育学のみならず、政府の教育方針から諸個人の教育に

図 序－1　専門家を中心とした言説伝播の構図

関する考え方にまで広く深く影響を与えている。しかしその全てを検討対象とすることは不可能である。そこで本書では教育学、特に筆者自身が属する教育哲学と教育思想史の二分野に即して論を展開する。その上で、教育学と教育実践・教育現実との関係も検討する。

改めていうまでもなく、教育学が教育現実を忠実に反映しているわけではない。むしろそのような学問観は、ポストモダン状況において解体したと考えられる。

アカデミズムとしての教育学と一般の教育言説との関係を考察するため、やや迂遠となるが、心理学言説の伝播の仕方と比較してみたい。社会学者の森真一はアメリカの社会学者Ｐ・バーガーの論を敷衍して、「心理学的社会」がどのように成立しているかを検討している。森＝バーガーによれば「心理学的社会」が成立するのは、「精神分析的パースペクティブ」が、広く社会に共有されることによってである。ピラミッドの頂点に君臨してこのパースペクティブを生み出し、心理学的言説の生産者となっているのは専門家集団たる精神分析家たちである（**図 序－1**）。専門家による大衆支配の構造といってもいい（一九九四ａｂ）[11]。

ではこの図式は、学問領域としての教育学と、一般に流布している教

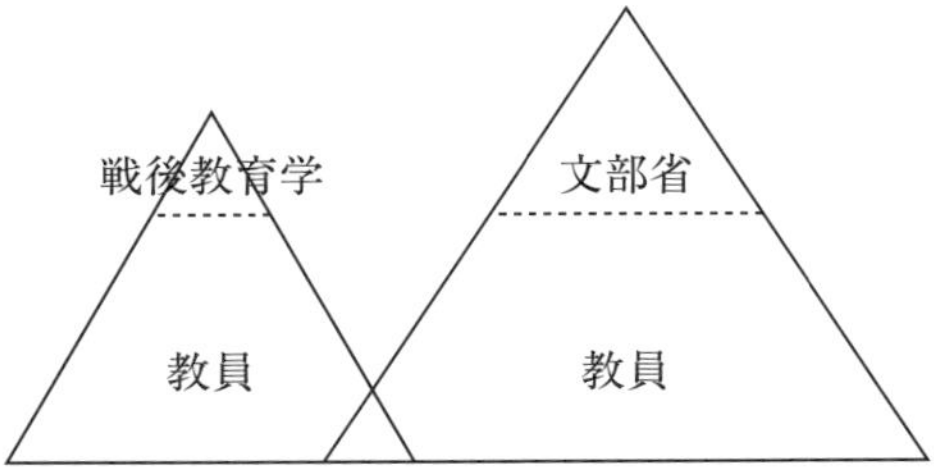

図 序-2　55年体制下での教員への影響

育言説との関係にもあてはまるのだろうか。おそらく、否である。確かに、文部科学省は学校現場の教員に対して統制力を有している。しかし一般に流布する教育言説は、マスコミによって伝播されるものがほとんどであろう。

だが教育言説一般ではなく教育学と教員の関係を焦点化するならば、戦後の一定の時期までは、教育学者から教員に向かう回路が存在したことは疑い得ない。つまり五五年体制下では、一方で国家（文部省）による教員の統制があるのに対して、他方では教育学者が教職員組合や民間教育運動を通して、オルタナティブな教育のあり方を教員に伝えるという構図が存在した（第五章参照）。革新勢力に支えられた進歩的教育学は、国家の提示するものとは異なる「大きな物語」の担い手であった。戦後教育学に特有の構図である（図 序-2）。

しかし、この構図は五五年体制と保革対立構図の崩壊によって一九九〇年代以降、成立しがたくなっていく。この冷戦後の構図では、教育学の動向はそのまま教育界の動きには反映されない。革新勢力の退潮によって、戦後教育学の影響力は低下する。ポストモダン状況における「大きな物語」の失墜が、こうした動向の背後に存在す

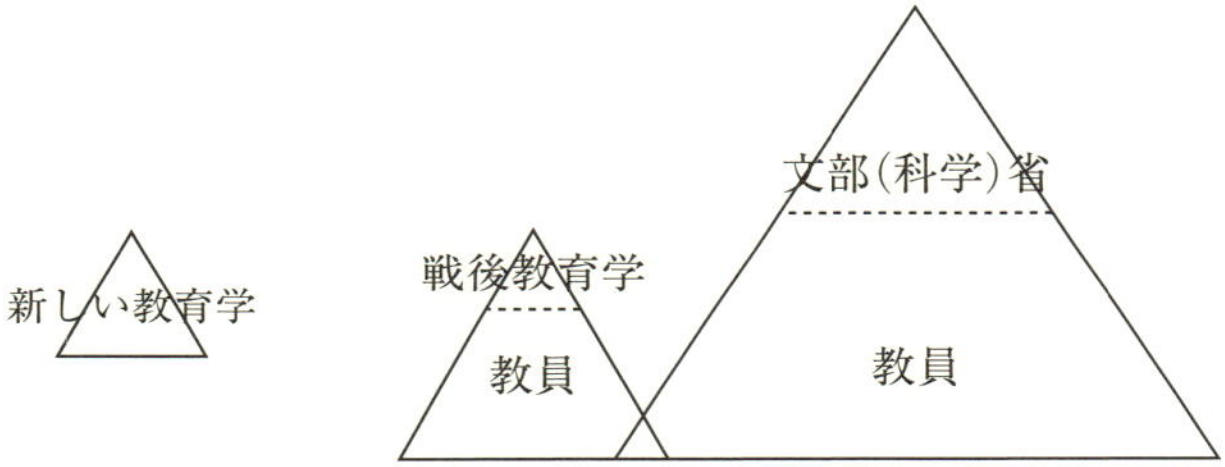

図 序-3　冷戦後の教育学

ることはいうまでもない。またこれと並行して一九九〇年代から、教育実践や政治性から切り離されたアカデミズムとしての教育学を追究する動きが活性化する。これらの新しい教育学の動向の一部は、ポストモダニズムを思想的背景にしている。そして多くの場合、ポストモダン状況に対応して大学や学会以外の特定の基盤（政党や組合など）を有することなく、学問としての成果やジャーナリズムへの発信などによって影響力を行使する（図 序-3）。

（二）教育学を問う理由

では、もはや教育学が一般に流布する教育言説や教育現実に直接的な影響を与えていないとするならば、なぜそれらを検討する必要があるのだろうか。

第一の理由は、教育学のあり方を反省することは、今後の教育と教育学を考える上でも、もっとも重要な資源となるからである。仮に現代の教育学が教育現実に対してかつてほどの影響力を有していないとするならば、それは何に起因するのか。これからの教育を考えるため教育学には何ができるのか。こうした検討は真空地帯でただ論理的整合性を追求する手法でなされても意味がない。先人たちがどのように各時代と格闘したかを問いなおすことからしか生まれない。

第二の理由は、一見するところ教育現実と乖離し、実際的に影響力を持たないように思えたとしても、教育学には教育現実が何らかの形で反映されているからである。教育学はその出自からして現実と全く隔絶した研究に引きこもることができるほど優雅な場所ではなく、必然的に同時代の教育と深い関係を持たざるをえない。教育学者の多くは、大学等で教員養成の役割を担っている。学校等を直接にフィールドとする研究者も多い。仮に本書で描かれる教育学のありようが教育の実際から遊離しているようにみえるとすれば、それは筆者の至らなさに起因するものである。

本書は以上の理由から、教育学の論文や専門書を主たる分析対象とする。だがそれによって読者を限定してしまうのは、筆者の本意ではない。本書が市販されるのは、何より教育学の議論が狭いサークルから外部に開かれることを願ってのことである。各章には数多くの研究者の名前や学説が登場するが、煩わしいと思われる方はそれらを記憶に留める必要はなく、論の展開だけを追って下さればよい。登場する論者の多くは今なお存命中であり、十分に歴史化されておらず、位置づけも暫定的なものであり、今後、立場が変わる可能性もある。また、登場人物の多くは筆者にとって「先生」と呼ぶべき存在だが、批評の対象としている以上、敬称は略させて頂く。

なお『教育哲学研究』（教育哲学会）や『近代教育フォーラム』（教育思想史学会）等、本書で検討している学会誌の掲載論文の多くはウェブ上で無料公開されている。[12] 興味を持たれた方は本書とあわせてご一読頂ければ幸いである。

(三) 本書の構成

本書は序章・終章をのぞけば全六章で構成される。筆者としては一連の流れを想定して全体を構成しており、最終的には全てに目を通して頂いた方が理解が深まるとは思うが、各章は独立して書かれているので、どこから読んで頂いてもかまわない。ただし教育学に関する予備知識がないと思われる読者諸氏は、最初に終章を読んでから第一章に戻る方が読みやすいかもしれない。

第一章と第二章は、教育哲学を対象とする。特に、教育哲学がポストモダニズムや近代主義といった立場といかなる関係にあったのかを問いなおす。

第一章「ポストモダニズムと規範の喪失？——教育哲学のポストモダン思想受容」では、教育哲学がポストモダニズムをどのように受け止めたかを検討する。通説では、ポストモダン思想を受容したことによって、現代の教育哲学は規範を語る力を失ったといわれる。しかしこれははたして真実だろうか。規範の語り方が変化しただけではないのか。

第二章「近代批判、未完のプロジェクト——教育哲学は近代をどう論じてきたか」では、教育哲学が近代という時代をどのように捉えてきたのかが検討される。特に戦後教育学に大きな影響を与えた近代主義（市民社会派）の立場は、教育哲学にどのように浸透してきたのか。そしてそれはいかに乗り越えられたのかが検討される。

第三章と第四章では、近代批判やポストモダニズムを軸に、教育思想史研究の方法論を再考する。

第三章「近代教育学批判とは何だったのか――教育思想史の課題と方法に寄せて」では、近代教育思想史研究会が標榜し、一九九〇年代に一大ブームとなった「近代教育学批判」とは何であり、なぜ求められたのか、またその現代的意義とは何かを原聰介の論を手がかりに論じる。

第四章「言語論的転回以後の教育思想史――あるいは、ポストモダニズムの何がいけないのか」は、ポストモダン思想を受容した教育思想史研究の課題と限界を検討する。相馬伸一のコメニウス論、鈴木晶子のヘルバルト論、田中智志のデューイ論を分析した上で、歴史学の動向と対比することで、言語論的転回以後の教育思想史の現在を描き出す。

第五章と第六章はやや視点を変えて、教育学と教育現実との関係を問いなおす。

第五章「教育哲学と教育実践、その関係性の転換――見失われた啓蒙のゆくえ」では、教育哲学と教育実践の関係の変容を描き出す。理論が学校現場を指導するといった前提はなぜ失われたのか。この転換を戦後教育学から、現代の教育哲学への移行を踏まえて論じる。その背景にあるのはポストモダン状況である。

第六章「国民の教育権論をフーコーで組み替える――道徳の教科化にどう向き合うか」は、ポストモダン思想を政策批判の道具として用いる実験的な試みである。戦後教育学の代表的理論である堀尾輝久の「国民の教育権論」の限界をフーコーによって乗り越えることはできるのか。ポストモダン思想は、文教政策批判の根拠となりうるのか。

終章「戦後教育学を超えて」では、以上の検討を別の角度からもう一度整理して、戦後教育学とは何であったかを改めて問いなおし、これからの教育学の課題を提示する。

ポストモダン／ポストモダニズムという言葉は、自分と異なる立場を誹謗中傷するためのラベリング（とその裏返しとしての自己正当化）のために使われることがある。「ポストモダン派は相対主義者で批判に終始しているだけだが、自分は積極的な提言を行っているのだ」というように。しかし、そのような論法を採る論者に限って、ポストモダン／ポストモダニズムを誤解していたり、理解していなかったりすることが多い。むしろ理解できないからこそ、正体のわからない影におびえるのかもしれない。

確かにこれらの語は定義自体が困難であり、鳥瞰的な理解をしがたい部分はある。とはいえ本書をお読み頂ければ、ポストモダン／ポストモダニズムとは何かについて、ある程度の見通しを持って頂けるのではないかと思う。それは本書の叙述が客観的だからということではなく、むしろ私たちの内部にあるものとして、ポストモダン／ポストモダニズムを描き出すからである。気づいてみれば、私たちはいつの間にかポストモダン的な思考法に親しんでいるし、ポストモダン状況にどっぷりつかっている。そう、それらはいかに否定しようとも、すでに私たちの一部なのである。だから私たち自身を振り返れば、自らの内部にポストモダン／ポストモダニズムをみいだすことができるのだ。

なんだ、そういうことだったのか。ポストモダン、恐るるに足らず――本書を読み終えたあなたの不安が多少なりともおさまり、そうした感想を抱いてくれたとしたら、そしてこの得体の知れない「何ものか」と共生していく道をともに選択してくれたとしたら、筆者としてこれ以上の歓びはない。

註

（1）Stuart Sim (ed.) *The Routledge Critical Dictionary of Postmodern Thought* (New York, Routledge, 1999). 同書は *The Icon Critical Dictionary of Postmodern Thought* (Cambridge, Icon Books, 1998) のアメリカ版である。邦訳は第Ⅰ部「ポストモダニズム、その歴史と文化的コンテクスト」が『ポストモダニズムとは何か』（杉野健太郎ほか訳、松柏社、二〇〇二年）として、第Ⅱ部「人名集・用語集」が『ポストモダン事典』（杉野健太郎ほか訳、松柏社、二〇〇一年）として出版された。
（2）田中は翌年には、ジルーとともにマクラーレンの名を挙げ、彼らの「越境的教育学」、「批判的教育学」を「教育学的ポストモダニズム」の例に挙げている。またここにフィッシャーの「超越論的批判的教育学」やレンツェンの「教育学的メテクシス論」といったドイツの例を加えている（田中 二〇〇一：六三）。
（3）この区分は高田明典を参考にして筆者が改変した（高田 二〇〇五：五）。
（4）高田は、「モダン」を二〇世紀初めから一九七〇年頃までと、「ポストモダン」を一九七〇年頃から現在までと暫定的に区分した上で、ポストモダンという概念そのものが時代区分を拒絶する用語であるため、こうした定義には困難が伴うという（高田 二〇〇五：四―五）。筆者は、ポストモダンを時代区分を意味する語とは考えない。少なくともそれは近代の後に来る時代というより、近代がはじめから内包していたものだった。
（5）より正確にいえば、フランスのポスト構造主義がアメリカを中心とした英語圏で受容されて形成されたもの、そしてそれが世界各国に伝播したものが、ポストモダン思想＝ポストモダニズムであるといえるだろう

（Cusset 2005＝二〇一〇）。
（6）ソーカルらはラカンの数式のナンセンスさを批判するが（Sokal et al. 1998＝二〇〇〇）、ラカン理論の不可思議さはこのような文脈で理解すべきであると思われる。
（7）引用文中の文献挙示を省略した。
（8）もっとも広田は、言説研究のような新たな手法を導入する一方で、オーソドックスな方法に基づく歴史社会学研究も継続している（広田 一九九七）。
（9）引用文中の文献挙示を省略した。
（10）教育学へのアリエスやフーコーの受容を論じた広田照幸（一九九五）、鳥光美緒子（一九九六）、加藤隆雄（二〇一四）らはいずれも、それが最終的に方法論的困難をもたらしたことを指摘しているのだが、ここでは詳細は論じない。
（11）筆者は別の箇所で、この森＝バーガーの図式は精神分析が全盛だった一九六〇年代のアメリカをモデルにしており、現代では成り立たないことを指摘した（下司 二〇〇六：i―xii）。
（12）二〇一六年七月現在、『教育哲学研究』は二〇〇七年度までの論文がJ-STAGEで無料公開されている。『近代教育フォーラム』は発表から一年を経過した論文がCiNii Articlesで無料公開されているが、今後J-STAGEに移行予定である。

文献

Ariès, Philippe (1960) *L'enfant et la vie familiale sous l'Ancien Régime*, Paris, Plon.＝（一九八〇）『〈子供〉の誕生――アンシァン・レジーム期の子供と家族生活』杉山光信・杉山恵美子訳、みすず書房.
Ariès, Philippe（一九八三）中内敏夫・森田伸子編訳『〈教育〉の誕生』新評論.
Burbules, Nicholas C. (2009) "Postmodernism and Education," Harvey Siegel(ed.) *Oxford Handbook of*

Philosophy of Education, Oxford; New York, Oxford University Press, pp. 524-533.
Cusset, François（2005）*French theory: Foucault, Derrida, Deleuze & cie et les mutations de la vie intellectuelle aux États-Unis*, Paris, Découverte. ＝（二〇一〇）『フレンチ・セオリー――アメリカにおけるフランス現代思想』桑田光平ほか訳、NTT出版．
Foucault, Michel（1963）*Naissance de la clinique: une archéologie du regard médical*, Paris, Presses universitaires de France. ＝（一九六九）『臨床医学の誕生』神谷美恵子訳、みすず書房．
Foucault, Michel（1966）*Les mots et les choses: une archéologie des sciences humaines*, Paris, Gallimard. ＝（一九七四）『言葉と物――人文科学の考古学』渡辺一民・佐々木明訳、新潮社．
Foucault, Michel（1969）*L'archéologie du savoir*, Paris, Gallimard. ＝（一九七〇）『知の考古学』中村雄二郎訳、河出書房新社．
Foucault, Michel（1972）*Histoire de la Folie à L'âge Classique*, Paris, Gallimard（Plon, 1961）. ＝（一九七五）『狂気の歴史――古典主義時代における』田村　俶訳、新潮社．
Foucault, Michel（1975）*Surveiller et punir: naissance de la prison*, Paris, Gallimard. ＝（一九七七）『監獄の誕生――監視と処罰』田村　俶訳、新潮社．
Foucault, Michel（1994［1967］）"Nietzsche, Freud, Marx," *Dits et écrits 1954-1988, 1, 1954-1969*, Paris, Gallimard, pp. 564-579. ＝（一九九九）「ニーチェ・フロイト・マルクス」大西雅一郎訳、『ミシェル・フーコー思考集成Ⅱ』筑摩書房、四〇二―四二二頁．
Jencks, Charles A.（1977）*The Language of Post-Modern Architecture*, London, Academy Editions. ＝（一九七八）『ポスト・モダニズムの建築言語』竹山実訳、エー・アンド・ユー．
Illich, Ivan（1971）*Deschooling Society*, New York, Harper & Row. ＝（一九七七）『脱学校の社会』東洋・小澤周三訳、東京創元社．

Lacan, Jacques (1966) *Écrits*, Paris, Seuil. ＝（一九七二／一九七七／一九八一）『エクリ』佐々木孝次ほか訳、弘文堂.
Lyotard, Jean-François (1979) *La condition postmoderne: rapport sur le savoir*, Paris, Éditions de Minuit. ＝（一九八六）『ポスト・モダンの条件——知・社会・言語ゲーム』小林康夫訳、書肆風の薔薇.
Parsons, Talcott and Bales, Robert F. (1956) *Family Socialization and Interaction Process*, London, Routledge and Kegan Paul. ＝（一九八一）『家族——核家族と子どもの社会化』橋爪貞雄ほか訳、黎明書房.
Ricœur, Paul (1965) *De l'interprétation, essai sur Freud*, Paris, Seuil. ＝（一九八二）『フロイトを読む——解釈学試論』久米 博訳、新曜社.
Sim, Stuart (1999a) "Editor's Introduction," Stuart Sim (ed.) *The Routledge Critical Dictionary of Postmodern Thought*, New York, Routledge, pp. vii–x. ＝（二〇〇二 a）「編者序」杉野健太郎訳、『ポストモダニズムとは何か』杉野健太郎ほか訳、松柏社、三—五頁.
Sim, Stuart (1999b) "Postmodernism and Philosophy," Stuart Sim (ed.) *The Routledge Critical Dictionary of Postmodern Thought*, New York, Routledge, pp. 3–14. ＝（二〇〇二 b）「哲学とポストモダニズム」伊藤賢一訳、『ポストモダニズムとは何か』杉野健太郎ほか訳、松柏社、一一—二七頁.
Sokal, Alan and Bricmont, Jean (1998) *Fashionable Nonsense: Postmodern Intellectuals' Abuse of Science*, New York, Picador. ＝（二〇〇〇）『「知」の欺瞞——ポストモダン思想における科学の濫用』田崎晴明・大野克嗣・堀 茂樹訳、岩波書店.

浅田彰（一九八三）『構造と力——記号論を超えて』勁草書房.
市川真人・大澤 聡・福嶋亮大・東 浩紀（二〇一五）「昭和批評の諸問題一九七五—一九八九」、東 浩紀編『ゲンロン』一号、四八—九一頁.

一柳廣孝（二〇〇九）「カリフォルニアから吹く風――オカルトから「精神世界」へ」吉田司雄編『オカルトの惑星――一九八〇年代、もう一つの世界地図』青弓社、二二九―二五三頁．

加藤隆雄（二〇一四）「ポストモダン教育社会学の展開と隘路、そして生政治論的転換」『教育社会学研究』第九四集、五―二四頁．

柄谷行人（一九八〇）『日本近代文学の起源』講談社．

下司晶（二〇〇六）『〈精神分析的子ども〉の誕生――フロイト主義と教育言説』東京大学出版会．

小林康夫（一九八六）「訳者あとがき」ジャン＝フランソワ・リオタール『ポスト・モダンの条件――知・社会・言語ゲーム』小林康夫訳、書肆風の薔薇、二一九―二二九頁．

下村哲夫（一九七八）『先きどり学校論――「壁のない学校」から「学校のない社会」まで』学陽書房．

高田明典（二〇〇五）『知った気でいるあなたのためのポストモダン再入門』夏目書房．

田中智志（二〇〇〇）「ポストモダン」教育思想史学会編『教育思想事典』勁草書房、六四六―六四九頁．

田中智志（二〇〇一）「ポストモダニズムの教育理論――他者性・悲劇性・冗長性」増淵幸男・森田尚人編『現代教育学の地平――ポストモダニズムを超えて』南窓社、五三―七七頁．

鳥光美緒子（一九九六）「教育史記述と子どもの未来――教育史研究におけるアリエス・インパクトの行方」『教育学研究』第六三巻三号、二三〇―二三七頁．

中内敏夫（一九八七）『新しい教育史――制度史から社会史への試み』新評論．

中内敏夫編集代表・「産育と教育の社会史」編集委員会編（一九八三―八五）『叢書・産育と教育の社会史（全五巻）』新評論．

中内敏夫他編（一九九〇―一九九五）『叢書「産む・育てる・教える」――匿名の教育史（全五巻）』藤原書店．

仲正昌樹（二〇〇二）『ポスト・モダンの左旋回』情況出版．

仲正昌樹（二〇〇六）『集中講義！　日本の現代思想――ポストモダンとは何だったのか』日本放送出版協会．

中村雄二郎（一九八四）『術語集――気になることば』岩波新書.
西平　直（一九九七）『魂のライフサイクル――ユング・ウィルバー・シュタイナー』東京大学出版会.
広田照幸（一九九〇）「教育社会学における歴史的・社会史的研究の反省と展望」『教育社会学研究』第四七集、七六―五八頁.
広田照幸（一九九五ａ）「教育・モダニティ・歴史分析――〈習作〉群の位置と課題」『教育社会学研究』第五七集、二三―三九頁.
広田照幸（一九九五ｂ）「教育言説研究の課題と方法――歴史的アプローチを通して」『日本教育学会大會研究発表要項』五四号、八―一五頁.
広田照幸（一九九七）『陸軍将校の教育社会史――立身出世と天皇制』世織書房.
広田照幸（二〇〇六）「教育の歴史社会学――その展開と課題」『社会科学研究』第五七巻三号、一三七―一五五頁.
藤田英典（一九九〇）「ポストモダニズム」細谷俊夫編集代表『新教育学大事典』第六巻、第一法規出版、二七六―二七八頁.
藤田英典（一九九一）「文化としての学校、組織としての学校――研究領域および正当性問題を中心として」『教育学研究』第五八巻三号、二一四―二二四頁.
藤田英典（一九九二）「教育社会学におけるパラダイム転換論――解釈学・葛藤論・学校化論・批判理論を中心として」森田尚人・藤田英典・黒崎　勲・片桐芳雄・佐藤　学編『教育学年報1　教育研究の現在』世織書房、一一五―一六〇頁.
本田和子（一九八二）『異文化としての子ども』紀伊國屋書店.
本田和子（二〇〇〇）『子ども一〇〇年のエポック――「児童の世紀」から「子どもの権利条約」まで』フレーベル館.

増渕幸男（二〇〇一）「ポストモダンと教育学の展望」増渕幸男・森田尚人編（二〇〇一）『現代教育学の地平――ポストモダニズムを超えて』南窓社、七―三五頁．

増淵幸男・森田尚人編（二〇〇一）『現代教育学の地平――ポストモダニズムを超えて』南窓社．

宮澤康人編（一九八八）『社会史のなかの子ども――アリエス以後の〈家族と学校の近代〉』新曜社．

宮澤康人（一九九八）『大人と子供の関係史序説――教育学と歴史的方法』柏書房．

宮澤康人・匠平出版編（一九九五）『大人と子供の関係史の方へ――教育史認識の広がり』匠平出版．

森　重雄（一九八七）「モダニティとしての教育――批判的教育社会学のためのブリコラージュ」『東京大学教育学部紀要』第二七巻、九一―一一五頁．

森　重雄（一九九三）『モダンのアンスタンス――教育のアルケオロジー』ハーベスト社．

森　重雄（一九九四）「教育言説の環境設定――教育の高階性と社会システムの生存問題」『教育社会学研究』第五四集、二五―四〇頁．

森　真一（一九九四ａ）「社会的世界としての精神分析世界――そのパースペクティブをめぐる考察」『社会学評論』第四五巻二号、一七二―八七頁．

森　真一（一九九四ｂ）「精神分析世界――その核において伝えられるもの」『関西学院大学社会学部紀要』第七一号、九一―一〇一頁．

山本哲士（一九七九）『学校・医療・交通の神話――イバン・イリイチの現代産業社会批判』新評論．

山本哲士（一九八五）『学校の幻想　幻想の学校――教育のない世界』新曜社．

柳沼良太（二〇一〇）『ポストモダンの自由管理教育――スキゾ・キッズからマルチ・キッズへ』春風社．

第一章　ポストモダニズムと規範の喪失?

——教育哲学のポストモダン思想受容

はじめに——忘却のポストモダニズム

あるいは他分野でも同様かもしれないが、昨今の教育学においてポストモダニズム／ポストモダン思想は、過ぎ去った時代の遺物として忘却されつつあるようだ。例えば、二〇一二年の教育哲学会第五五回大会の研究討議「規範と教育」[1]は、ポストモダニズム以前の、素朴な規範的教育学への回帰であった。だがポストモダニズムは、ある特定の時期に思想形成したもののみが罹患する一過性の流行病として忘れ去られるべきものなのか。この思潮は現代の教育哲学に、何の遺産も残さなかったのだろうか。

本章では以上の課題意識から、教育哲学のポストモダニズム受容を検討する。もちろんこれまでにも、類似の試みがないわけではない。例えば教育哲学会の研究討議「二〇世紀末の教育哲学——ポストモダニズムの功罪」（一九九九）では、教育学にとってポストモダニズムのインパクトとは何であったのかが問われている。[2]しかし後に検討するように、この研究討議におけるシンポジストたちは皆、渦中の当事者であり状況を俯瞰して語ることはできていない。それに対して本章では、それがすでに過ぎ去り、忘却されつつある現在の視点から、改めて教育学のポストモダニズム受容を問い直すこととする。
そのため主たる検討対象とするのは、教育哲学会の機関誌『教育哲学研究』である。[3]資料を学会誌に限定することで、思想の広がりを十分に問うことは困難になるが、日本の教育哲学・教育思想研究のあり方を教育哲学会がオーソライズしていることは明らかであり（そのことへの批判はひとまず置いておく）、『教育哲学研究』の動向を把握することは、日本の教育学におけるポストモダニズム受容を理解する鍵となる。なかでも着目すべきは、教育哲学会が二〇〇九年に編んだ『教育哲学研究』一〇〇号記念特別号（引用箇所では「百」と表記）である。そこに収録された『教育哲学研究』の歩みをレビューしている論文の多くが、九〇年代の教育哲学に起きた「転換」に触れている。こうした教育哲学研究の転換こそ、仮にそう名指されていなくとも、ポストモダニズムの遺産であるというのが本書の立場である。なお序章で整理したように、以下ではポストモダニズム／ポストモダン思想を、近代的思惟を批判的に問い直す特徴を有する、ポスト構造主義（フーコー、デリダ、ドゥルーズら）を核とした思想群として理解する。[4]
以下では、（一）ポストモダン受容によって教育学の規範主義的性格が減殺されたという通説を問い直し、（二）教育哲学にはポストモダニズムは顕教としてではなく密教として導入されたこと、

（三）ポストモダニズムは教育哲学の規範主義を切り崩してはいないこと、（四）ポストモダニズムは、アカデミズムの文法を揺るがすことなくむしろ強固にしたことを論じた上で、（五）最後にポストモダニズムがもたらした遺産について検討する。

一　スケープ・ゴートとしてのポストモダニズム

はじめに「ポストモダニズムによって教育哲学の規範的側面が弱まった」という通説を問い直したい。そもそも、日本の教育哲学はポストモダン思想と正面から対決してきたとはいいがたいし、誤解と無理解に基づく批判も多い。通説では、ポストモダニズムの受容によって教育哲学は規範を語りえなくなったといわれるが、実際には以下で検討するように、教育哲学は一九八〇年代から二〇一〇年代まで一貫して規範を語り続けている。

（一）批判から規範へ？

それにしても、教育学においてポストモダニズムは、あまりに安易にマジック・ワードとして多用され、スケープ・ゴートにされてはいないだろうか。近年共有されていると思われるポストモダニズムの評価を、次のようにまとめることができるだろう。①ポストモダニズムは、近代教育の批判においては優れていた。②しかしポストモダニズムは批判に終始し、新たな教育構想や規範を語ることはできない。③したがって教育の再構築や新たな教育像の創出のためには、ポストモダニズムを捨てなければならない。

例えば教育社会学者の広田照幸は、ポストモダニズムの受容によって教育哲学者が教育目的を語ることが困難になり、そのため教育が政治に振り回されることになったという。

現代の教育哲学者が、教育の目的について語ることに臆病なのは、一九八〇～九〇年代にポストモダン論が流行したことの影響があるのかもしれない（広田 二〇〇九：一一二）。

現代の教育学者が、ポストモダンの衝撃の中で「教育の目的」について語りえなくなってきた中で、現実の教育は、教育目的の次元で振りまわされる事態になっている（広田 二〇〇九：一一六）。

広田と同様の危機意識は、ほかならぬ教育哲学者からもかねてから主張されていた。例えば、二〇〇二年の宮寺晃夫の論は広田説の先駆といえる。

ポストモダン派の議論はモダニズムを超えきれず、なし崩し的にモダニズムに接ぎ穂されている。そうしたなかで、「善きものとしての教育」へのシニシズムのみが遺されている。〔中略〕普遍主義的な教育言説が脱構築される一方で、善き教育が、白昼堂堂と、きわめて現実主義的に決められているのも事実である。市場原理による教育供給の正当化がそれだ（八六：三二）。

こうしたなか、ポストモダン的な近代批判から教育の再構築へと「転向」する教育哲学者もいる。アメリカ教育思想史を専門とする田中智志は、九〇年代には教育学における近代批判の急先鋒の一人と目されていたはずだが、二〇〇〇年頃に「教育の再構築」派に宗旨変えしたことを後に明言している。

> 二〇〇〇年前後、私が教育の批判から教育の再構築に研究スタンスを変えた時、何よりも必要だと感じたことは、世界への信頼だった。〔中略〕
> おこがましくも、私は、人々が世界を信じられる社会状況を作り出したい、と願っている（田中 二〇〇九：二五四）。

ポストモダン思想に拠って立つ批判に拘泥せず、今やあるべき教育像を語るべきであるとするこうした論者の態度には、日本の「現代思想」界で起きた「ポスト・モダンの左旋回」（仲正 二〇〇二）との共通点をみいだすことができるだろう。

（二）辛辣な批判の単純な誤読

しかし、ポストモダニズムには規範を語ることができないとしてそこからの脱却を求める論には、いくつかの疑問がある。

まず第一に、教育学ははたしてポストモダニズムを受容したのか、という問題である。広田照幸は、ポストモダニズムが教育学から規範を語る力を奪ったという。「一九八〇年代から九〇年代にかけて広がったポストモダン論は、もともと脆弱だった教育学の認識論的足場を、根底から破壊することになった。〔中略〕あらゆる教育学的規範は、恣意的な言明だということになった。近代教育学の言明がもつ恣意性や権力性が暴かれる研究が、次々に出された。それが九〇年代だった」（広田 二〇〇九：一一三）。

しかしポストモダン論は、それほどのインパクトを与えたのだろうか。むしろ、教育学においてポストモダニズムはその本質を理解されることなく流行語として消費されただけなのではないか。教育哲学者の今井康雄は、「実践的有効性」を楯にした強固な批判によって、教育学にポストモダニズムは根付かなかったと指摘している。

日本では、「ポストモダン」概念に依拠して新しい教育学を構想するという、レンツェンやジルーに対応するような試みは現われなかった。「ポストモダン」は、新奇な流行語として消費され、消費されることによって新奇さを失い、新奇さを失うことによってカドも取れ日常用語として定着するという、おなじみのパターンを教育学においてもたどった。〔中略〕「ポストモダン」概念の取り込みを以上のようにごく限定的なものに止めた要因として、主にその実践的有効性に対して向けられた教育学内部の強力な「ポストモダン」批判の圧力を想定することができる。(5)こうした批判の圧力に行く手を阻まれるようにして、「ポストモダン」は現状確認のための概念へと落着していったように思われる（八一：二―三）。

引用文中で今井は、教育学内部のポストモダン批判の例として、宮寺晃夫（一九九七）と佐藤学（一九九六）を挙げている。今井の参照している箇所で、九〇年代後半にもっとも多産だった教育学者の一人であり、ポストモダニズムの辛らつな批判者として知られる佐藤は、次のようにのべている。

「ポストモダンの言説」は、「言説」レベルの威力に匹敵するだけの現実的な力を、カリキュラムの実践レベルにおいて発揮してきただろうか。「ポストモダンの言説」の多くは、むしろ、近代合理主義の普遍性に対する批判を「権力と権威の暴露」において激しく展開しながらも、自らは合理的・体系的代案を提出する方法をもたないために、教育の差異化による解体へと帰結するか、「暴露と告発」の自家撞着に終始する傾向に陥ってきたのではないだろうか（佐藤　一九九六：九九）。

だが、ポストモダン思想が問題視したのは、近代の象徴としての既存の学校制度であり、知による支配構造であったとすれば、「カリキュラムの実践レベル」で「合理的・体系的代案」を提出せよと代案を要求する佐藤のポストモダン批判は、実際にはその拒否にすぎない。実践的有効性を免罪符とする佐藤の論立ては、自らの足場であり義務教育制度に依存する教育学というシステムを維持するために、新奇な思想の受容を頑なに拒む保守性の表明とすらいうことができよう。
そこで第二に、ポストモダニズム批判の多くは、誤解と無理解に基づいていたのではないか、と問い直してみたい。例えば佐藤の次の言明は、各思想の素朴な無理解を端的に示しているのではないか。

私の哲学的遍歴から言うと、ラディカル・プラグマティズムによる脱構築主義とポスト構造主義の立場は若い頃から一貫しているが、二〇〇〇年以降は、カルチュラル・スタディーズのインパクトを受け、ポスト・モダニズム批判の方法を探索しつつ、文化の政治学としての教育学を模索していた〔以下略〕（佐藤 二〇一二：二一一）。

自らの尾を飲む蛇、ウロボロス。クレタ人のパラドックス。でなければ単にペダンティックな粉飾。常識的にいえば、「ポスト構造主義」はポストモダニズムの主要な本体であり、デリダのもたらした「脱構築」こそ、その代表的手法にほかならない。「ラディカル・プラグマティズム」が何を意味するのかは不明だが、仮にローティの「言語論的転回」や「反基礎づけ主義」を指すのであれば、それこそアメリカ版のポストモダニズムといっていい（一般には「ネオ・プラグマティズム」と呼ばれるだろうが）[6]。むろんカルチュラル・スタディーズも広義のポストモダン思潮の一部ととらえることができる。

ことほどさように、ポストモダニズム批判の多くは誤解と無理解に基づいていた。

（三）「論じられなかったテーマ」

教育哲学はポストモダニズムと正面から向き合ってこなかった。田中智志がまとめているように、八〇年代から九〇年代前半の教育社会学には、ポストモダニズムの影響が直接に見て取れる。「一九八〇年代から九〇年代前半の教育社会学においては、フーコーのキーワードである『権力』『規律訓練』『パノプティコン』や、デリダのキーワードである『脱構築』は、まるで流行言葉のように、頻用されていた」（百：三六一）。しかしこうした動向を、教育哲学は共有していない。『教育哲学研究』一〇〇号記念特別号にて西村拓生は「ポストモダニズム」（百：三五三）を、田中智志は「フーコーやデリダなどのいわゆる『現代思想』」（百：三六一）を、それぞれ「教育哲学の論じられなかったテーマ」に挙げている。田中は、「フーコー、デリダに関する研究論文」が海外の教育哲学関連の学会誌（アメリカの *Educational Theory*、イギリスの *Journal of Philosophy of Education* 等）では散見されるにもかかわらず、「過去五〇年間の『教育哲学研究』に一本も掲載されていない」

ことは「特異な状況である」という（百：三六一）。西村拓生も同様に、「教育哲学会はポストモダニズムに対してきわめて防衛的であった」とのべる（百：三五四）。

教育哲学が、ポストモダニズムを受容しなかったとするならば、ポストモダニズムによって規範が語りにくくなったという通説は再検討の余地がある。そもそも九〇年代に教育哲学が発言力を失うのと反比例するように台頭してきた分野が教育社会学や臨床心理学であったことを踏まえれば、哲学の規範主義を駆逐したのは、社会学や心理学の事実主義であったとも考えられるが、この課題は本書の範疇を超えるものである。

二　密教としてのポストモダニズム

ここまで、教育哲学はポストモダニズムを十分に受容してこなかったとのべてきた。しかしそのことは、ポストモダンが教育哲学の問題構成に影響を与えなかったということを意味しない。むしろ現代の教育哲学はポストモダニズムの強い影響を受けている。にもかかわらず、その深度は測りがたい。ポストモダニズムは「顕教」としてではなく「密教」として受容されたからである。

(一)　ポストモダニズムの密教性

ポストモダニズムは教育哲学には何ら影響を与えなかったのだろうか。むろんそうではない。西村拓生は、「ポストモダニズムと総称される思潮の教育哲学会に対する影響は見かけ以上に大きかったのではないか」という（百：三五三）。『教育哲学研究』一〇〇号記念特別号では、多くの論者が八〇年代と九〇年代の間に教育哲学の転換が起こったことを認めている。ある時代性を帯びた概念群によって一九九〇年代の教育哲学に大きなパラダイム転換が起こったことは疑い得ない。筆者の見立てでは、それこそポストモダニズムが教育哲学に与えたインパクトである。にもかかわらず、そのトリガーを「ポストモダニズム」と呼ぶべきか否か、西村拓生は迷っている。

政治と教育、実践と教育哲学が、互いに外在的に措定されていたかつての理論状況は、広義のポストモダニズム（あるいはポストモダニズム隆盛の時代の思潮）の影響を経て〈転換〉した〔中略〕。ただし、〔中略〕ここで注目してきた理論的諸契機をポストモダニズムという概念で包括することができるか否かについては異論の余地もあるかもしれない。だとしたら、ポストモダニズムという概念に拘泥する必要は全くない（百：三五九―六〇）。

ここに、ポストモダニズムの「密教性」がある。教育哲学においてポストモダニズムは、「顕教」ではなく「密教」として受容されたのだ。すでに論じてきたように、教育学のポストモダニズム受容はごく限定的なものだった。
さらに問題を複雑にしているのは、ポストモダン思想の不定形性、全体像の摑みにくさである。

ポストモダニズムの影響とみられる概念群は数多いが、今井康雄は、「明示的にこの言葉を使用していない議論に外側から『ポストモダン』のレッテル貼りをする」ことを避けている（八一：一）。しかし、ポストモダン思想およびポストモダニズムの影響は、直接にそれらの語を使用している研究だけを検討対象としていては理解できないのではないか。そこで本書では、潜在的なものを含めて教育哲学へのポストモダニズムの影響を検討してみたい。

(二) 教育学の過剰防衛

教育哲学に対するポストモダニズムの影響がみえにくい理由にはさらに、教育哲学のポストモダニズムへの過剰防衛反応も影響しているといえる。

その第一の例として受容時期の問題を指摘できよう。教育哲学へのポストモダニズムの影響はいつから認められるのか。その答えはもちろん、論者がポストモダニズムをどのように定義するかによって異なるだろう。池田全之は八〇年代からポストモダン思想の影響は散見されるとする。「一九八〇年代は、ポストモダン思想の影響下に、それまで『教育哲学研究』で扱われなかった視点が多数見られるようになった時期だった」（百：一一二）。それに対して西村拓生は、八〇年代の教育哲学はポストモダニズムに対する態度決定を留保しており、本格的な導入は九〇年代を待たなければならないと考える。「すでに思想界一般ではポストモダニズムの受容が、むしろ一時期の隆盛（たとえば、浅田彰の『構造と力』は一九八三年に出版されている）から下火になりかかった時期に、教育哲学会では未だポストモダニズムを受け止めていかねている印象がある」。「研究討議・課題研究での議論で見る限り、教育哲学会にポストモダニズムの影響が及び、いわばパラダイム転換が起こったのは、一九九三年から〔中略〕九六年にかけてであるように思われる」（百：三五二）。

筆者の診断は西村に近く、九〇年代に入るまで教育哲学はポストモダニズムを受容していないし、九〇年代の受容も部分的に過ぎなかったという立場である。八〇年代は確かに「現代思想ブーム」といわれ、ポストモダニズムがもてはやされた時期であった（仲正 二〇〇六）。しかし同時代の教育哲学会は、スキゾ・キッズの軽やかさからはほど遠い。世間では浅田彰の『構造と力』（一九八三）と『逃走論』（一九八四）が耳目を集めていた八三―八四年、教育哲学会のシンポジウムは「国民実践要領」（一九五三）と「期待される人間像」（一九六六）の批判を念頭に置いた「人間像」「人間性」がテーマであり、八六―八九年には臨教審批判が続く。第二章で論じるように、教育哲学会では七〇年代よりも八〇年代の方が「政治の季節」と呼ぶにふさわしい。

管見の限り『教育哲学研究』における「ポストモダン」という語の初出は一九八七年、松井春満「「人間」を尚ぶ思想の再構築」（五五：三七）であるが、(7)「ポスト・モダン」という語は時代診断として用いられているに過ぎず、論自体は近代の「人間主義」を称揚するものである。「ポストモダン」が思想的課題として自覚的に語られる嚆矢は、課題討議「教育における合理主義と非合理主義」における矢野智司の論（一九九一）である。そこで矢野は、自らの「遊戯」論の前提として以下の整理を行っている。

近代合理主義は、啓蒙主義、科学的合理性、道具的理性といった様々な相が複雑に結び合っているが、それぞれが現代思想の展開のなかで批判的に考察されてきた。八〇年代以降、教育のみならず広範な領域において、ポスト・モダンをめぐる議論として論争を引き起こしていることはよく知られている。このことは近代教育学が自明の前提としてきた様々な命題が、問いの対象となり始めたことを意味する（六三：一〇）。

ポストモダニズムをはじめて本格的に検討した論文は、課題研究「教育哲学を問う――教育学研究の多様化の中で」（七一号、一九九五年）における鳥光美緒子「ポストモダンと教育学」である。そこで鳥光は、ドイツ教育学のポストモダニズムへの反応を論じている。また、同じ課題研究において今井重孝は、ルーマンのシステム論を援用して戦後教育学の代表者たる堀尾輝久の論を批判している（第二章参照）。

以上のように、九〇年代にはポストモダニズムの影響が散見されるようになるが、教育哲学会がシンポジウムでポストモダニズムを主題とするには、世紀転換期を待たねばならなかった。

(三) 死後の受容

そしてこの、教育哲学会ではじめてポストモダニズムを正面から取り上げた研究討議のタイトルこそ、ポストモダンへの過剰防衛反応の第二の例を典型的に示している。「二〇世紀末の教育哲学

―ポストモダニズムの功罪―」――つまりポストモダニズムは、はじめて本格的に論じられた時には、すでに死んだもの、乗り越えられたものとされているのである。シンポジウムで司会を務めた増淵幸男と森田尚人によれば、この企画の意図は、ポストモダニズムが流行語として消費されその内実が踏まえられていないという実情を反映していた。

> この言葉が一種の流行語として先行している実情を踏まえ、意外と熟知されていないのではないかとの疑問から、テーマにある世紀末との関係で「ポストモダニズムが教育学に与えた問題はどのようなものであったのか」を一度きちんと整理してみることが重要であるとの理解に至った（増淵・森田 二〇〇〇：一六）。

同様の症候は、この研究討議を引き継いで出版された増淵幸男と森田尚人の編著『現代教育学の地平』（増渕・森田 二〇〇一）にもみいだせる。同書は、「教育学の分野において、ポストモダニズムを本格的に論じた、はじめての試み」（『ＢＯＯＫ』データベース）であるにもかかわらず、そのサブタイトルは「ポストモダニズムを超えて」とされている。時代の寵児であったポストモダニズムは、にもかかわらず／であればこそ、その死が確認されてからはじめて認知された、悲哀に満ちた非嫡出子のようだ。

教育哲学のポストモダンへの過剰反応の第三の例は、批判だけが一人歩きしていることである。

その責任は、「ポストモダン派」「ポストモダン批判者」の双方にあるように思われる。まず「ポストモダン派」からいえば、自らを「ポストモダニスト」と名乗る論者の不在である。シンポジウムでポストモダン／ポストモダニズムを論じた矢野智司（六三号、一九九一年）、今井重孝・鳥光美緒子（七一号、一九九五年）、今井康雄・鈴木晶子・早川操（八一号、二〇〇〇年）は、みな明らかにその思想圏内にいるにもかかわらず、自らポストモダニストと名乗った者は誰一人いない(8)。教育哲学のポストモダニズム受容には責任者が存在しないのだ。

批判者側の問題もこれと表裏一体をなす。それは具体的に著者や文献を明示せずに「ポストモダニズム一般」を批判する傾向である。例えば、先に触れた宮寺晃夫の論は、どの文献が問題なのかを明示せずにポストモダン一般を批判している（八六号、二〇〇二年）。ポストモダニズム批判は、批判される者が不在のまま批判だけが増殖する不思議な現象だった。これでは生産的な議論に発展しないのも無理はない。本書にてできるだけ個人名を挙げて問題点を指摘しているのは、このような不毛な空中戦を避けるためである。

三　規範主義の継続

はたしてポストモダニズムは、教育哲学から規範創出能力を奪ったのだろうか。筆者の見通しは、教育哲学のポストモダニズムの受容は限定的なものであり、規範主義的性格を切り崩すまでには至っていない、というものである。

(二) 見失われない規範主義

すでに触れたように、広田照幸は、ポストモダニズムの影響によって教育学・教育哲学から規範創出能力が失われたとのべていた。だがこれまでの検討は――広田の説とは逆に――教育学はそもそも、ポストモダニズム／ポストモダン思想と正面から向き合うことを避けてきたのだし、またその理解も十分ではなかったということを示している。いいかえれば、ポストモダニズム批判の多さは、教育学の規範主義がそれだけ強かった証なのである。

その判断材料として、一九八〇年から実施されている教育哲学会の大会シンポジウムのテーマを一覧表にしてみた(表1-1)。教育哲学会のシンポジウムには、「研究討議」(大会開催校企画)と「課題研究」(理事会企画)とがあり、いずれも翌年の『教育哲学研究』に報告が掲載される(シンポジウムは一九八二年から二つ行われるようになったが、学会誌にその経緯の記載はない)。なお、表は『教育哲学研究』から作成したので、実際のシンポジウムは前年に行われている(以下、本文中の年は基本的に発行年を示す)。

こうして一覧してみると教育哲学会は、ポストモダニズムの衝撃を正面から受け止めることが困難な程度には十分規範的であり続けたということができるだろう。一九九〇―九二年の課題研究「知の転換」など、確かに九〇年前後のシンポジウムにはテーマにポストモダニズムの影響が見受

1997	75	教師の存在論	戦後の教育を問い直す―教育哲学からのアプローチ―
1998	77	教育における伝統と創造	子ども理解はどこまで深まったか［―戦後教育を問い直す―］
1999	79	戦後教員養成理念の再検討	学校は、今何が出来るか
2000	81	二〇世紀末の教育哲学―ポストモダニズムの功罪―	学校論の可能性―学校批判のあり方を検討する―
2001	83	今日的な教育課題としての学力とは何か―教育改革を視野に入れて―	学校の公共性と市場性を問う
2002	85	共生社会にける子どもと教育	「学力論」の問題圏
2003	87	「公」の教育、「私」の教育―アリストテレス『政治学』第８巻第１章を読む―	〈教養〉の語り方をめぐって―他者・経験・物語―
2004	89	メディア変容と教育	死ぬこと・生きること―教育のなかの風景―
2005	91	臨床的人間形成論の構築	価値多様化社会における「規範」の問題
2006	93	教師の生成論	教育にとっての心・生命―人間的自然／教育可能性／完成可能性論の現在―
2007	95	哲学研究と教育研究―その乖離と邂逅―	教員の養成教育において教育哲学の果たすべき役割とは
2008	97	これからの教育哲学を考える	教育哲学研究を考える―回顧と展望―
2009	99	「教育問題」としての文化	教育研究のなかの教育哲学―その位置とアイデンティティを問う―
2010	101	公共哲学と教育哲学の接点を求めて	労働と教育
2011	103	言語・道徳・知識―知の教育の可能性を求めて―	教育学的知の「地平」を問う―教育学における「宗教的なもの」―
2012	105	教育における正義とケア	教育はどのように問われるべきか［―これまでの教育哲学、これからの教育学―］
2013	107	規範と教育	国家と教育―これまでの教育哲学、これからの教育学（2）―
2014	109	「教えること」と「学ぶこと」―教育的関係の再構築―	教育実践と教育哲学［―これまでの教育哲学、これからの教育学（3）―］
2015	111	「教育学の古典」はいかに創られ、機能してきたのか―教育哲学のメタヒストリー―	思想と現場をつなぐ―教育哲学のフロンティア（1）―
2016	113	教育学的欲望としてのオルタナティヴ―超越性をめぐって―	教育哲学の「現場」としての高等教育―教育哲学のフロンティア（2）―

表 1-1　教育哲学会シンポジウム一覧（1980 年以降）
（『教育哲学研究』より筆者作成。［　］内は本文中から判断したもの。）

年	号	研究討議	課題研究
1980	41	二十世紀と子ども	
1981	43	教育思想の比較文化的考察	
1982	45	教育におけるナショナルなものとインターナショナルなもの—教育哲学の立場から—［※研究討議Ⅰ］	教育と暴力［※研究討議Ⅱ］
1983	47	教育哲学研究への問題提起	戦後教育における人間像—反省と展望—
1984	49	西洋の教育思想における「人間性」の諸問題	教育哲学をどう考えるか—現代日本における教育哲学のあり方—
1985	51	今日の豊かさから生ずる問題を教育はいかに克服するか	教育研究における哲学的アプローチと歴史的アプローチ—その接点を求めて—
1986	53	教育哲学における思想研究のあり方	教育哲学は教育改革にどうアプローチするか—教育における「自由」の問題—
1987	55	教育哲学は授業研究に何をなしうるか	教育哲学は教育改革にどうアプローチするか—教師に求めうるものと求めるべきもの—
1988	57	教育の目指す人間像の条件—現実感覚充足の手がかりを求めて—	教育哲学は教育改革にどうアプローチするか—教育改革の理念を問う—
1989	59	現代における学校および学校教育の存在意義を問う	教育哲学は教育改革にどうアプローチするか—臨教審答申の原理的考察と検討—
1990	61	子ども・大人・教育責任—危機的状況における教育的コンセンサスを求めて—	知の転換と教育課題—現代科学と人間の主体性の問題—
1991	63	教育における合理主義と非合理主義	教育課題としての知の転換—学校での知識は個の生き方に役立っているか—
1992	65	教育的関係の構造	教育課題としての知の転換—「知っていても出来ない」とは何か—
1993	67	「インドクトリネーション」再考	生の意味をどう捉え、どう教えるか
1994	69	ライフサイクルの危機と教育理論の再構築	教育哲学を問う—教育学における古典研究の意味—
1995	71	教育的価値としての〈経験〉	教育哲学を問う—教育学研究の多様化の中で—
1996	73	教育学研究における高度化とは何か	教育哲学を問う—わが国教育哲学の軌跡から—

けられるが、総体的にいって問いの立て方は一貫して規範的であり、この傾向は一般に教育学のポストモダニズム受容期とされる九〇年代を通しても変化がない。

(二) 知の転換

八〇年代末から九〇年代の課題研究は、問題設定ではポストモダニズムの影響を受けているにもかかわらず、議論の方向性は一貫して規範主義的であり続けた。

八〇年代の終わりと九〇年代の開始を象徴する「知の転換と教育課題――現代科学と人間の主体性の問題」(一九九〇、加藤幸次・桐田清秀・森田孝、司会：小笠原道雄・皇紀夫)から論じよう。この課題設定には「ポストモダン」の影響があるとはいえ(六一：三六)、討議は「教育改革の方向性」と重ねて議論され、小笠原と皇は「教育は新しい知を探求する活動を援助するオープンでヒューマンな営為であらねばならない」とまとめている(六一：三六)。そしてこの課題は翌年には「教育課題としての知の転換」(相良敦子・甲斐進一・山崎高哉、司会：毛利陽太郎)として展開される。この設定は「知の転換」のインパクトを、「教育課題」として実践的課題に回収しようとするものであり、さらに「学校での知識は個の生き方に役立っているか」という副題から明らかなように、学校知を個人の生にとって有益なものに転換する方途を探るものであった(六三：三六)。三年目の副題は「『知っていても出来ない』とは何か」(堀内守・今井康雄・生田久美子、司会：宇佐美寛)となり、各発表はもっとも「現代思想」的である。堀内はドゥルーズやオースティンを引きつつ「知の転換を自ら試み」るパフォーマンスを披露する（六五：二一）。今井は〈知識／行為〉図式自体を思想史的に問い直し、生田は身体論からこれを問う。にもかかわらず、司会者である宇佐美の問いは、発表者の知的枠組みを大幅に縮減して既存の教育の枠内に落とし込もうとするものだ。「したがって、教育はどのような働きかけをするべきか」（六五：三七）。

これらの三年間の課題研究は、「知の転換」というポストモダン的な問題設定を行いながら、最終的にはそれらを「教育実践」に帰着させようとするものであった。課題研究は翌九三年には「生の意味をどう捉え、どう教えるか」という、さらに規範的な問いへと移行する（奥平康照・鈴木志乃恵・松井春満、司会：堀尾輝久・長井和雄）。規範主義の強さを物語る例といえよう。

(三)　教育哲学を問う

続く一九九四―九六年の「教育哲学を問う」は、「知の転換」を経て、教育哲学のあり方自体に反省が及ぶ。
初年度（九四年）の「教育学における古典研究の意味」（小林政吉・村田昇・森田尚人、司会：沼田裕之・増渕幸男）では、自分の研究対象に基づいて内在的に論を展開する小林、村田に対し、森田はポストモダン派を踏まえたテクスト解釈論を展開する（六九：三四）。だがこの森田の立場に対しては、「教育学は規範の学」であると異論が唱えられる（六九：四一）。二年目（九五年）の「教育学研究の多様化の中で」（今井重孝・鳥光美緒子・山口栄一、司会：原聰介）は、ポストモダン派がプレゼンスを示したものとして記憶される。鳥光美緒子は、ドイツ教育学のポストモダニズムへの反応を論じ、今井重孝は、ルーマンのシステム論を援用して戦後教育学の代表者たる堀尾輝久の論を批判している。ところが指定討論者の和田修二からは、実践への寄与や代案を示すよう要求がある（七一：四一）。ポストモダニズム批判の常套句といえよう。翌三年目（九六年）の課題研究は、副題を「わが国教育哲学の軌跡から」とし、「旧世代」にリベンジの機会が与えられる（村井実・堀尾輝久・矢野智司、司会：増渕幸男・毛利陽太郎）。「善さ」の村井に「発達」と「人権」の堀尾。さながら前年のシンポジウムへの反動である。司会者はこの課題研究を、「世代間交流」と位置づけ（七三：四七）、三者の相違を教育学者／教育哲学者としての「アイデンティティ」の差に帰着させる（七三：四九）。ポストモダニズムへの対応は、いつの間にか「世代論」へとずらされているのである。

（四）戦後教育を問う

「ポストモダン派」からの戦後教育学批判を受けてか、続く九七年からは「戦後教育を問う」シリーズが開始する。

初年度の「戦後教育を問う――ポストモダンの視界から」（俵木浩太郎・松下良平・黒沢惟昭、司会：山崎高哉・田代尚弘）でも、「戦中派」の俵木・黒沢と「戦後世代」の松下というように、前年に続き問題設定の違いが世代の差から説明される（七五：四〇）。黒沢は、不登校の増大を「『ポストモダン』的現象」、「モダン型学校」の「終焉」として理解する（七五：三六―三八）。松下は、「なぜ人間化をめざしたはずの教育は、新たな非人間化を招来するという逆説を招くのだろうか」という近代批判的問いを提出しつつも、「《実践》の中での教育と学習の〔中略〕理念を現代社会において実現しうる教育論を大胆に構想すること」が必要だとのべる（七五：三三）。九八年の「子ども理解はどこまで深まったか」（宮野安治・田中孝彦・喜多明人、司会：原聰介・皇紀夫）は、非会員の田中孝彦（臨床教育学）と喜多明人（子ども権利論）が招聘されたことから明らかなように、この時期喧伝された子どもの「荒れ」を「さらなる子ども理解」によって克服しようとする性格のものであった。九九年の課題研究「学校は、今何が出来るか」（小玉重夫・諸富祥彦・毛利猛、司会：宇佐美寛）は、校内暴力、いじめ、不登校、学級崩壊などの現象により、もはや学校の存在価値が自明ではなくなったことを前提とした問題設定といえる。しかし司会の宇佐美の問いはあいもかわらず規範主義的なものだ。「現在の日本の学校をどんな方向に変えていくべきだとお考えでしょうか」（七九：三九）。小玉は、「現代の学校が果たしうる積極的な役割として、公共性の構築を考えたい」という。諸富は学校は子どもに「自己承認ないし自己決定の機会」等を与えるべきだという（七九：三一）。毛利は、「学校は、今何が出来るか」という問いを反転させて「学校のために、今何が出来るか」が問われていると、私たちに態度変更を求める（七九：三八）。

以上のように、教育哲学会は九〇年代を通して、ポストモダニズムの批判的問いを、規範によって切り返してきたことが理解できる。ポストモダニズムの衝撃を正面から受け止めることが困難なほど、規範主義は頑迷だったというべきだろう。

四　パフォーマティヴではなくコンスタティヴに

次に、教育哲学のポストモダニズム受容の形態を検討する。ポストモダニズムのパフォーマンスは教育哲学ではほぼ受容されず、その思想はテーゼに分解されてコンスタティヴに導入された。その結果――日本の「現代思想」受容を考えれば不可思議な現象だが――ポストモダニズムは、結果的にアカデミズムとしての教育学の精度を高めたのである。

(一) 孤高のパフォーマンス

ポストモダニズムを受容するためには、教育哲学の伝統の枠を過度に逸脱しない程度にそのインパクトを切り詰める必要があった。上記ではその点を規範主義に即して明らかにしたが、次にアカデミズムの手法について同様の点を検証したい。

教育哲学においてポストモダニズムは、アカデミックな文法の上に「テーゼ」として受容された。日本のポストモダン・ブームの中核を担った「ニューアカデミズム」の論者たちは、独特の文体や所作で既存の学問の枠組みを問い直そうとした（仲正 二〇〇六）。だが教育哲学会では、そうしたパフォーマンスはほぼ受容されなかった。前述の堀内守は「現代思想」を実践しようと試みたが、単発で終わった（六五：二一）。
希有な例外として、鈴木晶子が挙げられる。彼女は二〇〇〇年の研究討議にて、「定義づけ」や「整理」をする「モダン」な手法では、ポストモダン思潮の最善の部分をとらえ損なうという。

ポストモダンの功罪を問う本討議では、モダンやポストモダンとは何かという定義づけから入ることが常套手段かもしれません。けれども私に《ママ》は定義づけをしたり、その教育学への波及を今井［康雄］会員のように「展望」したり、早川［操］会員のように「ポストモダン」の特徴を「モダン」の尺度で「整理」したりといったような、知の権力行使だけは避けたいと考えています。なぜなら、そのようにモダンやポストモダンをまるで実体であるかのように捉え、所有しようとする知のあり方自体をここで疑ってみたいと思うからです（八一：六）。

ここで鈴木は、ポストモダニズムのコンスタティヴな追求ではなく、パフォーマティヴな遂行を試みる。関係論的問題設定によって理性の限界を示すこと。軽やかな文体でアカデミズムの文法を揺るがすこと。与えられた問いを脱構築し相対化すること。これこそポストモダニズムの実践以外の何物でもない。しかし、それはあくまで孤高の闘争であった。教育学におけるポストモダン思想の受容は、基本的にコンスタティヴなレベルに留まる「モダン」なものだったからである。

（二）近代批判の摂取

ポストモダニズムが教育哲学に受容されるためには、それを「モダン」な教育学の図式に適合するよう切り詰める必要があった。しかしその必要性をどの程度認識するのかは、当人の置かれたポジションによって異なる。

九〇年代にポストモダン思想を教育哲学に紹介してきた研究者の多くは、それ以前に「古典」を中心とした業績をすでに積み上げており、ポストモダニズムを「余技」として披露することが可能であった。


他方で、若手研究者にとっては、『教育哲学研究』への論文掲載は登竜門的性格を有するため、批判も多く評価も定まっていないポストモダン思想を正面から論じることは、蛮勇となりかねない。田中智志は「『教育哲学研究』にフーコーやデリダにかんする研究論文が掲載されていない理由の一つ」に、「若手の研究者による投稿が多いこと」を挙げている。（百：三六一―三六二）。では、若手研究者にはポストモダニズムの影響が認められないかといえば、そうではない。控えめな形で、従来の教育哲学研究の対象と文法を守りつつも、近代という時代や教育という営為への疑いが差し挟まれていく。その例としてここでは、二つの論文を取り上げてみたい。

まず、山名淳のカント論（五九号、一九八九）である。森田尚人がのべるように「この論文は、〔中略〕近代教育学それ自体を対象化するという課題を、カントを例にとって遂行しようとした」ものであり（百：一三〇）、若手研究者による近代批判の試みとして記憶されるべきである。とはいえ山名はここで、近代批判を前面には出さない。むしろ近代批判をあえて従来のアカデミズムの文法に乗せ、特に先行研究の文脈に自らの研究を位置づけることによって、ポストモダニズムと同型の近代批判を密輸入しようとするのだ。その課題は次のように説明される。「本論文においては、この『啓蒙とは何か』において重要な概念となっている『成人性（Mündigkeit）』概念の周辺を検討することによって、カントの教育思想を再検討してみたい。そしてその再検討は、最終的に、教育に関するカントの論述のあいまい性に対しての一解釈を可能にしてくれると思われる」（五九：八九）。だが検討を進めていくなかで、カント教育思想の、そして教育という営みの暗き側面へと言及が及ぶ。山名の近代批判は、注でアドルノと対談者ベッカーの「近代批判的な見解」について触れられているように、同時代のドイツの研究に起源があるようである。

表面的な楽観的見解のみが目を引きがちな彼［カント］の教育思想も、このように見てくれば、「成人性」へと人を導くものであると同時に「成人性」の実現を阻むものとしての教育の様相に対する自覚をともなう、いわば基層のごときものを有しているように思われる（五九：九六）。

同様の傾向は、丸山恭司のウィトゲンシュタイン論（六五号、一九九二）にもみられる。野平慎二も指摘しているように、この論文は、教育哲学における「言語論的転回」の嚆矢として高く評価されるべきものである（百：七八―七九）。例えば丸山論文の一節は、後に論じるプラトニズム批判に通じる。

対応説的な言語像に従って、語は心的な現象を指示し、言語の働きは前言語的な思想を記述し、伝達することだと思いなしてしまうとき、完全な誤りを犯してしまうことになる。この誤りを指摘するために「言語ゲーム」は論じられたのであり、これが言語ゲーム論の主要眼目であった（六五：四七）。


にもかかわらず丸山の主眼は、言語ゲーム論の「教育的意義」の解明に置かれる。この課題設定の理由は、教育学においてウィトゲンシュタインの研究蓄積が少ないことに帰因するだろう。ウィトゲンシュタインおよび「言語ゲーム」に関する教育学の先行研究を一望する詳細な注がつけられていることは、この新たな対象を教育哲学の枠組みに適合させる努力のあらわれとして理解できる（六五：五一—五二）。

九〇年前後の若手研究者たちは、ポストモダニズムを教育哲学の図式に適合させる努力をもっとも意識的に行った世代といえるかもしれない。山名と丸山の論文では、教育哲学の伝統を大幅にはみ出ない程度にポストモダニズムのテーゼを切り詰める努力がなされていた。

(三)　古典の再生

だが二〇〇〇年頃、こうした状況は変化する。野平慎二は、教育哲学のポストモダニズム（ここでは「構造主義」）受容を段階別に説明している。(9)

構造主義は、当初は反近代、反啓蒙の思想として、教育学の側からは否定的に受け止められたが、八〇年代後半以降、教育現実を分析する方法論として積極的に受容されるようになる。『教育哲学研究』においても、九〇年代末以降は構造主義、とりわけフーコーの思想を自明の前提とした諸論が発表されるようになる（百：八一）。

転換点は、世紀の変わり目に訪れる。ここで野平がフーコーの影響下にあるとして例示している論文のうち、フロイト以後の精神分析理論の展開を主題とした下司晶（七九号、一九九九）は、フーコー流の思想史の体現を目指しつつも文献にフーコーは含まれず、ポストモダニズムを密輸入している。それに対して、北詰裕子のコメニウス論（八四号、二〇〇一）、室井麗子のルソー論（九七号、二〇〇八）といった思想史研究では、フーコーが読解枠組みであることが明示されている。つまり二〇〇〇年前後に、ポストモダニズムは「古典」を読み解くための理論として教育哲学に受容されるようになったと考えられる。そしてポストモダン思想を読解枠組みとすることによって、コメニウスやルソーといった教育哲学の「古典」は、新時代に相応しく新生した。逆にフーコーやデリダらは基礎的分析ツールとして、時に「新古典」と呼ばれつつも、分析されるべき対象として確固とした地位を築いてはいない。例えば、デリダに関する若手の研究論文が発表されるのはようやく二〇〇七年になってからであり、それも「ポスト構造主義の哲学者」として彼のテクストを分析するものではなく、彼のエクリチュール論が言語教育の実践にいかに寄与しうるかが問題とされるものである（福田学、第九六号）。フーコーのテクスト分析を行う論文の登場は、二〇〇九年（第九九号）の池田全之を待たねばならない。その意味で、教育哲学の「グレート・ブックス」は変更されたとはいいがたい[10]。

以上のように、ポストモダニズムはテーゼや読解枠組みとして従来の教育哲学に接ぎ木可能な範囲で受容されたため、教育哲学の文法を動かすほどのインパクトは与えていない。そのことをしてポストモダニズム受容の不十分さと判断することももちろん可能である。だが裏を返せば、ポストモダニズムは教育哲学に、ディシプリンとしての深化をもたらしたともいえる。テーゼや読解枠組みとしてポストモダン思想を受容することはつまり、教育哲学が他分野や海外の同時代の研究動向によりセンシティヴになった証でもある。そのことを、日本の教育哲学研究が単なる輸入や紹介の域を越え、海外の研究と同時代性を有するようになった証左と評価することもできるだろう。ポストモダニズムのコンスタティヴな受容は、教育哲学に研究の精緻化をもたらしたのだ。

五　ポストモダニズムの大いなる遺産

ポストモダニズムは、今日の教育哲学の形成にどのような役割を果たしたのだろうか。これまで論じてきたように、教育哲学のポストモダニズム受容は非常に限定されたものだった。にもかかわらずそれは一九九〇年代以降の教育哲学の問題構成を大きく転換した。ここではその特徴を描写し、ポストモダニズムの遺産とは何であったかを明らかにしたい。それは（一）プラトニズム批判、（二）言語論的転回、（三）人間学的問い、（四）新たな政治的実践性である。なお、近代像の転換については次章で論じる。

（一）プラトニズム批判

ポストモダニズムの最大の遺産はおそらく、教育の「本質」という発想を禁じ手としたことである。「正しい」教育概念を理解し使用すれば教育は改善するというイデア論的な前提が廃棄されたことを、ここでは「プラトニズム批判」と呼ぼう。それは「大きな物語の終焉」（リオタール）や「脱構築」（デリダ）を包含する。片山勝茂が指摘しているように、かつての教育哲学では「教育の本質をうまく捉えた教育概念を教育学者や教育実践者たちが充分に理解し、用いるようになれば、その分教育実践もうまくいくという発想」、「全ての人々が同意して共有できる教育概念があるという発想」が存在した（百：五四）。このような前提はしかし、ポストモダニズムによって問い直されることになった。片山が参照している論文において、宮寺晃夫は次のようにのべている。

もはや、教育それ自体を善きものとする定言的な語りはゆるされず、教育の善きあり方については、仮言的な語りがゆるされるだけだ（八六：三二）。

宮寺はこのようにポストモダン思想受容の結果を悲観的に語るのだが、しかし改めて、「仮言的な語りがゆるされるだけ」であることの何が問題なのだろうか。プラトニズム批判による転換を、福音と受け止めることも可能なのではないか。ある教育がうまくいっていない理由を「本質」理解の不足に帰着させる発想そのものを、ポストモダニズムは覆した。あえて乱暴にまとめるならば、プラトニズム的な前提では「本質」の理解がなければ事態の改善を図ることができないが、超越的な本質を認めないポストモダニズムにおいては、個別具体への対応によって問題の解決が可能となる。否、むしろ日々の小さな営みにこそ「真実」が宿る。フーコーの知＝権力批判、ドゥルーズ／ガタリの精神分析批判、デリダの現前の形而上学批判、等々。ポストモダニズム――という言葉が曖昧なのであればポスト構造主義――が、「知の独占」を問い直す運動であったことを思い起こすべきだろう。プラトニズムと全体主義との関係がしばしば指摘されることを鑑みれば（Popper 1945a, b＝一九八〇ａｂ、佐々木　一九九八）、そこからの離脱にも積極的な意義を認められるのではないか。

（二）言語論的転回

以上のプラトニズム批判と軌を一にするのが、「言語論的転回」である。ソシュールとウィトゲンシュタインを淵源とする言語論的転回は、フランスでは構造主義／ポスト構造主義に共有され、アメリカではローティによって広まったポストモダニズムの共有財産である。野平慎二は、九〇年代以降の『教育哲学研究』掲載論文の特徴を、「言語論的転回」と「構造主義」にみている。

九〇年代以降の所収論文の大きな特徴は、「言語論的転回」の傾向が明瞭に見て取れることである。〔中略〕また、九〇年代以降の所収論文は、言語論的転回と密接な関係を持ちつつ、主体の意識を規定する構造の存在と機能を指摘した構造主義からも大きな影響を受けている（百：七八―七九）。

言語は世界を表象するのではなく世界を構成するという言語論的転回の思考法は、教育哲学に新たな研究動向を産んだ。野平によれば、それは以下の五群に大分できる。①他者性と倫理、②アイデンティティ論、③教養論、④身体論、⑤文体論（百：七一―八一）。これらの研究が共通に示唆しているのは、対象は私たちから切り離されて存在しているわけではなく、私たちの視線が成立させているのだから、私たちと対象との関係それ自体を批判的に問い直さねばならない、ということである。同じく八〇年代と九〇年代の『教育哲学研究』の間にある差異を、北詰裕子は「言語の透明性」の喪失と表現している（百：二一〇）。これこそまさに「言語論的転回」の帰結にほかならない。
八〇年代までは、教育哲学研究において言語が主題化される際、何らかの自明性に立脚した「教育」

と、ある種の言語の透明性とが前提とされていたように見える。〔中略〕それに対して九〇年代は、教育の自明性そのものを批判的に検討する近代教育批判が明示的に展開される中で、言語の透明性やそれを前提とする授業実践における「対話」への信頼は失われ、教育と言語との関係そのものを根本から問い直す研究が展開されていく（百：二一〇）。

では、言語論的転回は「対話」による相互理解の希望を打ち砕いたのだろうか。否、それはむしろ、お互いの異質性を認めた上での対話や相互理解への道を切り開いたのであって、他者とのコミュニケーションの可能性を奪い去るものではない。ただし対話のためには、私たち自身のありようを反省することが求められるのだ。

（三）人間学の隆盛

教育学全体でいえば、九〇年代は教育社会学と臨床心理学の影響力が強まった時代だったが、九〇年代の教育哲学では、（教育）人間学が隆盛し「形成」「生成」等の概念による新たな語り方が模索された。宮寺晃夫はここにも、ポストモダニズムの影響をみいだす。人間学的探求が広がりをみせたのは、「教育」という「大きな物語」の抑圧を逃れることができると信じられたがゆえである、と。

ポストモダニズムの影響もあって、教育の概念を教育主体の意図から規定する構えは明らかに後退している。誰がどのような意図で教育するかを語り口としない論じ方、むしろそうした教育の「大きな物語」を前提にしないで、人が人になりゆく事実と過程と変容を追跡することから教育を論じることが、教育哲学の潮流として市民権を得てきている。「教育人間学」がそれである（百：五九）。

森田尚人は、この（教育）人間学隆盛の起源を、さらに詳細に検討している。人間学的問いに代表されるように、「九〇年代以降に従来の教育の概念にとらわれないテーマ設定が数多く見られるようになっ」た傾向の起源を、森田は「八〇年代初めに新たな研究枠組が提起されたこと」に求める（百：一二二）。その転換とは、「教育」概念と「陶冶」概念の主従の逆転である。つまり七〇年代までは教育は陶冶を含むものであったのに対して、八〇年代以降は陶冶は教育を超えるものとして描かれるようになる。森田によればこの転換の端緒は、田中毎実のフロム論（第四二号、一九八〇）である（百：一三一）。そして森田は「教育」と「陶冶」の包含関係の逆転によって、二つの傾向が現れたという。「教育を『生成』に置き換え、教育学を（教育）人間学の方向に誘導する動き」と、「教育を社会化とみなす社会学の方向へとシフトする傾向」である（百：一三五）。森田の説を引き取って、九〇年代の教育言説が心理学（ミクロ）と社会学（マクロ）に引き裂かれていたことを問題視するならば、その責任の一端は教育哲学にもあったと考えられる。

（四）新たな政治実践へ

これまで論じてきたポストモダニズムの遺産、すなわちプラトニズム批判、言語論的転回、人間学の勃興は、新たな政治実践の可能性という一つの方向性を指し示しているように思われる。この転換は「真理」も「言語」も「人間」も文脈に埋め込まれていること、そしてその文脈には自らが含まれることへの自覚がもたらした。研究者は理論を現実のなかで問う必要があるし、自らの歴史的・政治的・社会的コンテクストにも自覚的でなければならない。

野平慎二は、「民主主義や公共性といった社会哲学的主題との取り組み」を「九〇年代以降の所収論文の傾向の一つ」に挙げる（百：八三）。平井悠介は教育と政治との関係について、研究者が自らの文脈に敏感になることで生じた転換を次のように要約する。従来の教育哲学は、政治と教育の二分法を前提とし、「政治による不当支配から教育を守る」という論理構造を特徴としていたが、「一九九〇年代後半以降」本格的に、「理論を現実化するために、現実政治との関わりの中で理論の実効性を問う作業を避けては通れないことが認識され始め」、「政治や経済に学校教育の領域が規定されていることを前提として学校教育における公共性が問われることとなった」（百：一五二）。岡部美香は、ポストモダニズムと並行的に勃興してきた人間学の問いが、研究者自身の置かれた文脈への反省を求めるものであったという（百：三二五）。その意味では（教育）人間学が問う者自らに反省的思考を迫ること自体が、ミクロな政治実践にほかならないのである。

西村拓生は、政治や実践との関わりは、ポストモダニズムの影響を受けて変化しつつあるという。

その鍵となるのは、「教育の『現実』なるものが、最初から素朴実在論的に、実体として存在しているわけではなく、私たちの言語的実践――言説、語り（ナラティブ）、『見立て』、『筋立て』、『テクスト』読解、解釈――によって構成されているものである、という、物語り論的、構成主義的、『言語論的転回以後』的なスタンス」である。「教育哲学の言語的実践は、もはや教育実践の外側に措定され、外からそれに『かかわる』のではなく、常に既に『教育現実』の構成に巻き込まれており、それと相即的である」（百：三五八）。

実践や政治は、私たちと無縁に存在するマクロな外的対象ではなく、むしろ私たちの視線や日々の生活と同時成立的なミクロなものである。その意味で、私たちの日常そのものなのだ。逆にいえば、私たちはいかに超然と高踏を気取っても、政治や実践から逃れられない。生そのものが、政治であり実践なのだから。

結語に代えて――血肉化されたポストモダニズム

ポストモダニズムは教育哲学には限定的にしか受容されなかったが、大きな遺産を残した。その詳細は以上で論じてきたので再掲はせずに、ここでは別の観点からまとめてみよう。

ポストモダニズムが教育哲学にもたらしたのは、反省作用であり当事者性である。議論による探求の基盤であり、異質な他者同士の対話の可能性である。そしてそうした思考法はすでに多かれ少なかれ現代の教育哲学に血肉化されているのだ。

「ポストモダン論の影響で教育目的や規範を語りにくくなった」という通説に対しては、したがってこのように答えたい。ポストモダニズムがなかったら、教育哲学は未だに超歴史的な「本質」によって現実を断罪する、権威的で秘教的なサークルに留まっていたのではないか、と。

本章で論じてきたポストモダニズムによる教育哲学の変化を逆転させてみよう。つまり、ポストモダニズム受容以前の教育哲学は、自説の普遍性を疑わず、自分こそが特権的に規範を語ることができると信じ、他者の異質さをそれ自体として尊重せず、自らの文脈依存性に無自覚で、己が制度という基盤に守られていることを視野の外に置く。これは相当に傲慢な態度ではないか。このような学問観は改められてしかるべきではないか。その意味で、ポストモダニズムが私たちから奪ったのは、「幼児的全能感」だともいえる。私たちは、後見人に保護されていた幸福な幼児期を捨てて、苦痛に満ちた現実の中へ歩みを進めていかなければならない――あまりにもカント／フロイト的な図式だが。

そして仮に、ポストモダニズムが「大きな理想」を語りにくくしたのだとしても、私たちはおそらく、より普遍的な構想を背後に抱くことなしには、眼前の小さな現実を変革することすらできない。とはいえ文脈を無視して大きなヴィジョンを突然に現実化することは不可能であり、眼前の現実と理想とは区別されるべきである。私たちにとってなじみ深いこうした反省的思考もまた、ポストモダニズムを経過することによって定着したのではないか。九〇年代以降に思想史という方法が着目されていることや、近年、教育哲学会で教員養成の問題が再び注目を集めていること、そして教育哲学者がＦＤ活動と積極的に関わってきたことなどは、このような省察の浸透と関連するといえよう。

だから改めて問おう。私たちが求める教育を。それは永遠不変のイデアではなく、現実の只中から生まれる。それを探求し現実化する手法も問題になる。だがそれゆえに、実現可能な未来なのだ。

註

（１）提案者：森田洋司・谷田増幸・石堂常世、指定討論者：林 泰成、司会：高橋 勝・藤井千春、二〇一二年九月一六日、於 早稲田大学井深大記念ホール。
（２）提案者：今井康雄・鈴木晶子・早川 操、司会：松渕幸男・森田尚人。一九九九年一〇月一六日、於 東北大学教育学部。研究討議の報告は『教育哲学研究』第八一号（二〇〇〇）に収録され、後に他の執筆者を加えて増渕幸男・森田尚人編『現代教育学の地平——ポストモダニズムを超えて』（南窓社、二〇〇一年）に発展する。序章にて論じたように、同書は教育学においてはじめてポストモダニズムを本格的に検討したものであるが、ポストモダン／ポストモダニズムの定義は論者によって異なる。
（３）紙幅の関係上、『教育哲学研究』の参照・引用箇所は、著者名を示し（号数：頁数）または（号数、年）の形式で本文中に挙示する。「一〇〇」は第一〇〇号、「百」は一〇〇号記念特別号を意味する。なお『教育哲学研究』のバックナンバーは二〇〇七年分までJ-STAGEで無料公開されている（https://www.jstage.jst.go.jp/）。
（４）一般的なポストモダニズム理解については、序章およびSim（1999＝二〇〇一／二〇〇二）、仲正（二〇〇六）等を参照のこと。

（5）この箇所で今井は、佐藤学（一九九六）と宮寺晃夫（一九九七）の文献を挙げている。
（6）Roth（1998）は、プラグマティズムと古典的な精神的・宗教的パースペクティヴの和解を「ラディカル・プラグマティズム」と呼ぶが、佐藤の立場とは異なるだろう。
（7）タイトルに「ポストモダン」の語を冠する論文の初出は、土戸敏彦（第六九号、一九九四年）である。
（8）もっとも、フーコーやデリダやドゥルーズも自ら「ポストモダニスト」とは名乗っていないだろうが。
（9）野平はここで構造主義とポスト構造主義の区分を行っていない。
（10）二〇一〇年以降になると、教育哲学会の一般研究発表では徐々に「教育思想」よりも「現代思想」を対象とする研究が目立つようになる。とはいえそれらが直ちに教育哲学としての意義を認められるわけではない。第五章、終章を参照。

文献

Popper, Karl R. (1950) *The Open Society and its Enemies*, Princeton, Princeton University Press. = （一九八〇 a）『開かれた社会とその敵――第一部　プラトンの呪文』内田詔夫・小河原誠訳、未来社．／（一九八〇 b）『開かれた社会とその敵――第二部　予言の大潮　ヘーゲル、マルクスとその余波』小河原誠・内田詔夫訳、未来社．
Roth, Robert J. (1998) *Radical Pragmatism: An Alternative*, Fordham Univ. Press.
Sim, Stuart (ed.) (1999) *The Routledge Critical Dictionary of Postmodern Thought*, New York, Routledge. = （二〇〇二）『ポストモダン事典』杉野健太郎ほか訳、松柏社．＝（二〇〇二）『ポストモダニズムとは何か』杉野健太郎ほか訳、松柏社．
教育哲学会『教育哲学研究』各年度版．
教育哲学会（二〇〇九）『教育哲学研究』一〇〇号記念特別号．

佐々木毅（一九九八）『プラトンの呪縛――二十世紀の哲学と政治』講談社.
佐藤 学（一九九六）『カリキュラムの批評』世織書房.
佐藤 学（二〇一二）『学校改革の哲学』東京大学出版会.
田中智志（二〇〇九）『教育思想のフーコー』勁草書房.
仲正昌樹（二〇〇二）『ポスト・モダンの左旋回』情況出版.
仲正昌樹（二〇〇六）『集中講義！ 日本の現代思想――ポストモダンとは何だったのか』日本放送出版協会.
増淵幸男・森田尚人編（二〇〇一）『現代教育学の地平――ポストモダニズムを超えて』南窓社.
広田照幸（二〇〇九）『ヒューマニティーズ 教育学』岩波書店.
宮寺晃夫（一九九七）「人間形成論の隘路――思想史研究におけるポスト・モダニズムを排す」『近代教育フォーラム』第六号、六三―七一頁.

第二章　近代批判、未完のプロジェクト

――教育哲学は近代をどう論じてきたか

はじめに――教育哲学における近代論の展開

教育学にとって「近代」とは何か――重要だが、あまりに大きすぎる問いである。教育学にとって「近代」が、研究対象たる時代区分の一つでありながら、同時にそれによって研究を成立させる視座でもあるとするならば、厳密にいえば、近代論を全く含まない研究は存在しない。明治以降の日本の教育が西洋近代を範型としてきた以上、執筆者の時代診断に基づく各論文の課題には、近代への態度が必然的に内包されるからである。だからこそ各時代の教育学は「近代とは何か」をたびたび問題にしてきたし、私たちは過去に教育学が「近代」をどのように問題化してきたかを繰り返し問いなおす必要がある。しかし、そのように視野を広げてしまうと対象と課題が拡散しすぎる。

そこで本章では、近代主義的な観点を中心として、戦後日本の教育哲学が近代をどのように把握してきたのかを検討したい。近代主義を中心とするのは、それこそ私たちが「戦後教育学」と一括

して呼ぶイメージの最大の構成要素だからである。周知のように、戦後日本における近代主義は、理念や価値としての西洋近代に、十分に近代化されていない現実の日本を対比させる思考法であり、丸山眞男や大塚久雄ら（市民社会派）がその代表とされる。近代主義が、第二次大戦への反省から日本の超国家主義の原因を明治以降の近代化の不徹底に求め、戦後市民社会の形成に期待を寄せたことは付言するまでもないだろう。そして「ヨーロッパ近代を基準に日本社会の後進性を批判する近代主義の発想」は、「日本資本主義の現段階の『反封建的』性格を強調する講座派［マルクス主義］の見解と親近性があった」（森田 二〇〇三：四二）。近代主義者は、理想の不徹底として現実を鋭く断罪するという意味では、近代の厳しい批判者でもある。

戦後教育学の原型は一九五〇年に近代主義と講座派マルクス主義の強い影響下に形成された。教育社会学者の大内裕和の言葉を借りれば、「戦後教育学という枠組み」は「戦時期教育の否定・批判とそれに基づく〈近代〉教育への高い評価」を「前提」とする（大内 二〇〇〇：一）。すなわち、西洋／日本、近代／前近代、民主主義（市民社会）／封建制（身分制）、国民／国家、戦後／戦前、戦後改革／「逆コース」以後等の二分法に立ち、前者に理念・価値を認めて理想化し、後者をその未徹底・堕落・疎外要因とみる。いうまでもなくこの枠組みは、戦争の惨禍を二度と繰り返すまいという反省の上に成り立っている。そして教育基本法（旧）をはじめとする戦後教育改革に、西洋近代の理念（民主主義・普遍性・人権等）をみいだすとともに、「逆コース」以降の国家主導の教育政策は、その理念からの堕落とみる。

それに対して、現代の問題を近代の帰結として批判的に検討する立場を、ここでは近代主義と対比させて近代批判と呼ぶ。近代批判は、部分的にはすでに一九六〇年代からみられるが、教育哲学の議論として全面展開するには、一九九〇年代を待たねばならない。

本章は以上の観点から、前章に引き続き、日本の教育哲学・教育思想研究の専門学会である教育哲学会の動向を中心的に検討することとし、同会の機関誌『教育哲学研究』を分析対象とする。[1] 前章ではポストモダニズムの受容を検討したため一九八〇年代以降が中心となったが、本章では『教育哲学研究』の創刊された一九五九年に遡って、各年代において「近代」がどのように位置づけられているかを検討する。以下に大まかな展開を示せば、(一) 一九六〇年代まで：近代主義はまだみられず、マルクスらに依拠する近代批判が部分的にみられる。(二) 一九七〇年代：「日本人論」の影響と政治的状況への対応において、近代主義的な教育哲学が生まれる。(三) 一九八〇年代：教育問題への対応と文教政策への批判として、近代主義的論調が強まる。他方で、ポストモダン的な近代批判が登場しはじめる。(四) 一九九〇年代：ポストモダン思想の影響を受けた近代批判が全面展開し、近代主義を圧倒する。(五) 二〇〇〇年代：近代批判派は、ポストモダン論への距離の取り方でいくつかの立場に分かれる。[2]

二　アイロニーとしての近代——一九六〇年代

一九六〇年代までの『教育哲学研究』では、近代をとらえる視座はあまり明示的ではなく、近代が問題とされる場合には、批判的観点から論じられることが多い。近代主義的な枠組みはすでに醸成されていたものの、教育哲学には導入されていない。

（一）近代主義の不在

一九五九年の創刊号から一九六〇年代末までの『教育哲学研究』を一読した現代の読者は、ある違和感を覚えるだろう——「現代的意義」や「先行研究の検討」に相当する箇所が認められない。哲学的考察と教育問題との接続が素朴に過ぎる感があり、教育学独特の話法のようなものが見出せない、海外文献の検討というよりも紹介に終わっているのではないか……等々。つまりは「教育哲学」という独自の読解枠組みが十分に成立していない。教育哲学会の設立から十年ほどの間、一九六〇年代の教育哲学は学問としての輪郭の形成途上にあったといえるかもしれない。

こうした状況は教育哲学に限られたことではない。小玉重夫は「一九六〇年代以前には、戦後教育学はまだ成立していなかったのではないか」と問う（小玉 二〇〇〇：二一八）。一九五〇年代の教育学や教育運動はとても「戦後教育学」と一括りにできるようなものではなかった。そもそも、

「戦後民主主義」といえば『近代主義』であり『市民主義』であり『護憲』であるといったイメージ」は、小熊英二がのべるように一九六〇年代以降につくられたというべきかもしれない（小熊二〇〇二：八〇四）。

一九六〇年代、教育学における近代主義的な問題構成は、教育哲学会の外部で醸成されていた。その例に『岩波講座　現代教育学　第4巻　近代の教育思想』（一九六一）があげられる。矢川徳光、梅根悟、海後勝雄、小川太郎、勝田守一、五十嵐顕、大田堯、長尾十三二、堀尾輝久ら、後に「戦後教育学」と呼ばれる枠組みを形作る論者の多くが名を連ねる同書の課題は、「ヨーロッパを中心とした近代の教育思想」を、「現代への遺産として」検討することであった（梅根・大田　一九六一：i）。

ではなぜ、六〇年代末までの『教育哲学研究』には近代主義的傾向がみられないのか。その理由は、教育哲学会の設立経緯に刻印されているというべきだろう。第一に、小笠原道雄がまとめているように、日教組と密接な関係があった日本教育学会に対し、教育哲学会は政治から距離をとる場として設定されたことである（九七：一七二、二〇〇八）。『教育哲学研究』創刊号の冒頭を飾る稲富栄次郎「創刊の辞」では、教育哲学会の方向性として「特殊の偏見に泥まず、時流に阿らず、つとめて中正の立場から、客観的に真理を追求するという立場を堅持したい」とのべられている（二：一、一九五九）。第二に、第一の点とも重なるが、人的交流の問題である。同じく小笠原の指摘によれば、教育哲学会設立準備のための会合に参加を求める呼びかけは、東京大学の海後宗臣に対してもなされたが、海後は結局、この準備会には参加しなかった（九七：一六四）。歴史に「もし」は禁物だが、仮に初期のメンバー構成が別様であったならば、教育哲学会の歩みも異なるものになっていたに違いない。ともあれ、これらの点に関しては、さらなる研究の展開を待ちたい。

(二) 近代への批判的視座

一九六〇年代までの『教育哲学研究』では、「近代」という視座はあまり明確ではない。例えば創刊号（一九五九）において、芝野庄太郎はオーウェンが「産業革命がかもし出す暗黒面」（一：二二）を問題としたことを、前原寿はヘーゲルが「ドイツの後進性」（一：三七）を課題としたことを示すが、それらを「近代」の問題として把握してはいない。金子光男（一九六八）は、B・ラッセルの「教育的発言」が、「そのまま日本の教育的現実と直結している」と評価するが、研究の現代的意義は「近代」論に連結してはいない（一八：二九）。日本を対象とした研究でも、西洋近代を模範に日本の「後進性」を断罪するという近代主義的スタイルはまだみられない。後藤三郎の中江藤樹論（創刊号、一九五九）も、石川謙の一連の論も（第四号、一九六一、第一三号、一九六六）、素朴な歴史的関心が視座というべきである。

この時期、「近代」が意識されるのは、主に批判的意味合いにおいてであった。六〇年代の近代評価を端的に示しているのは、朝倉哲夫の次の表現であろう。「近代において比較的に潜在的であったアイロニックな状況は、現代（特に第二次世界大戦以後をそう呼びうるならば）において特に一段と顕在化してきていると思われる」（一三：三五、一九六六）。

一九六〇年代における近代批判の源泉は、一方でサルトル、ハイデガーやボルノウら、実存主義や現象学といった同時代の思想であり、他方でヘーゲルやマルクスらの先駆的な近代批判である。杉谷雅文は第二号（一九六〇）において、第二次大戦の惨禍の後では「古典教育学や人文主義の教育学」や「カントの普遍妥当的な倫理学」のように人間の理性に多くを期待することはできないと、ペシミスティックな近代観を表明する（二：三）。第五号（一九六一）の特集「教育と科学」で永冶日出雄は、マルクス／エンゲルスに即して「科学と人間の矛盾」を論じる。そして第一二号（一九六五）の特集「教育の基底としての人間観」で原聰介は、ヘーゲル／マルクスを参照しつつ、彼が「近代問題」と呼ぶ観点を提起している。「近代の人間の行動様式の原理」は、「主体であるはずの人間を手段化させ、資本による支配をよぎなくさせる状況をうんだ」。「近代の教育論」は、「近代問題の本質にまでゆきつき、近代そのものを変革する意志をもたなかった」（一二：三〇―三一）。この近代批判的観点は、後に論争を引き起こすこととなる。

二　近代主義の登場――一九七〇年代

教育哲学の近代主義的性格は一九七〇年代に刻印されたといっていい。近代主義的枠組みは直接にではなく「日本人論」を経由して導入され、その後、同時代への対応によって、より明確になる。

（一）日本人論による近代主義の輸入

一九七〇年代の第一の特徴は、西洋に比しての「日本」が強く意識されることである。以下では二回の「日本（人）」特集を検討するが、それ以外にも丸山眞男『日本の思想』（一九六一）、イザヤ・ベンダサン『日本人とユダヤ人』（一九七〇）などが明示的／暗示的に参照されている。これらの日本文化論・日本人論が近代主義の変奏であることは周知の通りである。

第二七号（一九七三）の研究討議「現代世界における日本人と教育」の特徴は、民族性・文化性の自覚を西洋近代の理念（普遍性、世界平和）へとつなげようとする発想である。高橋憲一は、当時の国際化を要請したものが——経済的・政治的交流ではなく——「コスモポリタニズム」の理念であり、その根底には「ヒューーマニズム」があるとのべる（二七：二）。武田清子は、「日本人のエートスの本質」（二七：一六）や、「自らの個別的、特殊的文化（価値観、イデオロギー）の閉鎖性、独善性を脱して」、アジア諸国をはじめとする「他の諸々の異質の文化に属する人々と」、「普遍的真理を共に問い求める探求者になること」を求める（二七：二二）。

第三一号（一九七五）の研究討議「日本における教育思想の伝統——明治以降を中心として」では、西洋近代／日本、外来／土着という軸によって考察がすすめられる。大浦猛は、篠原助市について「いわゆる日本的土着性」が「どのように作用したか」を検討する（三一：六—七）。長井和雄は、芦田恵之助の綴り方教授について、その「土着性」と「普遍性の欠如」を指摘する（三一：一八—一九）。日本の特殊性を自覚する傾向は、第三三号（一九七六）の研究討議「言語と教育」でもみられる（特に勝部真長）。

（二）現実への関与としての近代主義

七〇年代の第二の特徴は、その後半に近代主義が明確になり、また教育哲学に現実への応答が求められる点である。この変化は、この時期に「戦後教育学」「戦後教育史」の代表作が次々刊行されていること（大内 二〇〇〇：二）と、呼応関係にあるというべきだろう。

市村尚久は、「児童中心主義」の教育思想は、「その思想が真に『児童尊重』のそれであったか否かの観点からの検証が、不可欠」であるという（三六：一、一九七七）。この論立ては、〈真の近代〉から〈現実の近代〉の不十分さを批判するという近代主義の特徴を示している。また乙訓稔は、「ペスタロッチが生涯をかけて実践した陶冶」を、現代に通じる「国民教育の理念」として評価する（三七：五八、一九七八）。

第三五号（一九七七）の特集「政治と教育」には、教育哲学研究が現実へと踏み出していく契機をみることができる。金子光男はそこで、同時代を「狂気的状況」と診断し、これを克服するためには「教育に関する理論的探究だけに終始」しているだけでは不十分であって、それを「日本の教育現実の克服に何等かのかたちで投影」し（三五：九）、「権力と対決し自由と知性を擁護するたたかいを進めなければならない」という（三五：一五）。

それに対して、原聰介は「政治と教育」という問題構成が、「悪なる政治から善なる教育を守る」という「反省力の弱い議論になる傾向がある」と留意した上で（三五：二五）、「教育の自律化によって、人間も社会も調和的に進歩するというオプティミズムを、いま信じるには、われわれは、余りにも近代の原理の破綻をみてしまったのではないだろうか」とのべる（三五：三二）。原は一九七九年に日本教育学会の『教育学研究』（第四六巻第四号）上でも、近代の評価をめぐって堀尾輝久と対決する。(3) 今井康雄はこの「堀尾・原論争」を、「西洋近代がもはやモデル足りえない」ことを示す「重要な徴候」と位置づけているが（今井 二〇〇一：四四）、私たちはその先駆を『教育哲学研究』にみいだすことができるのである。

また第三七号（一九七八）の研究討議「教育学の科学性を問う——方法論の学理論争を踏まえて」では小笠原道雄が、ハーバーマスを中心にフランクフルト学派の批判理論を検討していることも付記しておきたい。

三　近代主義の全盛——一九八〇年代

八〇年代の特集は、時事的問題（教育実践および教育政策）への対応と、ディシプリンのアイデンティティ探求に引き裂かれている。この両者、すなわち「新たな教育問題」（校内暴力等）と国家主導の文教政策（臨教審等）の両者に応えうる万能の処方箋として、近代主義的な「教育本来の理念」が強く打ち出される。しかし、理想として近代的理念を提示するがゆえに、教育現実への対応は現実化の方策をもたず、理念を提示すればするほど、教育哲学の教育現実からの距離は広がる。これが今日まで続く、教育現実に対する教育哲学の無力感の原因なのではないだろうか。

(一)「新たな教育問題」——近代化の達成か？未遂か？

「時流に阿ら」ないという方針で創刊された『教育哲学研究』だが(一：一)、第三九号(一九七九)の研究討議「現代教育と青少年の問題行為」より、現実への応答が特集の一つの柱となり、八〇年代に入ると「特に問題なのは、教育哲学の教育現実ないしは教育実践への関わりである」と叫ばれるようになる(村田昇、四七：二二、一九八三)。特集を略記すれば、第四一号(一九八〇)「二十世紀と子ども」、第四五号(一九八二)「教育と暴力」、第四七号(一九八三)「哲学的探究の教育実践における意義」、第五一号(一九八五)「豊かさから生ずる問題」等[4]。

はたして、日本は近代化を遂げたのか、否か。あるいは「新たな教育問題」は日本が近代化した結果としてあらわれたのか、その未遂(歪曲)に起因するのか。八〇年代前半には、この問いへの答えは一致をみていない。「今日、民主主義教育は、(中略)単なる方便・手段に陥り、その結果、人権・平等という概念は精神的基盤を失っていないだろうか」というように、日本が〈ほんとうの近代〉を達成していないという時代診断がある一方で(東日出男、四一：四、一九八〇)、「『今日の豊かさ』と社会の『消費生活化』とは、同一現象の二側面」として、教育問題の原因を近代化の達成(高度経済成長と都市化)に求めることもある(高橋勝、五一：六、一九八五)。第四五号(一九八二）の研究討議「教育と暴力」では、一方で校内暴力等の原因を「日本における近代の学校教育に有する要因」つまり日本独自の「能力序列主義」に求める見解がある。日本の近代化の不十分さを批判する立場である。その一方で、「校内暴力が高度資本主義国で発展しているのはなぜか」との意見もあり、これは近代化の帰結として教育問題が生じたとするものである（村田昇、四五：三〇）。国家主義を課題とする第四五号（一九八二）の研究討議「教育におけるナショナルなものとインターナショナルなもの」、第四七号（一九八三）の課題研究「戦後教育における人間像」では、近代主義的観点が示されるが、いまだ学校現場と教育政策の両者を貫くほどの強度はない。

他方、第四九号（一九八四）の研究討議「西洋の教育思想における『人間性』の諸問題」には、「近代」という区分は存在しないものの、ポストモダン思想に通じる近代批判もみられる。沼田裕之はその「近世」の項で、「合理主義」は「西洋文化全体のなかでは」「一つの傾向ではあっても総てではない」とのべている（四九：一六）。

（二）教育現実への対応――「政治の季節」としての八〇年代

政治学者の原武史はその自伝的作品『滝山コミューン一九七四』のなかで、一九七二年の連合赤軍事件で「政治の季節」が終わったという通説に異を唱え、教育現場では七〇年代を通して社会改革の理想が根強く信じられていたことをあきらかにした（原 二〇〇七）。しかし教育学では、冷戦と五五年体制を背景とした改革の理想は、民間教育運動や組合の後ろ盾を得て、八〇年代を通して延命していたのではないだろうか。『教育哲学研究』の論調からは、教育哲学にとっては八〇年代こそが「政治の季節」だったことが理解できる。順を追ってみていこう。

八〇年代は全体として、教育哲学ディシプリンの独自性の模索、他方で教育哲学の教育現実への有用性の探求がともに展開している。特集を略記すれば、第四七号（一九八三）「問題提起」および「教育実践における意義」、第四九号（一九八四）「教育哲学をどう考えるか」、第五一号（一九八五）「哲学的アプローチと歴史的アプローチ」、第五三号（一九八六）「思想研究のあり方」、第五五号（一九八七）「授業研究において何をなしうるか」等。

しかしこうした動向と並行して、八〇年代半ばには教育哲学の政治色が強まり、教育問題の原因を国家の教育政策（の失敗）に求め、近代理念の徹底が声高に求められるようになる――あたかも、教育哲学のアイデンティティの基盤は、政治的応答へと回収されてしまったかのように。その白眉は、臨時教育審議会の設置（一九八四）およびその答申（一九八五―八七）への応答である「教育哲学は教育改革にどうアプローチするか」だろう。この課題研究は、副題を「教育における「自由」の問題」（第五三号、一九八六）、「教師に求めうるものと求めるべきもの」（第五五号、一九八七）、「教育改革の理念を問う」（第五七号、一九八八）、「臨教審答申の原理的考察と検討」（第五九号、一九八九）と変えながら、四年にわたって継続する。

その初年度（一九八六）に上田薫は、「教育改革における教育哲学の使命」として、「政治の教育支配をくいとめること」、「人間喪失の機械化に歯止めをすること」、「抽象理論の独善を排すること」、「最も徹底した危機認識に立つこと」の四点をあげる（五三：二七―三〇）。しかしそのための具体的方策や、その達成を評価する基準は示されない。松田高志は「現代世界の危機的状況」について、「近代教育学の祖と言われるコメニウス、ルソー、ペスタロッチ」らが目指した「教育」を通しての「世界平和の樹立」や「人類社会の根本改造」という「根本問題に取組むことなしには真の解決はありえない」とのべる（五三：三五）。村井実は「国家主義からの脱出」と、「それに代わっての人間主義の確立」を処方箋とする（五三：四二）。

時事的問題への対応のピークとなる第五七号（一九八八）では、課題研究のみならず、研究討議「教育の目指す人間像の条件――現実感覚充足の手がかりを求めて」も教育政策への応答となり、ディシプリンベースの論が消失する。上田薫は問題の解決を、「政治の不当な教育支配」から「脱却」すること、すなわち「教育の主体性を確立させること」に求める（五七：一九―二〇）。しかし、これらの論は臨教審の歯止めとはならず、答申後の第五九号（一九八九）では、「結局のところ臨教審答申は、これまでにも数多くみられたなし崩し『改革』に新しい一事例を付加するものに過ぎない」（久木幸男、五九：三九）、「あくまで政府（国家）主導の教育改革という『枠』のなかでの『自由化』論」（岡本道雄、五九：二八）と位置づけられる。

この一連の動向を、教育哲学が教育現実に対する有効性を喪失していく過程として読むのは、酷に過ぎるだろうか。教育哲学が〈危機的教育現実〉に対して〈あるべき教育の理念〉を語れば語るほどかえって、現実と理想の距離は広がり、結果的に教育哲学の教育現実に対する無力感を増す結にうつる。
果になった――少なくとも現在の私たちからみれば、八〇年代の規範的教育哲学の動向はそのよう

(三) ポストモダン的近代批判の登場

他方で、七〇年代から八〇年代の新たな知的動向は、教育学にも、イリイチやアリエス、フーコーやブルデューといった新時代の「古典」をもたらした。しかし「八〇年代＝ポストモダン」と一括されるような時代性を、『教育哲学研究』は反映していない。

第五九号（一九八九）の研究討議「現代における学校および学校教育の存在意義を問う」では、近代主義と近代批判の対決という、九〇年代に一般的になる特徴がみられる。市村尚久は、「個性尊重は、近代教育の大前提であるにもかかわらず、いまだに大半の学校において」「真の個性教育が行われていない」として、近代教育の理念の不徹底を指摘する（五九：二頁）。それに対して原聰介は、「今日の学校問題の原因」を「近代の教育学」に求めるべきであるという、六〇年代以来一貫した近代批判を展開する（五九：一一―一二）。

八〇年代末の状況がそれまでと異なるのは、原の近代批判を、ポストモダン的な理性（西洋）中心主義批判が後押しするという点である。安田忠郎は、「現代における学校の教育関係」は、「〈教師（主体）→生徒（客体）〉関係という、〈主・客〉の固定した一方通行の関係そのもの」であるから、「デカルト的な言語理性主義＝人間中心主義ときっぱりと決別」すべきだという（五九：一五―

一九）。同様の批判は、過激な脱学校論者である井上坦にもみられる。井上は、臨教審第二次答申から「子どもたちの心の荒廃をもたらした原因と責任」は「大人社会全体にある」との文言を引いて、大人が子どもを導くべきという教育の前提を棄却し、「学ばない権利の公的確認」と「強制就学（義務就学）制度の全廃」を求める（五九：九）。

これらの理性中心主義批判は、結論を急ぐあまりに反教育学的な脱教育論に帰着するという点で、現代からみれば粗雑な印象をぬぐえない。しかしポストモダン思潮を踏まえた近代批判は、一九九〇年代に入ると学術的精度を高めていく。

四　近代批判の展開——一九九〇年代

一九九〇年代の『教育哲学研究』では、近代批判が全面的に展開し、それが近代主義的な戦後教育学を乗り越えていく。この時期に、ポストモダン状況が実際に到来した（そしてそれは、必ずしも望ましいものではなかった）との実感が強まり、この理解が近代批判を後押しする。他方でその反動として、戦後教育学を発展的に継承しようとする立場も登場する。

（一）近代批判と新たな教育学の動向

一九九〇年代は、教育学の大きな転換点と位置づけることができる。戦後教育学の前提であった文部省対日教組という対立軸は、冷戦および五五年体制の終結、左派勢力の退潮、日教組の分裂および組織率の低下等によって霧消し、逆に「ゆとり教育」「学校五日制」「総合的な学習の時間」などの近代教育的理念を国が実施するというねじれを生んだ。またグローバリゼーションの進行によって、「国民教育」という戦後教育学のフレームもリアリティを失う。

これらと平行して九〇年代には、従来の教育学を批判的に乗り越えようとする動きが登場する。まず、一九九一年に設立された近代教育思想史研究会である。名称および機関誌に「近代」の名を冠しているように、「近代教育学」の「総点検」を志す「思想運動」として発足した同会は、[5] 一九九七年に教育思想史学会へと発展し、今なお新たな教育思想研究の発信地であり続けている。なお、同会会員の多くは、教育哲学会の会員でもある。また、森田尚人・藤田英典・黒崎勲・片桐芳雄・佐藤学ら気鋭の研究者たち（佐藤以外は一九四四年生まれ）によって一九九二年に創刊された『教育学年報』（世織書房）は、教育哲学・教育史学・教育社会学・教育行政学等の諸分野における新たな潮流を示し、戦後教育学の枠組みに変更を迫ってきた。

(二) ポストモダン的近代批判の展開

一九九〇年代の『教育哲学研究』では、近代批判が全面的に展開することとなる。一九八〇年代に一世を風靡したポストモダニズムの影響が、教育哲学でもようやくあらわれたといえるだろう。第六一号（一九九〇）の研究討議「子ども・大人・教育責任——危機的状況における教育的コンセンサスを求めて」では、教育の前提となる大人／子どもの二分法が問題化されるが、八〇年代のように素朴な反教育学にはつながらない。むしろ大人／子どもの区分をめぐる問題は、日本の近代化という問題に折り重ねて考察される。矢野智司は、フロアから「パネリストたちが共通に問うているのは『近代教育』」だと指摘した上で、「『近代』が不徹底だったのか、それとも『近代』は不徹底の方がよかったのか」と問い直す（六：一九）。近代への批判的眼差しは、第六三号（一九九一）の研究討議「教育における合理主義と非合理主義——近代の教育と教育学を問い直すために」へと展開し、近代合理主義の検討がなされる。

そして一九九四年から一九九六年にかけて行われた課題研究「教育哲学を問う」は、新旧世代間の「近代」観の対立を如実に浮き彫りにすることになる。以下副題を示しながら、代表的論点を検討する。第六九号（一九九四）「教育学における古典研究の意味」での森田尚人の問題提起はテクスト読解論であり、それ自体は近代論ではない。しかし「教育学が規範の学であることをやめ、その概念構成からア・プリオリな価値志向が追放され」ること、そして「当事者の理論的立場が明確に自覚されること」を求める際に問題としているのが、古典に「真理」を求めるような近代主義的な戦後教育学のテクスト読解のあり方であることは疑いない（六九：三九）。

続く第七一号（一九九五）「教育学研究の多様化の中で」は、研究討議上はじめて「ポストモダン」の語が登場し[6]、かつ戦後教育学批判がなされるという点で注目に値する。今井重孝はルーマンのシステム論を援用しながら、戦後教育学の代表者たる堀尾輝久の論を検討する。すなわち、保守／革新という二項図式に立脚し「国民の側に理想を国家の側に理想の実現の阻止を位置づけ」る堀尾の論では、現実を把握できないのではないか（七一：二四―二七）。鳥光美緒子は、ドイツの例からポストモダン思潮に対する教育学の過剰な防衛反応に触れた上で、「旧来の教育学の用法に囚われない、広い意味での『意味ある未来』の提示と、ポストモダン論の『限定されない』受容を切り結ぶ」必要性を訴え、日本でも「新しい教育モデルの模索」がはじまっているという（七一：二九―三三）。

そして第七三号（一九九六）の「日本教育哲学の軌跡から」では、「世代間討論に基づく世代間交流」が企画される。そこで堀尾輝久は、この時期高まってきた自らへの批判を「とんちんかん」の一言で退け、最近の教育学の「パラダイム転換」について、それに先立つより大きな転換があるという。しかしその内実は、天皇主権から国民主権へ（戦後改革）、あるいは政治から子どもへ（戦後教育学）という、よく知られた図式の反復に過ぎない（七三：三二―三八）。矢野智司は、「日本の教育状況は、近代教育システムをもつ国々と同型の問題に直面しており、海外に先行する理論モデルを見いだしえない時代にはいっている」と、やや遠慮がちに指摘している（七三：四六）。

「教育哲学を問う」を引き継ぐ課題研究「戦後の教育を問い直す」（一九九七―一九九八）でも、近代主義と近代批判の論争をみいだすことができる。第七五号（一九九七）の「教育哲学からのアプローチ」（副題）において俵木浩太郎は、戦前から戦後を通して「公教育の主たる側面は、『牧民的教育』観に立つ」とのべ（七五：二七）、国家主義教育批判を繰り返す。それに対して松下良平は、「人間化を目指したはずの教育」が「新たな非人間化を招来するという逆説」の原因を、「戦後の教育思想が信奉していた」「〈子ども尊重〉の思想」それ自体に求める（七五：二八―二九）。

冷戦以後の政治動向、高度情報化、市場化と消費社会化の浸透などの新たな状況――それをポストモダン状況と呼んでもよいだろう――は、徐々に近代主義よりも近代批判にリアリティを感じる層を増やしていった。

（三）教育の「脱構築」

近代批判はさらに、教育哲学と教育実践との関わり方をも変容させた。第六一号（一九九〇）の課題研究「知の転換と教育課題――現代科学と人間の主体性の問題」では、八〇年代のような現実への直接の応答ではなく、「教育に対する考え方の前提となっている枠組みあるいは地平そのものの変化を考察し、そこでの教育課題を検討すること」が課題となる（小笠原道雄・皇紀夫、六一：三五）。同課題研究は、「教育課題としての知の転換」と名称を変更し、第六五号（一九九二）「知っていても出来ないとは何か」、第六七号（一九九三）「生の意味をどう捉え、どう教えるか」の副題で発展する。

とはいえこれらの議論では、教育研究に「知の転換」が求められることが自覚されながらも、結局は既存の教育手法の組み替えに帰着するという限界がみられる。例えば加藤幸次は、「パラダイム転換」を、教育方法論上の問題として処理しようとする（六一：二一）。相良敦子は、「近代批判」と「構造主義の登場によって」、「主体中心主義の思想」が、「問われた」と認めながらも、それを教育刷新の契機として受け止め、「人と人、あるいは、人と環境との動的な関係と構造化の過程を重視して教育を組織することへの転換」を求める（六三：二四）。

だが近代批判は徐々に徹底されるようになり、研究の精度も高まっていく。第六七号（一九九三）の研究討議「「インドクトリネーション」再考――思想史、学理論、授業論の視点から」では、戦前＝教化＝前近代的／戦後＝教育＝近代的という戦後教育学の依拠する図式が問題となる。沼田裕之は、思想史的知見を踏まえた上で、「『教え込み』対『自主的判断』、『教え込み的知識』対『経験的知識』といった二分法的な問題の立て方自体の妥当性を問う必要がある」という（六七：五）。鈴木晶子は、「文化伝達の一貫《ママ》として知識を取り扱う限り、『インドクトリネーション』を避けることはできない」というエルカースの説をひきながら（六七：八）、「近代科学的発想のもとで忘れられていたものを再発見していくこと」が必要だという（六七：一〇）。それに対して堀尾輝久はフロアから、「戦後の教育学」が「戦前の天皇制の下でのインドクトリネーションを本来的な意味での教育にどう作り直していくか」を「課題」としてきたと反論する（六七：一八）。

第六九号（一九九四）の研究討議「ライフサイクルの危機と教育理論の再構築――「老いと死」、「出産と性」、「時間論」から」において、近代批判はさらに徹底する。森田伸子は、「危機」という認識自体が「『正常な』あるいは『自然な』状態」とそれへの回帰を前提としていると指摘した上で（六九：六）、むしろ「近代における『自然』の概念」は、「矛盾や葛藤の結節点にあって、それらに最終的な調和をもたらすべく要請された原理」であると看破し（六九：九）、「近代的思惟の解体ないし脱構築」を目指す（六九：二〇）。今井康雄は、ヘーゲル－ピアジェ－エリクソンを貫く累積的発達のモデル＝「教養主義的発展の時間意識」を突き破る概念として、フロイト・ハイデガー的な「垂直的現前の時間意識」を提示し、「実践的な心構えを語る」ことは「教育哲学の『自殺行為である』」という（六九：一二―二〇）。

以上の近代批判は、まさにこの時期に求められた新たな教育哲学のあり方であり、八〇年代と九〇年代の『教育哲学研究』を比較した読者が戸惑うほどに、その学問的精度を飛躍的に高めた。

（四）近代批判への不満――実践への寄与

しかし他方で、近代批判が教育実践からの乖離に帰結することへの不満も噴出してくる――古屋恵太が指摘しているように、実際にはこうした批判自体が、旧来の「理論－実践」問題に囚われている証ともいえるのだが（一〇〇、二〇〇九）。

ともあれ、影響力が低下した戦後教育学の枠組みをリニューアルし、新自由主義等の同時代的状況への対抗を試みる論者も登場する。佐藤学は、「教育の公共的使命」が解体しつつあるとの問題意識から、教師の世界を「内側から叙述」することによって、「教師の存在論的な危機」の救済を試みる。この手法はなるほど「教師の実践を外側から認識し統制する」戦後教育学の枠組みとは異なるとはいえ、〈現場の声〉を表象する[7]という点ではその実直な後継といえる（研究討議「教師の存在論」、七五：三―四、一九九七）。小玉重夫は、「教育言説のポスト五五年体制」における「公共性の構築のための具体的視点」として、「市民形成とアイデンティティ形成の分節化」、「自己決定養成プログラムの確立」、「公共性に基づく教育関係の組み替え」の三点を挙げている（課題研究「学校は、今何が出来るか」、七九：二四、一九九九）。

こうした近代批判を経た後の近代の再構築の試みは、現在も継続中である。

五　近代批判を超えて——二〇〇〇年代

一九九〇年代には戦後教育学との闘争において一枚岩に思えた近代批判派には、実際には複数の観点が内包されていた。二〇〇〇年代になると、その異同が明らかになり、近代批判派はいくつかの立場に分岐する。

現在の教育哲学は、ポストモダンの精算から始まり、方向性を模索中といっていい。いまだそのうちにありながら、同時代の状況を俯瞰することは難しいが、いくつかの論点を提示しておきたい。

(一) ポストモダンの後に

ゼロ年代の幕開けが、研究討議「二〇世紀末の教育哲学——ポストモダニズムの功罪」（第八一号、二〇〇〇）から開始されていることは特記されるべきだろう。

一九九〇年代の教育哲学では、近代や近代主義へどのような態度をとるかが問題とされていた。

それに対し二〇〇〇年代には、ポストモダン論や近代批判にいかなる距離をとるかが各論者の課題となる。増淵幸男と森田尚人がのべるように「ポストモダニズムの問題提起を受容するにせよ、拒否するにせよ、この主義・主張それ自体を相対化することが避けられない」のだ（八一：二二）。鈴木晶子は、「モダンやポストモダンをまるで実体であるかのように捉え、所有しようとする知のあり方自体」を疑い、その二分法を成立させる「見立て」を問題化する（八一：六―七）。今井康雄は、「批判・暴露が何か意味のあることを述べることができた局面は『ポストモダン』の日常化によって終結」したのであって、「教育学は、いまやルーチンワークとなった批判・暴露に従事するか、それとも教育の実定性に居直る」かという「不毛な二者択一」に追い込まれているという（八一：四）。

では、二〇〇〇年代の教育哲学は何を問題とするのか。

(二) 公共性・正義の再構築

まず、戦後教育学が担ってきた政策提言的な役割を引き受ける立場として一定のポジションを占めているのは、公共性、共同体、シティズンシップ、再配分などの論点から政策的課題に積極的にコミットする立場、いわば「近代批判を取り込んだ近代主義」であろう。宮寺晃夫は、「教育基本法体制」の終焉を受けて、「ポストモダンを経過したこんにち、依然として旧基本法から教育の条理を汲みつづけるのは」、「新たな原理探求の遅延を糊塗する理由にはならない」とのべ、「正義の原理に立脚する反省的考察」の再構築を求める（九七：五―六、二〇〇八）。佐藤学は「市場のセクターは、新自由主義のレトリックに支配されて、教育の公共空間を私事化し解体する作用を果たしている」と指摘し、「学校を公共空間として再構築する原理と方略は何か」を問う（八三：二九、二〇〇一）。小玉重夫らの特定課題研究「現代リベラルデモクラシーにおけるシティズンシップ教育」（第九七号、二〇〇八）の成果も、ここに新たな寄与を加えることができるだろう。

（三）ポストモダン状況を生きる子どもたち

それを「ポストモダン時代」（早川操）と呼ぶか、「遅れてやってきた近代状況」（原聰介）と呼ぶかはともあれ（第八一号、二〇〇〇）、現代の子どもたちが、私たちがこれまで経験したことのない環境に生まれ、そのなかを生きていることは疑いない。こうした新たな状況への応答も教育哲学の重要な仕事であろう。田中智志は、研究討議「メディア変容と教育」（二〇〇四）にて、「問われるべきものは、むしろ電子メディアが生み出す効果を致命的なくらいに累乗化する情況」だという（八九：五頁）。松下良平は、課題研究「価値多様化社会における「規範」の問題」（二〇〇五）にて、規範と道徳を峻別し、「今日必要なのは、〈規範〉の教育に抗して、現代社会にふさわしいかたちで『道徳』教育を再構築することである」という（九一：四〇）。

（四）臨床――「理論-実践問題」の再考（あるいは再演）

ポストモダン思潮の遺産のうち、大学の制度にもっとも根づいたのは、主客二元論を問い直すない。

「臨床の知」（中村雄二郎）だろう。九〇年代後半から高まった研究の実学化志向と、国立大学の法人化（二〇〇四）に前後する大学改編・評価の導入のなかで、「臨床」化を選択した組織は少なくない。

第九一号（二〇〇五）の研究討議「臨床的人間形成論の構築」では、近代的‐戦後教育学的な『理論‐実践』問題というフレーム」、すなわち「啓蒙や社会進歩という『大きな物語』を自明の前提とした包括的な理論が教育実践をリードし、個々の実践に一定の意義や問題点を付与する」という図式が問題化される（西平直・高橋勝、九一：一七）。田中毎実は、「理論本来の発生現場である」「臨床場面」に身を置くことで、理論（研究者）／実践（教師）という二分法と、その帰結としての専門家支配を問い直す（九一：二一―三）。

しかしアカデミズムの「臨床」化の多くは、旧来の「理論‐実践」図式を維持したままでの「実践」化といえる（古屋恵太、第一〇〇号）。田中の期待とは異なり、「臨床」概念は「理論／実践」のフレームを動かすどころか、その固定に寄与している面が否めない。大学組織や教育哲学ディシプリンの「臨床」化の帰結は、今後ますます教育哲学を〈実践化〉の隘路に追い込んでいくように、筆者には思われる。

（五）近代批判とその超克

八〇年代のポストモダン思潮には、本書でいう近代批判のみならず、いわゆるニューサイエンスやニューエイジ思想も混在していた（一柳 二〇〇九）。両者とも西洋的な理性の批判という点では共通しているが、前者が理性の側に立ってその限界を指摘するのに対し、後者は非西洋的思考や宗教体験などの「非理性」に自らの立場を重ねることで理性を超えようとする。論壇でいえば、前者の代表が浅田彰、後者が中沢新一であろう。和田修二の回顧は、このようなポストモダン思潮の持つ二つの顔を端的に示している。「一九八四年に渡米して、『ニューサイエンス』と出会った」際、「私が予想したポストモダンの思考は、西洋モデルに囚われぬようになることが一つの重要な要件になるはずであった」（九七：三七―三八、二〇〇八）。

第八四号（二〇〇一）の特集「教育哲学と超越性」では、この二つの傾向の発展をみることができる。丸山恭司は、「超越性」を近代批判的な視座からとらえている。「教育において他者が現われ《ママ》るのは、教育内容をめぐる質的差異ゆえであり、それを語りえぬことが超越的なのである」（八四：四九）。それに対して西平直の井筒俊彦論は、西洋モデルからの解放という和田の期待にもっとも応えうるものである。西平はそこで、「ポストモダンの哲学は『解体』である」とし、「東洋の思想は常にその地平を求めてきた」という（八四：一九）。

前述の西平の人間形成論の試みは、相互に折り重なる二つの文脈に位置づけることが可能である。日本あるいは京都学派の人間学と、東洋・日本の再評価である。まず、戦前より続く京都学派の系譜である。矢野智司は「西欧の人間学が個人主義的で普遍主義的（つまり西欧中心主義的）色彩の濃いものであったのに対して、共同体・国家・文化・民族・歴史といったものが京都学派の人間学の中心的主題」となることを積極的に評価する（九七：一五八、二〇〇八）。もう一方は、日本や東洋の再評価である。山本正身は、『教育哲学研究』の「近世［日本］教育思想に対する研究関心の希薄さ」を批判している（九九：一六四、二〇〇九）。

なるほど、近代主義やマルクス主義に依拠する戦後教育学は確かに、戦前の日本や東洋をさほど積極的には評価してこなかった。とはいえ思想の再評価が研究者の意図を超えて素朴な称揚となる危険性を考慮するならば、こうした研究には、対象から批判的な距離をとる姿勢が求められるのではないだろうか。矢野智司が、「日本の教育（人間）学」は「『問題』としてしか語りえない」（九七：一六二、二〇〇八）とのべているように。

結語に代えて――近代批判、未完のプロジェクト

もっとも、批判的姿勢が求められるのは、日本・東洋を対象とする研究だけではない。最後に本章のまとめに代えて、教育哲学の足場を批判的に検討する二つの試みを記しておきたい。

第一に、教育（哲）学の歴史を対象とする研究である。森田尚人は、特定課題研究「戦後教育哲学の出発」(8)のなかで、「戦前期の教育学を、丸山に代表されるような近代主義（ないし講座派マルクス主義）に代わる立場から捉えなおすとすれば、いかなる視点が可能か」と問うている（九七：一五一、二〇〇八）。小笠原道雄は、初代会長稲富栄次郎を中心に、教育哲学会創設当時の状況を検討

しているが、そこには当時の政治状況が不可避的に織り込まれている（第九七号）。また、矢野智司は戦前より続く京都学派の系譜を（第九七号）、衛藤吉則は西晋一郎を、寺岡聖豪は山下徳治をそれぞれ検討している（ともに第九九号、二〇〇九）。こうした歴史的・思想史検討は、戦後教育学の視野の暗点をつくものであるがゆえに、「ポストモダニズム」が「避けてきた」「戦後日本の思想界に圧倒的に影響を与えた近代主義と正統派マルクス主義との思想的対決」（増渕幸男・森田尚人、八一：二二、二〇〇〇）へと私たちを導くように思われる。

第二に、近代への批判的視座を、大学での教育活動を含む知的営為として引き受けつつ、それを対象とする研究である。個々の主張の相違を超えて、松浦良充・今井康雄の教養論（ともに第八七号、二〇〇三）、林泰成・山名淳・古屋恵太・下司晶らの教員養成における教育哲学の位置づけの再検討（第一〇〇号、二〇〇九、第一〇一号、二〇一〇、一〇三号、二〇一一）等を、ここに加えること(9)ができる。古屋恵太は先に、「アリエス、イリイチ、フーコーを古典とするようになった現代の教育哲学の教育活動」を積極的に評価している。「近代教育思想批判は、『戦後教育学』の枠組みでは教師を志す学生や現職の教員にとって理解不可能な教育現実の分析とそれへの参与を可能とする『知的方法』を与えることに役立つ」のだ（九六：一七五、二〇〇七）。

教育基本法改正（二〇〇六）に際して一部でみられた、ポストモダンや近代批判を「一時の過ち」として戦後教育学へ素朴に回帰しようとする欲望は、それが退行的魅惑に満ちているがゆえに、知的誠実さを欠くといわざるをえない。仮に戦後教育学の批判的精神を継承して国家の文教政策の変更を求めるにせよ、研究の前提条件が異なることを認めなければ、新たな出立は望めないであろう。
求められているのは自己を絶対化するために過去に引きこもるナイーブな否定ではなく、未来を構想するために自らの立脚点と限界を見極める冷徹な批判である。その精神が、近代の遺産であるとしても。あるいは、それゆえに。

註

（1）紙幅の関係上、本章では特集論文等を中心に教育哲学会の動向を代表的に示す。『教育哲学研究』からの引用は論題を省略し、本文中に著者名を記して（号数：頁数）あるいは（号数：頁数、年）を挙示する。『教育哲学研究』の掲載論文は二〇〇七年分までJ-STAGEで無料公開されている（https://www.jstage.jst.go.jp/）。
（2）初出論文の関係上、本章の分析は二〇〇〇年代で止まっている。それ以降の動向については第一章、第三章、終章を参照されたい。
（3）この「堀尾・原論争」については第三章で検討する。
（4）一九八〇年に開始されるシンポジウム（研究討議／課題研究）の一覧は、第一章を参照。
（5）『近代教育フォーラム』創刊号（一九九二年）、一六六頁。
（6）特集以外では、土戸敏彦（第六九号、一九九四年）が初出である。教育哲学のポストモダニズム受容に関しては第一章を参照。
（7）第五章も参照。
（8）この仕事は『日本教育学の系譜――吉田熊次・篠原助市・長田新・森昭』（小笠原道雄ほか 二〇一四）に

結実する。
（9）この成果は『教員養成を哲学する――教育哲学に何ができるか』（林泰成ほか 二〇一四）として出版された。

文献

一柳廣孝（二〇〇九）「カリフォルニアから吹く風――オカルトから「精神世界」へ」吉田司雄編『オカルトの惑星――一九八〇年代、もう一つの世界地図』青弓社、二二九―二五三頁.
今井康雄（二〇〇一）「教育学の「ポストモダン」体験」増淵幸男・森田尚人編『現代教育学の地平――ポストモダニズムを超えて』南窓社、二〇〇一年、三八―五二頁.
梅根悟・大田堯（一九六一）「まえがき」『岩波講座　現代教育学　第4巻　近代の教育思想』岩波書店、i―ii頁.
大内裕和（二〇〇〇）「戦後教育学再考――戦時／戦後の区分を超えて」『近代教育フォーラム』第九号、一―一五頁.
小笠原道雄・田中毎実・森田尚人・矢野智司（二〇一四）『日本教育学の系譜――吉田熊次・篠原助市・長田新・森昭』勁草書房.
小熊英二（二〇〇二）『〈民主〉と〈愛国〉』新曜社.
小玉重夫（二〇〇〇）「戦後教育学と国民国家」『近代教育フォーラム』第九号、二五―三一頁.
小玉重夫（二〇一三）「政治――逆コース史観のアンラーニング」森田尚人・森田伸子編『教育思想史で読む現代教育』勁草書房、三七―五五頁.
中村雄二郎（一九九二）『臨床の知とは何か』岩波新書.
原武史（二〇〇七）『滝山コミューン一九七四』講談社.

林　泰成・山名　淳・下司　晶・古屋恵太（二〇一四）『教員養成を哲学する――教育哲学に何ができるか』東信堂.
ベンダサン、イザヤ（一九七〇）『日本人とユダヤ人』山本書店.
丸山眞男（一九六一）『日本の思想』岩波新書.
森田尚人（二〇〇三）「戦後日本の知識人と平和をめぐる教育政治」森田尚人・森田伸子・今井康雄編『教育と政治――戦後教育史を読みなおす』勁草書房、三一―三四頁.

第三章　近代教育学批判とは何だったのか
――教育思想史の課題と方法に寄せて

はじめに――忘却の誘惑に抗して

「近代教育学批判」が一九九〇年代の教育学界を席巻した一大ムーブメントだったと聞いて、どれだけの人がすんなりと理解できるのだろうか。この言葉をはじめて目にするならば、教育学が教育学を批判するという図式に戸惑いすら覚えるかもしれない。

近代教育学批判（近代批判、近代教育批判）とは、近代教育思想史研究会（一九九一―一九九七）が提起し、同会の発展型である教育思想史学会（一九九七―）に継承されたコンセプトである。近代教育思想史研究会会則「1」には、「本会は、今日の教育的思惟の歴史的構造を解明するために、近代教育思想を批判的に考察することを目的として設立され」たとある（『近代教育フォーラム』創刊号、一六七頁）。また同会の設立に先駆けて作成された「設立趣意書」では、会の趣旨は「今日の教育思考の歴史的構造を明らかにする意図で、それの原因と仮にみなすべき近代教育学を総点検しようとするもの」とされ、「この仕事を近代教育学批判という思想運動であると表現することもできるかもしれません」とのべられていた（同、一六五―一六六頁）。

もっとも、近代教育学を批判的に問いなおす風潮は、近代教育思想史研究会～教育思想史学会の専売特許ではなかった。近代教育学批判は九〇年代にみられた教育学の刷新運動の一部だったというべきだろう。実際に同様の動きはいくつも認められる。森田尚人、藤田英典、黒崎勲、片桐芳雄、佐藤学の編で一九九二年に創刊された『教育学年報』（世織書房）は、従来の教育学とは異なる新たな教育学研究の領野と方法論を切り開いてきた。教育社会学では森重雄（一九九三）や広田照幸（一九九五）らが、それまでの規範的な近代観を問い直していた。一九九〇年から二〇〇〇年頃までは、近代批判と教育学の刷新が華やかだった時代と振り返ることができる。

だが、『教育学年報』が二〇〇四年の第一〇巻をもって休刊となったことに象徴されるように、近代教育学批判は二〇〇〇年頃から徐々にかつての勢いを失っていく。一九九七年に近代教育思想史研究会が教育思想史学会へと発展したことで、「近代教育学批判」の文言は少なくとも規約からは消えた。そして近代批判の立場をとってきた論者の多くが、二〇〇〇年頃に「転向」した。九〇年代には近代教育学批判の急先鋒と目されていた田中智志は、二〇〇〇年前後に「教育の批判から教育の再構築に」方向転換したと後にのべている（田中 二〇〇九：二五四）。同じく広田照幸は、二〇〇〇年代に入ると教育基本法改正問題など、アクチュアルな問題への対応へと舵を切る。「気がついてみると、揚げ足取りの批判ばかりしていてもどうにもならない状況になってきている」というわけだ（広田 二〇〇九a：一四七）。そして今日では、近代教育学批判とは何だったのかを理解するために必要なコンテクストはかなり見失われている。今や、近代批判は風前の灯火のようである。

こうした状況であればこそ本章では、近代教育学批判とは何であったのかを改めて問いなおしてみたい。中心的に検討するのは、近代教育思想史研究会～教育思想史学会を主導してきた原聰介[1]の論文「教育思想史の課題と方法――近代問題にどう接近するか」（原 二〇〇二）である。同論文は、教育思想史学会第一〇回大会（二〇〇〇）にて発表され、翌年『近代教育フォーラム』第一〇号に掲載された。原は、宮寺晃夫、森田尚人と並ぶ近代教育思想史研究会の三人の呼びかけ人のうちの一人であり、初代代表も務めた会の象徴的存在である。

本章のもとになった原稿は、原の「教育思想史の課題と方法」へのコメントとして二〇〇一年に執筆され、当時から約一〇年前の（筆者自身はリアルタイムではその渦中にはいなかった）近代教育思想史研究会創設（一九九二）期を回顧している。その発表からさらに一五年が経過した今日、改めて本章の内容を世に問いたいと感じたのは、まさにこの時間の経過によって、近代教育学批判に大きな期待がかけられていた一九九〇年代のコンテクストが完全にといっていいほどに失われているからにほかならない。もちろん「近代教育学批判」という語が自明のものとして用いられる状況への違和感はすでに、二〇〇〇年前後の若手研究者のなかにも存在した（上野ほか 二〇〇一）。しかしもはや、そうした違和感すら存在しないと考えるべきだろう。今や近代教育学批判とは何だったのかを記憶している層は一定の年齢以上に限られるし、彼らの多くはそれを一時の流行病であったかのように過ごしているようだ。そしてこの流行をリアルタイムで経験していない者は、そんな思潮があったことすら知らずにいる。この忘却を象徴的に示しているのが、教育哲学会第五八回大会（二〇一五）の研究討議における岡部美香の発表である。[2] 岡部はそこで、近代主義の代表者たる丸山眞男（一九六二）の「日本の思想」批判を肯定的に評価し、それを近代教育学批判の第一人者である原聡介（一九六五）の自己反省的な思考に接続して論じている（岡部 二〇一六）。この論は、近代教育学批判が（戦後教育学の基礎理論である）近代主義への批判から登場したという歴史的事実を──意識的なのか無意図的なのかは不明だが──全くないがしろにするものである。

このような状況だからこそ、ここで改めて問い直してみたい。近代教育思想史研究会から教育思想史学会に継承された「近代教育学批判」とは何だったのか。そこにはおそらく、一つの時代の記憶以上の意義があるのではないだろうか、と。

一　なぜ「近代」の「思想史」なのか?

以下では原聡介の「教育思想史の課題と方法──近代問題にどう接近するか」（原 二〇〇一）[3] を検討しながら論を進める。なお同論文からの引用は煩雑さを避けるため、ページ数のみの挙示とする。

（一）教育思想史の固有性は示されたか

原論文の目的は、教育思想史が「方法的に固有の専門性をもつ研究領域である」ことを示すことである（二〇）。ではその意図は達成されたのだろうか。私見では残念ながら、教育思想史の固有性が明示されているとはいいがたい。特に、隣接領域である教育哲学・教育史研究との区別は曖昧である。

原は教育哲学を「現在の教育と教育学を危機に至らしめている要因を対象化しそれを批判的構造的に解明しようとする研究領域である」（二〇）と定義する。だがこの定義は――「批判的構造的」という点は後に論じるとして――さらに「歴史的研究」でもあるという条件を満たせば、そのまま教育思想史の定義ともなりうるようでもある。さらに原は、教育思想史研究は「歴史的研究である〔中略〕という意味では、もうひとつの隣接領域である教育史に近かったのではないか」という（二〇）。だが、その教育史もいくつかの点では「教育哲学の一方法ともいえるから厄介である」（二〇）。

この立場からは、教育思想史のみならず教育史までもが教育哲学に包摂されてしまうようにも思える。そもそも原はかつて、教育哲学と教育思想史を同一視している。

> 私は、現在の自らの主たる教育学的作業を「教育思想史」としてとらえ直そうとしている。そして実は、私にとって、教育哲学というのは、教育思想史なのではないかと考えるようになっている。私に教育哲学的作業があるとすれば、それは今日の教育概念の歴史的批判をおいてはないし、その作業を教育思想史とよぶからである（原　一九八四：三一―三二）。

(二)「近代問題」――教育思想史を成立させる〈原因〉

森田伸子にしたがって、教育の原理的考察を教育哲学、歴史的検討を教育史と区分すれば(森田二〇〇〇b:三五四)、教育思想史は当該の思想・哲学と歴史的過程との連関のダイナミズムを問うものといえよう。しかし原は「学理的研究」と「歴史的研究」を区分し、その間を逡巡しつつも、両者を関係づけるような研究方法を明示はしない。方法論は「思想を分析対象の与件として扱う」(二一五)と示される程度である。

さらにそこには、思想史という語で通常連想される固有名詞――テクストとコンテクストとを関連づけて考察するQ・スキナーや、単位観念の意味内容の変遷を歴史的にたどるA・O・ラヴジョイなど――も一切登場しない。時折「横文字を縦にしているだけ」と揶揄されるように、研究の世界で新たな方法を導入する際には、海外の研究が参照されることが一般的だし、同時期の他領域ではまさに海外の研究に示唆を受けて新たな手法が試みられつつあった。鳥光美緒子(一九九六)がまとめているように、教育史研究ではPh・アリエスに触発された社会史の手法や絵画の読解などが試みられつつあった。教育社会学では広田照幸(一九九五)がレビューしているように、近代批判や言説研究が導入されつつあった(序章参照)。

しかし原にとって教育思想史研究は、教育学としての内的必然性が要請するものである。むろん海外の研究成果を吸収することもありえようが、「教育思想史に対して社会史あるいは全体史はその下位に位置する」という「主従の位置関係を自覚しておくことが大事である」(二二二)[4]。教育思想史はあくまで「眼前の教育思想状況の歴史的責任を追及すべく設定された」ものなのである（二二）。

教育思想史を要請するのが今日の教育への関心であるという特徴は、原が繰り返し問うのが「方法」ではなく「方法論的意味」である点に端的にあらわれる。原は「教育思想史の方法的意味」をそれが求められる意味と、それを用いる意義とに区別する。「教育思想史研究を方法的に要請する」のは、「眼前の教育思想状況」（二二）である。教育現実を成立させているのは、私たちがその「矛盾的展開の果て」にいるところの「近代問題」にほかならない。したがって「教育思想史研究が求める方法」は「われわれにとっての思想課題」である「近代問題」（二六）となる。

だがこれは、「眼前の教育」と「近代問題」との等値を中心とした循環論法とはいえないだろうか。原にとって教育思想史研究を成立せしめるのは、「今日の問題関心」が抽象化され整理された枠組みとしての「近代問題」にほかならない（二四）。実は原はまだ大学院生であった一九六五年から、この図式を保持していた。

否定対象としての所与社会のことであるが、いうまでもなく、それは社会一般ではなく、私の住んでいる「この社会」のことであり、私にとって変革の意志が生じるのは「この社会」、「この人間」が眼前に設定されているからである。とはいえ、「この社会」、「この人間」を今日この時の一回性的本質において捉えているのではない。小論では、それは「近代社会」および「近代人」とおきかえられて論じられる。それは「この社会」「この人間」の問題性を追求していくと、つまるところ、近代社会、近代人の問題性に行き着くからである（原 一九六五：三〇）。

原において、教育思想史の固有性は、その方法にではなく近代教育学批判という視座にこそ存する。タイトルが示すように「課題と方法」は同時成立的だといえよう。

(三) なぜ「近代」の「思想史」か?

では、なぜ「近代」を問題として「思想史」という方法を採るのか。筆者は原の発表に対して、当時の若手研究者においてはすでに「近代」を批判的考察対象とする必然性がみえにくくなっているのではないかとコメントした。原はこれに応えて（当時の）「最も若い世代」にとっては「近代は遠い世界になったのだろうか」と問う（二五）。確かに原の論理に即していえば、筆者たちの世代だけでなく現在の学生にとっても、「学び知っている教育学」は「近代のそれ」（二五）といえよう。だが齟齬の原因は、テクストレベルではなく、コンテクストの理解度にあったというべきだろう。森田伸子の次の言葉は、まさに会創設時の空気を反映しているといえる。そしてそこでは近代の問題が、教育学の問題に直結されている。

かって「近代」は、教育の世界を呪縛し抑圧する力としてあからさまに存在しているように感じられました。そしてこの力はとりわけ、教育の反省知としての教育学の世界を圧倒的に支配しているように思われました。この支配は、例えば、教育哲学と教育史の分業を通して貫徹されているかのようでした。教育の「あるべき姿」を哲学が提示し、その「あるべき姿」が実現されていく複雑な歴史的過程を実証的な歴史研究が明らかにする、というように（森田 二〇〇〇ａ：ｉ）。

ここには、教育思想史学会へと至った「近代教育学批判」という「思想運動」の標榜する教育思想史が、戦後教育学の近代受容のありようへの批判でもあったことが端的に示されている。特に問題とされているのは、学問としての教育哲学と教育史のあり方である。かたや、「正しい教育」を提示する教育哲学。かたや「正しい教育」がなぜこれまで実現していないのかを歴史的に分析し、今後進むべき道を描き出す教育史。この両者はいわば共犯関係にあり、ともに近代を理念化し称揚してきた。次にのべるように、近代教育学批判とは戦後教育学批判だったのである。

二　「戦後教育学の近代」批判

以下では、「近代教育学批判」といわれる時の「近代」の内実を、戦後教育学との関連から描き出す。原論文を含む『近代教育フォーラム』創刊号を詳細に検討していくならば、近代教育学批判の矛先が明らかになるだろう。

（一）近代理解の二様相

教育思想史と近代教育学批判の出発点を確認するために『近代教育フォーラム』創刊号を振り返ると、興味深いことが理解できる。それは創刊号において、教育思想史という新たな方法によって、教育哲学と教育史という先行二領域への方法論的な挑戦が行われていることである。すなわち、近代教育学批判とは戦後教育学批判であったのだ[5]。

教育哲学との関連から論じよう。創刊号の冒頭を飾る「フォーラム1」は、原聡介による「近代における教育可能性概念の展開を問う——ロック、コンディヤックからヘルバルトへの系譜をたどりながら」である。この論文は、第二号で宮寺晃夫による応答論文が執筆されたことで、その後「教育目的論」に方向転換し論議が続けられた[6]。その後の議論からは、原がこの意匠替えに賛同していないことが理解できるが、ここでは別の点を確認しておきたい。まず第一に、この原論文が近代教育思想史研究会〜教育思想史学会における研究の方向性を形作ったことである。原論文は、まさに会則の掲げていた「今日の教育的思惟の歴史的構造を解明するために、近代教育思想を批判的に考察する」とはいかなることかを模範的に示していた。だが第二に、よりいっそう重要なのは、原論文の骨子は近代教育思想史研究会創設以前に、戦後教育学の代表といえる堀尾輝久との議論のうちに示されていたことである。堀尾自身は自らを「教育哲学研究者」とは定義していないが（堀尾 一九九六：二九）、戦後日本の教育思想研究に大きな影響を与えたことは周知の事実であろう。いいかえれば原の問題提起は、教育哲学・教育思想研究のあり方への異議申し立てであった。

堀尾と原の応答が行われた日本教育学会のシンポジウムは、国際児童年にちなんで一九七九年に開催された。「子どもの権利」が声高に叫ばれる理由に関して、堀尾と原の理解は対照的である。堀尾は「子どもの権利がいわれるその背景は、まさに子どもの権利が様々な形で奪われ、侵されている、そういう状況があるからこそ」だという（堀尾 一九七九：一一）。それに対して、原によればそれは、「子ども抑圧の固有な原理が近代社会のシステムに内在しており、それが今日、改めて顕在化してきたことによる」（原 一九七九：一七）。

この相反する認識は、現状把握の差であると同時に、近代理解の差でもある。堀尾において、ルソー以来の「歴史的な系譜をもちながら、子どもの権利が全社会的な承認に於いて主張されるようになってくるのはまさに現代である」（堀尾 一九七九：一二）。それに対して原によれば、「われわれはこのような思考「子どもの権利に対する教育学的常識」が、個体のもつ可能性に対する信頼にもとづく、人間の近代的生存の原理と対応するものであり、その意味で、近代教育思想のひとつの終着点であることを評価しておかなければならない」（原 一九七九：二一）。

ここに示されているのは、近代を「未完のプロジェクト」（ハーバーマス）とみなし、その理念を保持し徹底しようとする堀尾の立場と、アポリアとしての近代の論理が眼前にあらわれているとみなす原のスタンスの差異といえよう。今井康雄は後に、この「堀尾・原論争」を「西洋近代がもはやモデルたりえない」ことを示す「重要な徴候」であったと位置づけている（今井 二〇〇一：四四）。

（二）戦後教育学における近代

次に、教育史との関連である。近代教育学批判を戦後教育学との関係から理解しようとする際、『近代教育フォーラム』創刊号では、教育哲学・教育思想研究のみならず、教育史研究への問題提起も同時になされていることは興味深い。「フォーラム3　教育史研究の方法論的再検討――「近代」の把握と位置づけを中心に」において安川哲夫は、Q・スキナーに触発されつつ、教育史研究の指導的存在であった長尾十三二の方法論を批判的に検討している。(7) 安川によれば長尾は、歴史研究の視座としての「現代」を過度に強調し、「教育に固有の論理」の確立を要請する。そして、近代を「継承すべき近代」と「克服すべき近代」とに二分して理解する長尾の方法論的特徴は、民主的な権利が最大限に保証される理念としての西欧近代市民社会（継承すべき近代）と、封建制度の色濃く残る現実の日本（克服すべき近代）との区分を基調とする「市民社会派」の強い影響下にあった（安川　一九九二）。

よく知られているように、丸山眞男、大塚久雄、川島武宜らの市民社会派（近代主義者）が現実の日本社会を批判するための参照軸とした近代市民社会は、あくまで理念・価値としてのそれだった。(8) この近代の二元的把握という枠組み自体は、日本における可能性としてのあるべき近代化と、大日本帝国によって担われた現実の日本近代の前近代性・半封建性とを区分する「講座派マルクス主義」によって準備された。丸山眞男や川島武宜は、「近代化」の諸基準から価値を切り離そうとするアメリカのホール（J. W. Hall）らの方法態度に抗し、近代の「価値体系」や「エートス」を考慮すべきであると主張した（金原 一九七四：六九―八三）。大塚久雄は近代を「他の時代・社会に卓絶する『価値』を実現した時代である」ととらえていたし、また「丸山・川島らにとっても、近代はまさに価値としての近代だった」（小谷 一九八五：七六―七七）。近代を理念・価値として把握する市民社会派の枠組みは、直接の丸山門下に含めることができる堀尾輝久だけでなく、教育史の梅根悟など他の教育学者たちにも共有されていた。安川も指摘しているように「梅根にとっても堀尾にとっても近代教育はいまだその実現をみないひとつの理念型であった」（安川 一九九二：八八）。
戦後教育学の近代理解は市民社会派の枠組みを継承している。こうした近代への姿勢は、『岩波講座 現代教育学 第4巻 近代の教育思想』の「まえがき」（梅根悟・大田堯）に端的に示されている。

「近代の教育思想」という題目で、『現代教育学』の一巻が占められる理由をまずのべておかねばならない。この巻で試みようとしていることは、現代への遺産としてのヨーロッパを中心とした近代の教育思想、それがなければ、現代の教育をも成り立たしめなかったであろうほどの、ヨーロッパ近代に固有な教育を巡る思想的遺産を検討してみることである。それ自身のなかに矛盾をかかえながら、あくまでも現代において継承しなければならず、それを土台にして現代の課題を明らかにし、その課題を発展的に解きほぐすための展望をあたえるものとして、ヨーロッパ近代の教育思想の遺産をとらえて、財産整理をしてみようという考えなのである（梅根・大田 一九六一：i）。

同書の性格を端的に示す二つの論文にも簡単に触れておこう。一つは、堀尾輝久の「公教育の思想」である。この論文は後に、戦後教育学のパラダイムを決定づけることになる『現代教育の思想と構造』（一九七一）にも収録されることになる。同書については第六章で検討するが、ここでは堀尾が公教育をあくまで理念として理解していることに着目しておこう（以下の文章は『現代教育の思想と構造』には収録されていない）。

いったい、公教育とは、存在する、あるいはすでに存在したものに与えられた名辞なのか、それとも、それ自体価値をもった教育の理念なのか、おそらく、〈それは、すでに思想として存在し、いまだその価値を実現していない理念であり、現実にあるものはその歪曲されたものであり、理念を裏切るものであった〉といえよう（堀尾　一九六一：二一四）。

もう一つは、大田堯と勝田守一による「近代の教育価値をどうけとめるか」である。勝田と討論した上で大田が執筆したこの論文では、近代の教育的価値は人権に含まれるものとされている。

近代の教育価値とは何かをいう問に対して、せんじつめると、どういう答によって応ずることができるであろうか。それは、教育が、全ての人々によって享受され、また何人によっても侵されてはならない人権の一部として自覚されるようになったということ、人権の本質的な一部としての教育というものに含まれている価値なのだといいあらわせるのではないか(大田・勝田 一九六一:二九八)。
戦後教育学にとって近代は、歴史的事実である以上に価値的な概念だったのだ。

(三) 戦後教育学批判としての近代教育学批判

『新教育学大事典』に掲載された対馬達雄による「近代教育」には、戦後教育学の典型的な理解が示されている(対馬 一九九〇)。以下の論述自体が戦後教育学の近代観を示しているが、さらに「近代教育」を戦後教育学における西洋近代の継承と克服を意味する固有の用語と位置づけている点は特に重要である。

近代教育
封建的絶対王制下の教育に対立し、その克服の上に発展した教育の形態。近代教育の領域は多岐にわたるが、① 人権理念に基づく教育思想の展開、② 義務教育の採用を中心とした国民的教育制度の成立と普及、③ ①②にかかわる改造運動、これら三つが主要な局面をなす。時期的には特に市民革命、産業革命以後の資本主義社会の成立からファシズム体制までの時代の教育をいう。日本の場合、学制の発布(一八七二)から第二次大戦終了時までの教育をさす。近代教育は、日本の教育研究では一九五〇年代後半以来、とりわけヨーロッパに重点をおいて、その教育価値の継承とその限界の克服という観点からとらえられる固有の用語である（対馬　一九九〇：五二七）。

戦後教育学における理念的な近代観は、一九五〇年代のいわゆる「反動的文教政策（逆コース）」への対応の中で形成された。戦後教育学において、近代が理念・価値として把握されていたことには、教育学が「国家の教育支配に対抗し、できればそれを排していこうという戦略の一つとして企図されていた」ことと深い関係がある（安川　一九九二：七七）。教育史研究者の金子茂は、梅根悟の『西洋教育史』の旧版（一九五二年）と、新版（一九六三年）[9]の記述の対比を、「理想あるいは憧憬としての近代」から「事実あるいは批判対象としての近代」への「西洋教育史研究の転換をもっともシンボリックに示すもの」とした上で、「そこには国家の教育政策上の転換が強く作用していたことは、あえて指摘するまでもなかろう」とのべている（金子　一九八一：一三六）。

このような戦後教育学の近代理解とは異なり、原は、現代の教育が抱える困難を近代の論理の発現として考察しようとする。思想史という方法と近代批判という視座は、戦後教育学の方法論と近代観への直接的な応答として、歴史的な必然性を伴って生じたものだった。原において教育思想史が、方法論的には明示されず、ただ近代（教育学）批判という視座からのみ基礎づけられること、また原が近代を「批判」的立場から価値付加的に論じることは、戦後教育学の近代観に対する直接的な応答と考えれば納得されよう。原の近代批判のスタンスは、近代を称揚する戦後教育学の姿勢と表裏一体の関係にあった。原において近代教育学を批判する意義が明白なのは、近代問題と現実

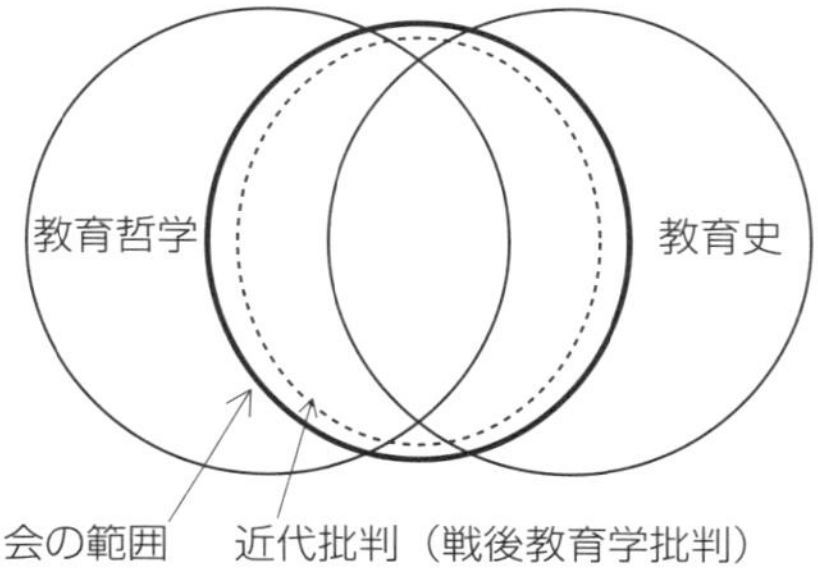

モデル１　教育哲学／教育史の架橋としての近代教育思想史研究会～教育思想史学会（1991-2000年頃まで）

の教育とを等値するためであったが、この姿勢は、戦後教育学において主流であった理念的な近代把握への批判として求められたものだった。しかしこのことは自明の前提として言語化されないが故に、その記憶を共有していない世代にとっては、近代教育学批判の拠って立つ基盤が理解しがたかったといえる。

再度確認しておこう。『近代教育フォーラム』創刊号は、原聡介の「教育可能性論」によって口火を切られたが、それは堀尾輝久との論争への再応答であった。同じく創刊号の「フォーラム３」では、安川哲夫が長尾十三二の方法論を批判的に検討していた。すなわちここで目指されている近代像の批判的検討とは、教育哲学研究者と教育史研究者による、両ディシプリンの批判的乗り越えにほかならなかった。発足から一〇年ほどの近代教育思想史研究会～教育思想史学会は、近代批判（戦後教育学批判）を核として教育哲学／教育史が結節する場だった（川瀬 二〇〇九：一七二）。この布置を【モデル１】として図示してみよう。

三　教育思想史から教育人間学へ？——近代教育学批判の展開

ここではしばし原の論を離れて、原の論文以降、二〇〇〇年代の教育思想史学会における近代教育学批判の位置づけを検討する。近代教育思想史研究会の創設（一九九一）から一定の期間を経て、会の成果はある程度浸透した。しかし近代教育批判というコンセプトは、次第にそれ自体が検討の対象となる。さらに活動拠点が関西に移動することによって、教育人間学的な関心が前面に出るようになり、同時に教育史的側面は後景に退く。

(一)　新奇さの喪失

教育思想史学会は二〇〇八年の第一八回大会においてシンポジウム「検証　思想運動としての教育思想史学会——私たちには何ができたのか／できなかったのか」（報告：原聰介・今井康雄・広田照幸・山内紀幸、司会：松浦良充）を開催する。企画意図は「私たちの学会活動が、より広い教育（学）研究の動向のなかで、また現代社会における教育そのものに対して、どのような意義をもってきたのか／こなかったのか、についての検証にとりくみたい」（松浦 二〇〇九：一三七）というものであった。

このシンポジウムで原聡介は創設期のメンバーを代表し、「教育思想史は、思想史へ迂回する方法である」ことが会員に共有されていないのではないかと危惧する。原によれば憂慮すべきは第一に、学会の「サロン」化であり、第二に教育哲学会への接近である。議論が「何でもあり」になることを避けるため、「教育現実コンプレックス」から解放され、「長期戦として」考えることが肝要であるという（原 二〇〇九：九五―九七）。この議論は、これまで検討してきた「教育思想史の課題と方法」をほぼ忠実に引き継ぐものである。では原の苛立ちには、いかなる背景があるのだろうか。近代教育思想史研究会の発起人に同じく名を連ねながらも、原よりもちょうど二〇歳年下の今井康雄は、「近代教育学批判・近代教育思想批判」が「現代の教育問題と歴史的な思想研究をリンクさせる」「結節環」であったという（今井 二〇〇九：一〇四）。

近代批判は、「近代教育原則」（堀尾輝久）に正当化の基盤を見いだす戦後教育学を批判し、戦後教育のシステムを変革していくための基礎作業として位置づけられたのである。アリエスやフーコーによる西欧近代像の見直しがこうした作業を後押ししてくれた（今井 二〇〇九：一〇四）。

以上をまとめれば、初期の会では（堀尾とほぼ同世代である）原の問題意識を、後継世代がポストモダン思想の受容によって方法論的に裏打ちしていたといえる。原の不満は、会の方向性がこうした初期設定からずれていくことに向けられているとひとまず考えておきたい。

近代教育思想史研究会〜教育思想史学会は、一九九〇年代前半の「戦後教育学」から「冷戦後教育学」へのパラダイム転換の一翼を担ってきた（Imai 2007）。しかし、会がここまで規模を拡大してきた理由は、原‐今井ラインの問題関心が共有されていたからだけではなかった。教育社会学者の広田照幸が整理しているように、近代教育思想史研究会〜教育思想史学会の「近代教育批判＝戦後教育批判」が「成功」した背景には、「冷戦の終焉」という「時代の追い風」があった（広田 二〇〇九b：一一三）。ところがもはや、〈教育思想史学会でこそ、新たな教育の語り方が可能である〉という期待に、かつての勢いはない。

こうした状況を嘆く声は絶えない。例えば当時の若手を代表して登壇した山内紀幸は、「この学会の生命線」は「新しい語りの創造」にあるとのべ、「教育に対する新しい語りの生産性が一番高い本学会に、たまたま『教育思想史』と名がついている時代」の到来を予感している（山内 二〇〇九：一二八）。この発言はいうまでもなく、原の危惧する「サロン」化であり、「思想史への決別」宣言（松浦 二〇〇九：一四一より山名淳発言）にほかならない。しかしこれを、いち若手会員の謬見として無下に一蹴することもできない。というのも、確かにある時期までは、「新奇さ」こそが会の魅力の一つであったからである。矢野智司は、「学会が自ら研究の新たな領野を創出しフロントを描き出すことができなくなったら、その存在価値はないだろう」（矢野 二〇〇九：一五二）という。

だが近代批判はすでに公式化され、その語り口は常態化した。田中毎実が別の機会にのべているように「ここ十数年の我が国の関連学会のなかでは、批判や脱構築といったスタンスは、もはやすっかり常套化し、かなり陳腐化した」（田中 二〇〇七：二七）。広田が整理しているように、学会は成功の過程で「通常科学化」し、「分裂・拡散」が進行し、「『根源的な批判の先に何が待っているのか』という難しい問いを呼び込む結果をつくり出した」のである（広田 二〇〇九b：一一四）。

(二) 教育人間学の近代教育学批判――もう一つの視座

二〇〇六年一〇月から二〇〇九年九月、教育思想史学会は活動拠点を関西に移した。会長に就任した矢野智司は、「会長を教育思想史研究の専門家ではない私が引き受け、また学会開催の会場も京都に移ることになった」ことを、「留まることを知らずさらに領域を横断し続けようとする『研究会』的意志の結果」だと述べている（教育思想史学会『NEWS LETTER』第四〇号一頁）。

この教育思想史学会の「関西プロジェクト」（矢野 二〇〇九：一五二）を牽引したのは、会長の矢野自身である。特に会長就任論文「死者への負い目と贈与としての教育――教育の起源論からみた戦後教育学の課題と限界点」（矢野 二〇〇七）、および会長就任フォーラム「『贈与と交換の教育人間学』という問題圏」（矢野 二〇〇八）は会の方向性を特徴付けるものとなった。この二論文はともに、「出来事としての贈与」（純粋贈与）の後、「贈与の物語」が共同体の駆動力となることを指摘した「教育の起源をめぐる覚え書き」（矢野 一九九八）の続編といえ、一本目で戦後教育学の総括を行い、二本目で新たな枠組みを提出する、という構成になっている。この時期の教育思想史学会が全体として「人間学」化する、あるいは「人間学的問い」を許容するようになることは、この矢野の（あるいは本人の意識を超えた）リーダーシップに負うところが大きい。

矢野によれば、「戦後教育学」は「第二次世界大戦の戦争体験から生まれ、『戦争の犠牲者』への負い目によって駆動されてきた」（矢野 二〇〇七：六）。したがって、「国民教育」は「民族主義的な教育論へと回帰する」ことにもなる（矢野 二〇〇八：九九）。それに対して「贈与」は、「共約できない異質性を前提とする共同体外部の他者との倫理に関わる出来事である」ため、贈与を基盤とする教育（学）は「他者への差別と排除を乗り越える可能性」、「ナショナリズムを超える可能性」がある（矢野 二〇〇八：九九）。矢野の教育人間学に、戦後教育学を積極的に乗り越える企図があったことは、高橋勝によるコメントでも十分に共有されている（高橋 二〇〇八：一〇七―一〇八）。

研究会初期の第二の布置を【モデル2】として図示してみよう。創刊号を飾る三つの「フォーラム」は、すでにのべた原聰介（教育哲学）と安川哲夫（教育史）に加え、高橋勝（教育人間学）によって担われていた。会はその出発から、教育哲学／教育人間学／教育史という三つのディシプリンを胚胎しており、「近代教育学批判／戦後教育学批判」がそれらの結節環となっていた。しかしその前提は徐々に失われていく。

（三）歴史の喪失

岡田敬司は教育哲学研究者の立場から、教育哲学会と教育思想史学会の関係に関して、次のように問うている。「教育哲学会構成員と教育思想史学会構成員とは、私のような一部の者を除いてほ

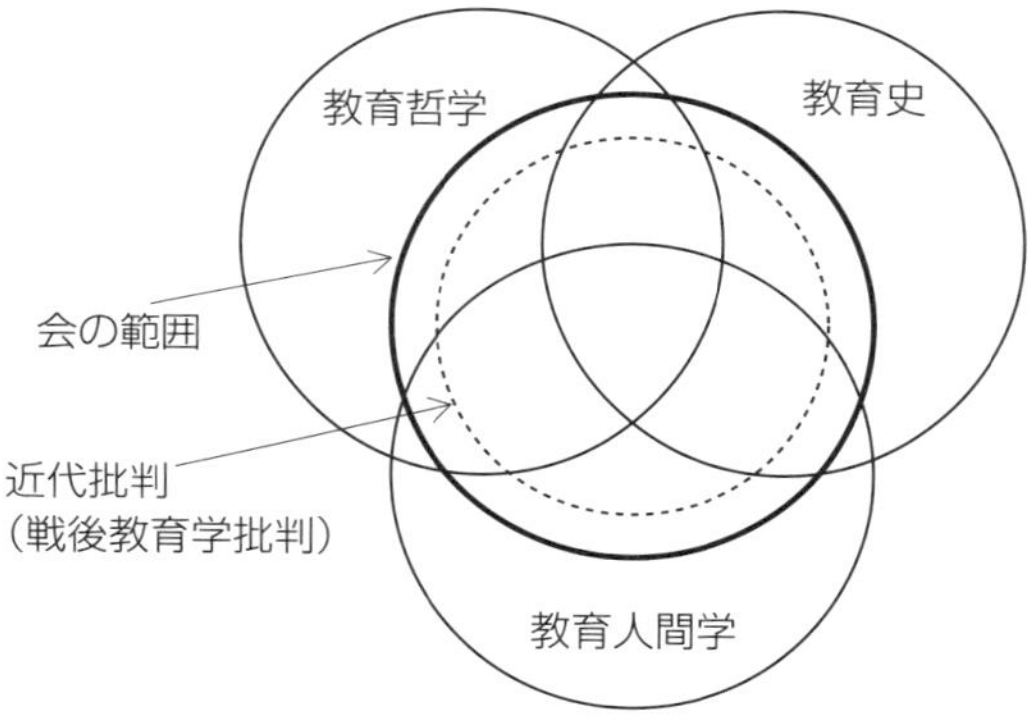

モデル２　教育哲学／教育人間学／教育史の結節環としての近代教育思想史研究会〜教育思想史学会（1991-2000年頃まで）

とんど重なっている（?）のはなぜなのか」（岡田 二〇〇九：一三七）。一九五八年創設の教育哲学会は長い伝統と教育思想史学会の倍以上の会員数を有するので、「ほとんど重なっている」というのは岡田自身が認める通り「憶測」にすぎない。にもかかわらずなぜ、両者は重複したように思われるのか。

原は二〇〇九年に、「教育思想史学会の教育哲学会への接近」（原 二〇〇九：九六）を強く危惧している。この接近は、人的交流からも指摘できる。定員二〇名の教育哲学会理事のうち教育思想史学会関係者の数は、一九九二年度から一九九八年度までが三名から六名に留まっているのに対し、二〇〇一年度に約半数となり、二〇〇四年度には半数を大きく超え、二〇〇七年度には四分の三以上と、二〇〇〇年代に入り飛躍的に増大している。

他方、教育哲学会への接近に反比例して教育史学会との距離は開いていく一方である。川瀬邦臣が整理している通り、「設立当初」の会は「教育哲学研究者と教育史研究者によって構成されて」おり、「設立からほぼ一〇年ぐらいの間は両者がフォーラム、シンポジウムに積極的に参加し、活気ある研究活動を繰り広げていた」。にもかかわらず、「世紀が変わるころからか、徐々に教育史研究者の主体的参加が減退し始め、今日に至っては教育史研究者の参加は数えるほどしかない」（川瀬 二〇〇九：一七二）。実際、歴代の理事会／編集委員会の構成を一覧すれば、徐々に教育史研究者が減少していくことが理解できる。例えば、理事会に教育史プロパーを一定数含んでいたといえるのは、第Ⅲ期体制（二〇〇〇―二〇〇三）までであり、以降、第Ⅵ期体制（二〇〇三―二〇〇六）以降は、ほぼ教育哲学プロパーで占められている。

教育史との乖離および教育哲学との接近と教育人間学の前景化は対をなす現象であり、その中心には近代批判≒戦後教育学批判という核の喪失がある。図示すればこの時期には【モデル１】（教育哲学／教育史の結節）は【モデル1′】（教育哲学との重複と教育史との乖離）に、【モデル２】（教育哲学／教育人間学／教育史の結節）は【モデル2′】（歴史の喪失と人間学の前景化）へと変容している。そして近代批判―戦後教育学批判という問題関心は、徐々に共有の度合いを低下させていく。本章の冒頭に触れた岡部論文は、近代教育学批判の文脈が忘却されたことを典型的に示す例である。

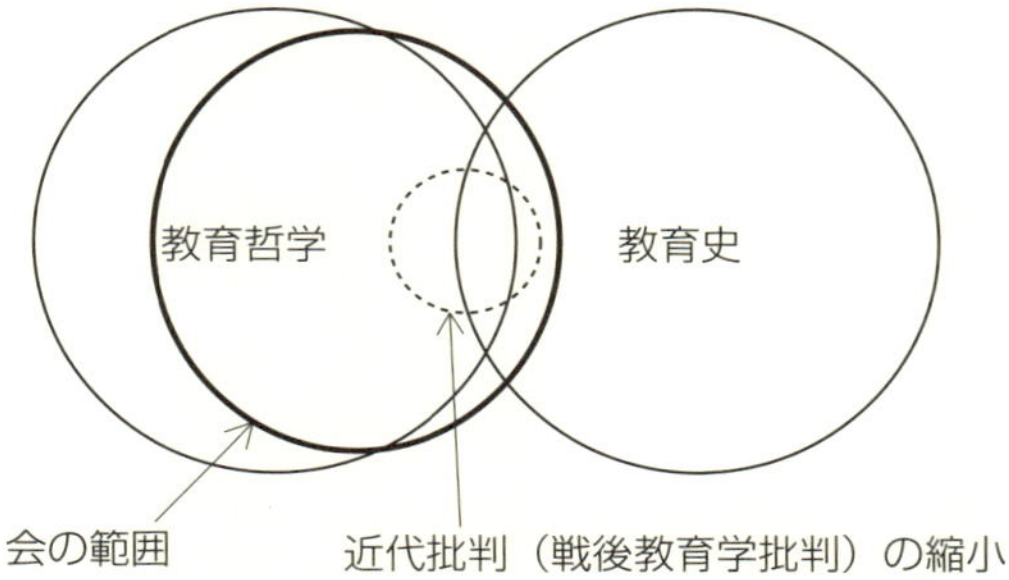

モデル 1′　教育思想史学会（2006-2009 年頃）
教育哲学との重複と教育史との乖離

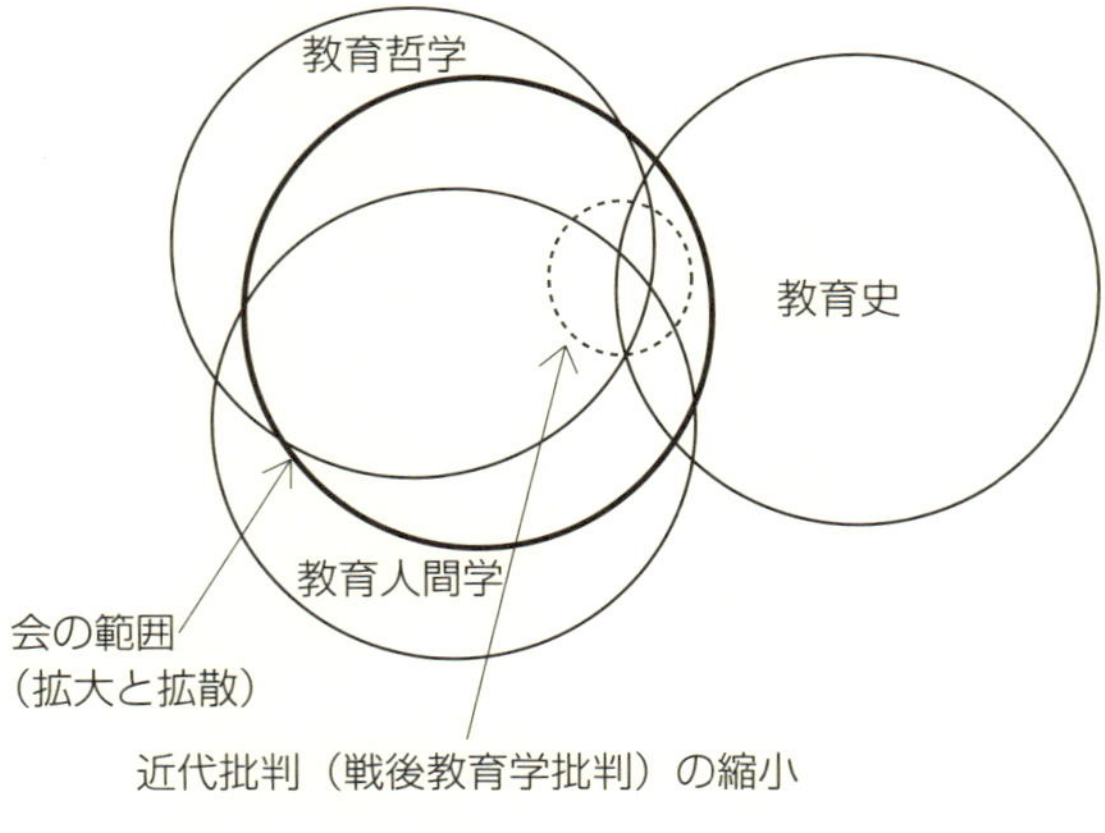

モデル 2′　教育思想史学会（2006-2009 年頃）
歴史の喪失と人間学の前景化

四　近代教育学批判のアクチュアリティ

最後に、再び原の論文に戻り、近代教育学批判の持つ意義について検討したい。

(一) 批判対象たる近代教育学を成立させるもの

原の東京学芸大学退官記念論文集『近代教育思想を読み直す』(原ほか編 一九九九) において、宮寺晃夫・森田尚人・今井康雄といった教育思想史学会の中心メンバーたちは、原の仕事が教育学において当初は主流とはいえなかったこと、にもかかわらずポストモダニズムの思潮と呼応して徐々に若い世代を魅了し、いまや広く受容されるようになったことを指摘している (宮寺ほか 一九九九:三三三)。なるほど原は一貫して、現代の問題状況を近代にまで遡ってきたし、教育と市場、個性、自己といった「近代問題」の具体例も検討してきている (原 一九六五、一九七九、一九八四、一九九〇、二〇〇〇a、二〇〇〇b)。ポストモダニズムと同様の近代批判に、原は独力でたどり着いたのだといってよい。このことは高く評価されるべきである。

しかし、原のいうように現在の教育問題の起源が近代にまでたどれるとしても、疑問がないわけではない。原の近代批判は、いまだ歴史実証主義的な立場、あるいは実体論的な歴史観から自由になってはいないのではないか。少し分節化してのべよう。第一に、原が現代に見いだされるという近代（教育）の思想・論理は、はたして過去から直接に受け継がれたものといえるのか。社会構造の変動への十分な論及なしに、特定の概念が歴史を経て、眼前の教育現実を規定しているといえるのか。こうした問題を検証するには、当該の問題・概念の現在に至る歴史的変容過程を詳細に論証せねばならないだろう（もっとも、それは教育思想史というよりも教育史の仕事なのかもしれないが）。第二に、原が問う「近代の論理」も、現代の視点から操作的に再構成されたものではないのか。原において、批判的検討の対象たる「近代」とは、単なる時期区分ではなく、また「近代教育学」も一定の内容をもつ体系ではない。現代との関わり、特に「現実の教育」に対する教育学者の問題意識から機能的に、あるいは構成主義的に規定されるものである。

そもそも「近代教育学」なるものが、（例えば「近代経済学」のように）一定の固有な内容をもつ体系として成熟して存在しているわけではない。〔中略〕近代教育学が何であるかについては、問題との関連における論述の中で、さらにそのいくつかの特性に接近するという筋道になる（原 一九九六：一〇）。

批判対象は、視点と無関係に外在しているわけではない。であれば「近代問題」を近代に内在的なシステム、近代教育に固有の論理としてとらえるのはやや実体論的に過ぎないだろうか。むしろ何が近代であり何が近代問題であるのかを規定するのは私たちの教育学的思惟自体だとして、自らの視点自体をも問題化していく必要があるように思われる。

(二) 教育現実の背後にある視座への問い

原の近代批判とポストモダニズムによるそれを比較してみよう。ポストモダニズムには、学問のあり方を含む、私たち自身のスタンスへの問いが深く刻まれていた。その意味で、ポストモダニズムは対象としての近代を自らと切り離して批判したのではなく、むしろ自らがそこに含まれるものとして近代を批判したのであり、だからこそインパクトがあった。頑迷な歴史実証主義者や本質主義者をのぞけば、私たちの認識する「教育現実」自体が時代の産物であり、「教育(学)的な眼差し」によって形成されていることは、多くの研究者にはすでに共有されているといっていい。

原は、教育思想史研究が「自分自身の研究者の基盤を揺るがすことがあるのではないか」とのべる今井康雄に応える。「自己を問うこと、自己を歴史的装置の中で問い直すこと、そのことこそ近代教育思想史研究会以来のモチーフであったはずだ」(二四)。しかし、原が近代を問題視する背後には、まさに近代において成立した教育学というディシプリンへの信頼があるようである。「近代教育学を問題にするのは、一言でいえば、現実の教育に対する教育学の責任を自ら問わなければならないからである」(原　一九九六：一〇)。

だが、「教育学の責任」とは何だろうか。現実の教育問題を構成するのも教育学(それも近代の産物である)を中核とした教育的眼差しにほかならないのではないか。そしてその眼差しは、ルソーやデューイを「教育学者」たらしめ、子どもを「教育されるべき存在」とみなす視線そのものである。であるならば、近代を問題にせねばならないのは、原がのべるようにその教育思想が今日を規定しているからというよりも、教育学という制度を通して私たちがその渦中にいるからであり、近代教育学批判の射程には、私たち自身も含まれるからといえるのではないだろうか。

(三) 二重のアクチュアリティ

最後に、眼前の教育を構成する「近代問題」がはたして、過去から直接に受け継がれたものといえるのか、という問題に戻る。確かに原は、「没価値的に思想の歴史を記録することは、現実にはない」(二七) とのべており、歴史とは私たちによって構成されたものにほかならないという、物語論的歴史観と共振している。

教育社会学者の広田照幸は、「いろんな分野で爆発的に広がっている」「教育の語られ方」を見直そうという研究をその手法から二分し、「近代教育の思想的淵源にさかのぼって教育(学)言説の見直しを試みる動きと、社会構築主義やエスノメソドロジーの観点から現代の教育の諸現象をとらえ直す動きとの間に、大きな隔たりが存在している」との問題を指摘する。教育思想史のような「過去にさかのぼることで、近代教育が前提としてきた諸概念や諸理論を問い直す試み」は「最も根本的でラディカル」なものだが、研究の重心が歴史におかれることで「今ここに存在する特定の事象をどう説明するかという点で、不十分さがつきまとう」(広田 二〇〇一：五)。

確かに、教育思想史研究は、現在の起源を過去に求める。だが、広田の説にあえて異を唱えれば、「今ここ」を説明するために歴史を経由するのが思想史なのではないか。現在性を優先するあまり、歴史的事実を歪曲・軽視してはならないことは改めていうまでもない。従来の研究が描き出してきた近代像を、歴史に即した形で問い直す作業はそれ自体で意味がある。一見地道に思えるこれらの実証には、日本の近代化モデルや、戦後教育学が目指してきた価値的な近代像を問い直すという点において実効性があるからである。

だが同時に、教育思想史が今日的問題関心と無関係に「近代そのもの」を把握できるとは考えがたい。先に触れた安川は、長尾十三二の方法論を批判して「近代を現代の『前史』としてではなく、それ自体として把握せよ」とのべていた（安川　一九九二：八三）。だが羽田貴史は、安川も「現代的な問題関心そのものが持つ意味については、否定していない」のであって「結局、安川氏と長尾氏の差は、程度の問題に過ぎず、態度や心構えのレベルを問題にしているのではないか」とのべる（羽田　一九九二：一一二、一一八）。学問として専門化の精度を上げていったとしても、教育思想史は「実践学としての教育学の本性をまぬがれえない」（二一）のであり、記述には自らの視点という「傾向性」（二七）がつきまとう(10)。

以上をまとめるならば、教育思想史研究は一方で歴史に対して、他方で今日の教育状況に関してという二重の責めを果すべく設定されているといえる。近代教育学批判とは、眼前の教育現実に直接に応えるものと単純に整理することはできない。近代批判では、西洋近代を批判的に問い直して新たな様相のもとに描き出しつつ、それを成立させる自らの視線自体を批判的検討の対象にするという二重の作業が求められている。むろんその前提として、歴史的記述と現代的視座のそれぞれに、そして叙述における両者のダイナミックな連関に、現状を問い直すような実効性が求められる。むろんそれが成功しているか否かは、個々の研究においてその都度判断されるべきであろう。

結語に代えて――省察と対話の近代教育学批判

近代教育学批判はポストモダニズムと共振する性格を有していた。近代教育思想史研究会～教育思想史学会の中核を担い、近代教育学批判を体現してきた原は、しかしこの境地に輸入学問によってではなく、独自の考察によってたどり着いた。この原の立場は、ポストモダニズムを受容しながら成長してきた後続世代にとっては自分たちの立場を仮託できるものであった。そしてこの近代批判の思潮は、戦後教育学のあり方を問い直しつつ成長を遂げてきた。

教育思想史、そして近代教育学批判という「武器」（二八）は、その太刀筋が私たち自身の視座にもはね返る諸刃の剣であり、その点にこそアクチュアリティがある。批判されるべき近代とは、私たちと無関係に歴史に外在するものではなく、私たち自身の内に深く食い込み、むしろそれ自体が私たちを成立させている核だといえる。したがって冒頭で掲げた「近代教育学批判とは何であったのか」という問いには次のように答えたい。それは自らの立ち位置を批判することであり、そのう。


意味で自己批判である。ただしここでの自己批判とは、政治の季節によく聞かれたイデオロギー的なそれでも、心理主義化した世代が求めた「自分探し」のそれでもない。やや迂回して論を進めよう。

近代教育思想史研究会が、「近代教育学批判」という明確な方向性を持っていたことは繰り返し論じてきた。だがこの研究会に、それと並ぶもう一つの独自性があったことは改めて記憶されておくべきである。それは対話を中心に構成された独特の会のスタイルを当初から有していた。発表は「フォーラム」と呼ばれ、一つの報告に対して一時間以上も討論の時間をとる。しかも機関誌『近代教育フォーラム』は、発表のまとめとなる報告論文に複数の「コメント論文」が付されて公刊される。こうしたユニークな形式は森田尚人の発案だったようだが、いずれにしても、徹底して対話と討論に開かれたこのスタイルは、そこに集う人々の思考や活動の内容をも深く規定してきた（下司・今井 二〇一三）。当初三人の呼びかけからはじまった研究会は、今や三〇〇名もの会員を擁する学会として、教育学界にその存在感を示し続けている。二〇一〇年には、創設二〇周年を記念して会の歩みを振り返る『教育思想史コメンタール』も刊行された。そして研究会の創設期以来の、自由な対話の精神は今なお受け継がれている。

近代教育学批判とは、政治的イデオロギーや哲学的な真理、歴史的な事実を楯にモノローグに閉じこもることではなく、自らを形成しているそれらのものをひっくるめて対話の場に臨むことである。近代批判とは自己省察にほかならない。それは自己が他者によって創られていることを前提としながらも、底の知れない己の淵源を見つめ直し、その眺望を他者との対話によって軌道修正していく、終わりのない作業である。だからこそ近代教育学批判は、永遠に未完のプロジェクトなのだ。

註

(1) 原の氏名表記には「聰介」と「聡介」の揺れがあるが、本書では本文中は「聰介」で統一し、文献は掲載されている名で表記する。
(2) 教育哲学会第五八回大会研究討議「教育学的欲望としてのオルタナティヴ」、報告者：岡部美香・田中智志・鳶野克己。司会：小野文生・西村拓生。二〇一五年一〇月一〇日、於 奈良女子大学。
(3) 二〇一六年七月現在、同論文はCiNii Articlesで公開されている。今後J-STAGE等別のサイトに移行する可能性もあるが、興味のある方は検索して頂きたい。
(4) 文脈に即していえば、原がここで否定的に示しているのは、網羅的全体史に貢献する教育思想史の立場だが、安川哲夫への言及（四）からは、原が社会史のインパクトを方法論的挑戦としては受け止めてはいないのではないかとの疑念が浮かぶ。
(5) むろん何を「戦後教育学」と呼ぶかについては、コンセンサスがあるとはいいがたい。羽田貴史（一九九六）は、近代教育学批判の立場をも、戦後教育学のなかに位置づけている。戦後教育学については、終章で再び整理を行う。
(6) ここでは「教育目的論議」の内実には立ち入らない。別稿をご参照頂きたい（下司ほか 二〇〇〇）。
(7) 安川（一九九二）は改稿されて安川（一九九五：一―三六）に収録されている。
(8) 大塚久雄、高島善哉、川島武宜、丸山眞男らを「講座派マルクス主義の『市民社会派』の人々」として「西欧近代モデル」と概括する安川哲夫（一九九二：八八）に対し、羽田貴史は「雑駁に過ぎるのではないか」とコメントしている（羽田 一九九二：一一四）。
（9） 金子は一九六四年としているが、一九六三年の誤りだと思われる。
（10）「傾向性」については、次章において「遠近法主義」の問題として再び論じることになる。

文献

Imai, Yasuo 2007 "From 'Postwar Pedagogy' to 'Post-Cold War Pedagogy': An Overview of the History of Educational Theory in Japan 1945-2007," *Educational Studies in Japan: International Yearbook*, 2, pp. 57-73.
今井康雄（二〇〇一）「教育学の「ポストモダン」体験」増渕幸男・森田尚人編『現代教育学の地平——ポストモダニズムを超えて』南窓社、三八—五二頁.
今井康雄（二〇〇九）「私にとっての教育思想史（学会）」『近代教育フォーラム』第一八号、一〇三—一〇九頁.
上野正道・室井麗子・北詰裕子（二〇〇一）「教育思想史再考——近代教育批判の視点に着目して（2）」『近代教育フォーラム』第一〇号、二一五—二二三頁.
梅根　悟（一九五二）『西洋教育史』誠文堂新光社.
梅根　悟（一九六三）『西洋教育史』誠文堂新光社.
梅根　悟・大田　堯（一九六一）「まえがき」、『岩波講座　現代教育学　第4巻　近代の教育思想』岩波書店、i—ii頁.
大田　堯・勝田守一（一九六一）「近代の教育価値をどうけとめるか」梅根　悟・大田　堯編『岩波講座　現代教育学　第4巻　近代の教育思想』岩波書店、二九七—三一二頁.
岡田敬司（二〇〇九）「教育思想を哲学することと教育フィールドを哲学すること」『教育哲学研究』第一〇〇号、一三七—一三八頁.
岡部美香（二〇一六）「〈外〉を形象らない思考へ」『教育哲学研究』第一一三号、一—七頁.

岡部美香・小林万里子・日暮トモ子・藤井佳世（二〇〇九）「歴代理事・編集委員一覧とその社会的活動」『教育哲学研究』一〇〇号記念特別号、三七七―三九〇頁．

金子 茂（一九八一）「ドイツ教育思想史研究者としての立場から」『日本の教育史学』第二四集、一三四―一三八頁．

金原左門（一九七四）『「日本近代化」論の歴史像――その批判的検討への視点（増補第二版）』中央大学出版部．

川瀬邦臣（二〇〇九）「教育の思想研究と歴史研究の結合」『近代教育フォーラム』第一八号、一六五―一七二頁．

下司 晶・上原秀一・江口 潔・綾井桜子・渡邊樹子（二〇〇〇）「教育目的論議を再読する――近代教育批判の視点に着目して」『近代教育フォーラム』第九号、一六五―一七二頁．

下司 晶・今井康雄（二〇一三）「あとがき――教育学のパラダイム・シフト」森田尚人・森田伸子編『教育思想史で読む現代教育』勁草書房、三九五―四〇一頁．

小谷汪之（一九八五）『歴史の方法について』東京大学出版会、七六―七七頁．

小玉重夫（二〇〇〇）「戦後教育学と国民国家」『近代教育フォーラム』第九号、二一五―二二一頁．

高橋 勝（二〇〇八）「「教育的―教育学的マトリクス」を超えるもの――〈越境する教育思考〉に向けて」『近代教育フォーラム』第一七号、一〇七―一一六頁．

田中智志（二〇〇九）『教育思想のフーコー』勁草書房．

田中毎実（二〇〇七）「臨床的教育理論と近代教育批判の射程」『近代教育フォーラム』第一六号、二一五―二二一頁．

対馬達雄（一九九〇）「近代教育」細谷俊夫編集代表『新教育学大事典』第二巻、第一法規出版、五二七―五二九頁．

鳥光美緒子（一九九六）「教育史記述と子どもの未来――教育史研究におけるアリエス・インパクトの行方」『教育学研究』第六三巻第三号、二二〇―二二七頁．

西村拓生（二〇〇九）「思想史研究と教育の〈現実〉」『近代教育フォーラム』第一八号、一五五―一六三頁．

羽田貴史（一九九二）「方法論議はまだ始まったばかり――具体的記述に即した検討と提言をのぞむ」『近代教育フォーラム』創刊号、一一一―一一九頁．
羽田貴史（一九九六）「戦後教育と教育学」『教育学研究』第六三巻第三号、二三八―二四五頁．
原　聰介（一九六五）「人間変革と感性――近代市民社会成立期における教育の課題と方法から」『教育哲学研究』第一二号、二八―四三頁．
原　聡介（一九七九）「近代教育学のもつ子ども疎外の側面について」『教育学研究』第四六巻第四号、一七―二六頁．
原　聡介（一九八四）「教育思想史教育の問題として」『教育哲学研究』第四九号、三〇―三四頁．
原　聡介（一九九〇）「モンティーニュ」簑田知義・岡田渥美編著『教育学群像　外国編①』アカデミア出版、五九―七七頁．
原　聡介（一九九二）「近代における教育可能性概念の展開を問う――ロック、コンディヤックからヘルバルトへの系譜をたどりながら」『近代教育フォーラム』創刊号、一―一六頁．
原　聡介（一九九六）「近代教育学再考――その出口を求めて」『教育学研究』第六三巻第三号、二二二―二二九頁．
原　聡介（二〇〇〇）「遅れてやってきた近代状況を迎えて」『教育哲学研究』第八一号、一一二―一一二頁．
原　聡介（二〇〇一）「教育思想史の課題と方法――近代問題にどう接近するか」『近代教育フォーラム』第一〇号、一九―二八頁．
原　聡介（二〇〇九）「教育思想史の課題は何か――再び振り返りながら」『近代教育フォーラム』第一八号、九三―一〇二．
原　聴介・宮寺晃夫・森田尚人（一九九二）「『近代教育思想史研究会』へのお誘い（設立趣意書）」『近代教育フォーラム』創刊号、一六五―一六六頁．
原　聴介・宮寺晃夫・森田尚人・今井康雄編（一九九九）『近代教育思想を読みなおす』新曜社．

広田照幸（一九九五）「教育・モダニティ・歴史分析――〈習作〉群の位置と課題」『教育社会学研究』第五七集、二三―三九頁.
広田照幸（二〇〇一）『教育言説の歴史社会学』名古屋大学出版会.
広田照幸（二〇〇九ａ）『ヒューマニティーズ　教育学』岩波書店.
広田照幸（二〇〇九ｂ）「社会変動と思想運動――教育思想史学会の歩みを傍観して」『近代教育フォーラム』第一八号、一一一―一二二頁.
堀尾輝久（一九六一）「公教育の思想」、梅根　悟・大田　堯編『岩波講座　現代教育学　第4巻　近代の教育思想』岩波書店、二一三―二四八頁.
堀尾輝久（一九七一）『現代教育の思想と構造――国民の教育権と教育の自由の確立のために』岩波書店.
堀尾輝久（一九七九）「人権と子どもの権利――子どもの権利の現代的意味を中心に」『教育学研究』第四六巻第四号、一一―一六頁.
堀尾輝久（一九九六）「教育研究のあり方を総合的に見直す視点から」『教育哲学研究』第七三号、二九―四一頁.
松浦良充（二〇〇九）「「運動」の終焉と再始動――教育思想史の固有性への内向か、越境に向けての拡張か」『近代教育フォーラム』第一八号、一三七―一四六.
丸山眞男（一九六一）『日本の思想』岩波新書.
宮寺晃夫・森田尚人・今井康雄（一九九九）「あとがき」原　聰介・宮寺晃夫・森田尚人・今井康雄編『近代教育思想を読み直す』新曜社、三〇三―三〇五頁.
森　重雄（一九九三）『モダンのアンスタンス――教育のアルケオロジー』ハーベスト社.
森田伸子（二〇〇〇ａ）「第9号の刊行にあたって」『近代教育フォーラム』第九号、ｉ頁.
森田伸子（二〇〇〇ｂ）「西洋教育史研究動向」『日本の教育史学』第四三集、三五四―三六六頁.
安川哲夫（一九九二）「教育史研究の方法論的再検討――近代の把握と位置づけを中心に」『近代教育フォーラ

ム』創刊号、七五―九〇頁．

安川哲夫（一九九五）『ジェントルマンと近代教育――〈学校教育〉の誕生』勁草書房．

山内紀幸（二〇〇九）「生まれたときからポストモダン――第三世代にとっての教育思想史（学会）」『近代教育フォーラム』第一八号、一二三―一三五頁．

矢野智司（一九九八）「教育の起源をめぐる覚え書き」『近代教育フォーラム』第七号、五三―六二頁．

矢野智司（二〇〇七）「死者への負い目と贈与としての教育――教育の起源論からみた戦後教育学の課題と限界点」『近代教育フォーラム』第一六号、一―一〇頁．

矢野智司（二〇〇八）「「贈与と交換の教育人間学」という問題圏」『近代教育フォーラム』第一七号、九三―一〇六頁．

矢野智司（二〇〇九）「教育思想史研究と教育思想研究と教育現実」『近代教育フォーラム』第一八号、一四七―一五三頁．

第四章　言語論的転回以後の教育思想史
——あるいは、ポストモダニズムの何がいけないのか

はじめに——ポストモダンを経てなお教育批判は可能か?

ポストモダニズムを受容した教育思想史研究には何ができ、何ができないのか。これを検討することが本章の課題である。教育社会学者の広田照幸は、教育思想史学会第一八回大会のシンポジウム(1)において、教育思想史学会の取り組んできた近代教育学批判(近代教育批判、近代批判)に対する批判を次のようにのべる。

「教育の近代性」への批判は(中略)、子どもたちの学校離れと新自由主義的な教育改革に対して、有効な批判を提示できてこなかったばかりか、むしろ、旧来の学校や教育像を正当化し直すための足場を自ら掘り崩してきた側面があっただろう(広田 二〇〇九b:一一六)。

もちろん、新自由主義の趨勢という大きな流れに対して、教育思想史学会という小さな組織が実際にどの程度の対抗力を持ち得たのかについては、別途検証が必要である（むしろ、日本教育学会のような大きな場を問題にすべきようにも思われる）。とはいえ、教育思想史学会が教育学界のなかでも、ひときわ真摯にポストモダニズムに応答し、それを昇華してきたことを考えれば、広田が別の箇所で、会の中心的メンバーである今井康雄の名をあげながら、ポストモダン思想を受容した教育学が「教育の目的について語ることに臆病」であり、むしろ「禁欲的すぎる」と批判していることを看過はできない（広田 二〇〇九a：一一〇―一一五）。
本章で検討する教育思想史学会の第二〇回大会シンポジウム「教育批判の思想史的根拠――長期的展望のなかで考える(2)」は、こうした近代教育学批判・批判への応答として企画された。今井康雄による企画趣旨の一部を引用しよう。

近代批判は、教育の現状をその歴史的な深層構造において批判可能にし、教育思想史研究のアクチュアリティを鮮やかに示して見せた。しかしそれは、既存の教育への信頼を揺るがし、そのことによって間接的にではあれ新自由主義的な教育改革に加担する結果になってしまったのではないか。
〔中略〕
本シンポジウムでは、この問いを、〔中略〕教育思想史学会の問題として議論するのではなく、他ならぬ教育思想史の問題として捉え直すことを試みたい(3)。

報告は研究対象の年代順に、相馬伸一「コメニウス教育思想の再読可能性」、鈴木晶子「ヘルバルト研究の足下への問い」、田中智志「教育批判の根拠――デューイの協同性と宗教性」である。本章では、『近代教育フォーラム』第二〇号（二〇一一）に掲載された三論文を検討しながら、言語論的転回以後の教育思想史研究には何ができ、何ができないのかを検討する（以下、三論文からの引用は本文中に頁数のみを示す）(4)。

次の問いかけをしてみたい。教育思想史研究はポストモダニズムを受容することによってどのように変化したのか。言語論的転回以後の教育思想史研究に仮に問題があったとすれば、それは何か。現代の教育思想史研究は、いかなる形で現実に関与しているのか。

以下では、（一）まず三論文を例に、そこに潜む方法論的課題を検討する。（二）次に、批判の根拠を示す際の「暗黙のルール」を四点指摘する。「真理」「教育的価値」を根拠としないこと。言語論的転回を経たテクスト解釈論。コンテクストとしての「作家」（思想家）は死なないこと。対象を「大教育思想（家）」に限定すること。（三）最後に、教育思想史の今後に関していくつかの提案を行う。研究と政治・教育実践との積極的な関係、思想の教育現実への影響を問い直すこと、現実を批判する思想史的手法の三点である。

一　教育思想は批判の根拠たり得たのか？

最初に相馬、鈴木、田中の三論文から、現代の教育思想史研究がはらむ方法論的課題を検討する。それはパースペクティヴィズム（相馬）、相対主義のアポリア（鈴木）、思想再解釈の意義（田中）である。

（一）パースペクティヴィズムの隘路

コメニウス（Johannes Amos Comenius, チェコ語名 Jan Ámos Komenský, 1592-1670）はフス派の流れを汲むチェコ同胞教団の牧師、教会学校の教師であり、従来の教育学では教育学史上最初の体系的著作『大教授学』（一六五七）を著し、全民就学の普通教育制度を構想したのみならず、そこで教えられる新たな教育内容・教育方法を構想したと評価される。授業方法は教師主導の一斉教授であったが、それは当時ではむしろ先駆的だった（長尾　一九九一：三二五―三二六）。[5]「近代教育のプロトタイプとされてきたコメニウスをとおして、近代教育批判を企てる」（一〇三）――相馬論文の目的は極めて明確である。「コメニウスの思想のうちには、近代との距離を示唆する論点が少なからず観取される」（一〇二）。パトチカを参照しながら――いわゆる「現代思想」を枠組みとして――「近代教育の祖」のテクストを読解することによって、その反‐近代的側面を指摘するという手法は、近代教育思想史研究会〜教育思想史学会が蓄積してきた近代批判の十八番であり、同様の試みはこれまでにも、ルソー、ペスタロッチ、ヘルバルト等々を対象として、初期から展開されてきた。

今日の問題状況を、認識枠組みの転換として批判する相馬の語りは極めてアクチュアルである。コメニウスに代表される、世界が光（真理）に満ちており、それを受容すればよかった「開けた魂」の時代から、自ら世界に人工の光を当てねばならない、デカルト以降の「閉塞性の時代」へ。そしてさらに閉塞性を強めた現代への転換。特にその時代診断は、「オレ様化」（諏訪哲二）や「下流志向」（内田樹）といった現代の若者論にも、思想史的な背景を提供することができるだろう。

しかしこの歴史的描写は、コメニウスと私たちの間に深い溝があることにも目を向けさせる。すなわち現代が「閉鎖性の時代」の延長線上にあるとすればなおさら、相馬自身のテクスト読解も、その内部にあると考えざるをえない。デカルト以降の「閉鎖性の時代」に生きる私たちは、ニーチェのいう「遠近法主義《パースペクティヴィズム》」から逃れることはできないのではないか。


総じて「認識」という言葉が意味を持つ限り、世界は認識されうるのものである。しかし、世界は別様にも解釈されうるのであり、それはおのれの背後にいかなる意味をも持ってはおらず、かえって無数の意味を持っている。――「遠近法主義（Perspektivismus）」（Nietzsche 1926: 13＝一九八〇b：一二三）。

「遠近法主義《パースペクティヴィズム》」の呪縛という観点から相馬論文を読み解いてみよう。相馬は第一に、基礎づけ主義の立場をとることができない。したがって「自然」や「主体」といった前提を確固たる基盤として、そこから現代の教育を切ることはできない。現代の教育言説を支配する実証主義の脅威に脅かされながらも、それ以外の手法でしかこれに対抗はできない。デカルト以後の私たちはコメニウスと異なり、世界から直接に光を受け取ることができないからである。そして第二に、相馬はテクストそれ自体の「光」を受動的に受容することはできず、パトチカの光をもって自ら能動的にコメニウスを照らすほかない。そう、近代教育学を参照枠組みにすればその祖としてのコメニウス像が、枠組みをパトチカに変えれば近代教育を超え出るコメニウス像が、それぞれ浮かび上がるという、あの「遠近法主義《パースペクティヴィズム》」の枠内において。いいかえれば、相馬にとっては「コメニウスそれ自体」は失われた対象としてあるのだ。

(二)相対化の自縄自縛

この「遠近法主義《パースペクティヴィズム》」の問題は、表現は異なれど鈴木晶子が論じるテクスト解釈論に通底する。文献読解は、テクストを自らの好みに応じて彩色する作業なのだろうか。あるいはそれは、テクストを自らの枠組みに強引に落とし込む暴力的行為なのか。鈴木が問題にするのは、ヘルバルトを「あのヘルバルト」として読解する私たちの視線それ自体である。

ヘルバルト（Johann Friedrich Herbart, 1776–1841）はゲッティンゲン大学やケーニヒスベルク大学で哲学・心理学・教育学を講じた。従来の教育学では、体系的な教育学を構想したこと、教授段階説を提唱したことが高く評価される。ヘルバルト派教育学は一九世紀末にはほとんど全世界の教育界に影響を与えたといわれる（長尾　一九九一：三四九）。

だが鈴木によれば「二〇〇年あまりにわたる一連のヘルバルト研究の歴史は、見方によっては、それぞれのヘルバルト研究者が、その持論を展開するために、己の文脈に適した形へとヘルバルトを編集・脚色してきた足跡だとみることもできる」（一一八）。ヘルバルト生前の彼の学徒たち、師の没後のヘルバルト学派にはじまり、戦後のヘルバルト・ルネッサンスから冷戦後の再読まで、多くの研究者たちが、独自の観点からヘルバルトを解釈し、位置づけ、称揚し、批判してきた。なるほど、以上に要約したテクスト解釈論に筆者は完全に同意するし、膨大な先行研究を渉猟・整理し、華麗に切ってみせる鈴木の論には、いつもながら舌を巻かされる。

では、その後に提示される鈴木自身のヘルバルト読解はどうだろうか。鈴木は、「歴史的存在としての人間の生成について、教育思想・思想史はまだ自らに課された課題にまで十分に踏み込んだ論究を欠いている」（一二四）として、ヘルバルトを軸に、生成の思想史を追求しようとする。その際着目されるのは、ヘルバルトを手がかりにカントを読解しようとした新カント派コーヘンである。コーヘンはライプニッツ－カント－ヘルバルトの連関を示したが、同時に京都学派とヘルバルトを繋ぐ鍵でもある。特に西田幾多郎は、ヘルバルトの生成の哲学を批判的に受容し、自らの哲学の滋養とした。ドイツ観念論哲学を批判するヘルバルト、そしてヘルバルトを批判する西田。読解の連鎖。

ここでいくつかの疑問が浮かぶ。

まず第一に、鈴木の読解の特権性はどこにあるのか。「生成」という観点による鈴木のヘルバルト読解も、先行研究と同じく、「己の文脈に適した形へとヘルバルトを編集・脚色」（一一八）していないと言い切れるのだろうか。鈴木が切って捨てた過去のヘルバルト解釈と、鈴木自身の読解との差は、どこにあるのだろうか。

上記と関連して第二に、解釈の妥当性はどのようにはかられるのだろうか。鈴木は、テクスト読解を「己の枠組みを再確認するためにテクストを消費」するものと、「己のテクスト、己の視角、枠組み」に「更改」を迫るものに二分し、後者に価値を置く（一一九）。しかし前者、すなわち今日からみて「過剰解釈」とも思われる読解が、その解釈者に枠組みの変更を迫ることはなかったと誰が断言できるのだろうか。例えばヘルバルト学派にとっての教育学の体系化は、ノールにとっての教育学の自律性は、鈴木にとって「生成」が「足下への問い」であるのと同じ程度に、深刻な問いではなかったと誰がどのような資格で断言できるのだろうか。

第三に、鈴木の提案する生成の思想史も、彼女の批判する「通史」となる危険性をはらんではいないのか。鈴木は、「一般史ないし普遍史なるものを編み出すことが歴史家の仕事であるということに何の疑問もなかった」「近代の思弁的歴史哲学」と、その姿勢を（近代への価値づけを反転させて）受け継いだ教育思想史学会の近代批判を、ともに批判する（一二〇）。しかし、生成の思想史は、現在のための過去の収奪にはならないのだろうか。むろん筆者も、歴史に法則性を見いだそうとする歴史家に対する、ポパー流の批判には首肯する（Popper 1957＝一九六一）。それにしても、「通史」は本当に不可能なのだろうか。あるいは、フーコー流の断絶の思想史としても？

（三）転倒の意義

アメリカの哲学者デューイ（John Dewey, 1859-1952）は、シカゴ大学やコロンビア大学で哲学、教育学を講じた。特にシカゴ大学では大学付属実験学校を指導し（一八九六―一九〇四）、その後の教育と教育研究のあり方に大きな影響を与えることとなった。進歩主義教育といわれるアメリカの新教育運動のみならず、世界的な新教育運動のリーダー的存在であった。民主主義社会のための教育を構想し、学校を社会経験を通しての社会認識の場としようとした（長尾 一九九一：二三五）。デューイの思想は日本では大正自由主義教育、戦後新教育からそのリバイバルである「新学力観」（一九八九）、「総合的な学習の時間」にまで大きな影響を与えている（杉浦編 一九九八）。

そこで描き出されるデューイ像は、私たちの慣れ親しんだそれではないとはいえ、現実批判の根拠について、田中論文の回答は明確である。ある思想が、既存の社会の批判的再構築を試みる際の根拠は、「倫理」である（一三六）。「倫理」の背後には「宗教的なもの」があり（一三六）、さらにその背後には「衝迫」がある（一四二）。デューイは、当初は「魂」（宗教的なもの）を最終審級としていたが、後年、宗教的な概念によって倫理を基礎づけることを断念したという。ここでは、教育現実を批判する際の根拠は、「倫理」、「魂」そして「衝迫」へと後退する。

この方法論的戦略の是非は後に検討することになるとしても、私たちにとって意外に思われるのが、ここで提示されるのが「宗教的デューイ」像である点である。(6) 近い例で、広田照幸の入門書に登場するデューイと比較してみよう。個人／社会の二元論の止揚を、そして民主主義社会の実現を求める〈広田デューイ〉は、私たちの慣れ親しんだ民主主義の信奉者である（広田 二〇〇九ａ：一二四以下）。それに対して、協同性の基礎づけを魂という宗教的なものに求めようとする〈田中デューイ〉は、宗教的情熱家として多くの現代日本人にとって異質な他者と感じられるだろう。田中によれば、「仕事」「社会的」「道徳的」といったデューイの諸概念には、「『魂』が供給する隣人愛が染みついている」。「その隣人愛を、たとえば言葉から感じとらないかぎり、デューイの文章は『なんだかよくわからない文章』になってしまうだろう」（一四〇）。

しかしこの前提に立つならば、日本の教育学は一貫して、あるいは戦後教育学は特に、デューイの言葉を「なんだかよくわからない文章」として読んできたということになるだろう。デューイは戦後民主化のシンボル的存在として（再）輸入されたのだから（杉浦編 一九九八）、確かに戦後教育学のデューイ受容を「誤読」として難ずることもできるかもしれない。であればこそ、以下の疑問がわく。

まず第一に、従来の「民主主義的デューイ像」に「宗教的デューイ像」を対置させる意義は何なのだろうか。あくまで素人読みの範囲だが、デューイは「協同性」を「魂」以外によって基礎づけるために、哲学・心理学・生物学等を用いたのではないだろうか。この隠蔽工作（？）をあえて暴いて、再度、「魂」「宗教的なもの」という文脈から読み直す意義は何なのか。

第二に、このデューイ像の転換、「宗教的デューイ」の提示は、いかなる戦略のもとになされているのか。(7) それが「教育批判の思想史的根拠」という問いに対する、デューイに即した回答であることは認めつつも、協同性の基盤として「宗教的なもの」を素朴に賛美する（田中の意図はそこにないとしても、そう受け取られかねない）論を提出することには、少なくとも筆者は慎重にならざるをえない。(8) もっとも、好意的に受け止めればデューイにとっての〈宗教的なもの〉は、私たちにとっては「失われたアウラ」だと考えてもよいかもしれない。加藤守通ののべるように「教育学とは元来、教育を超えた様々な事象への幅広い理解に支えられて成立していた」が、キリスト教はその重要な核だった。そして近代教育学は、成立過程でその「アウラ」を切り落としてきた（加藤 二〇〇四：五）。その意味で、田中は私たちが見落としていたデューイの「失われたアウラ」に目を向けさせようとしたのかもしれない。

二　言語論的転回以後の教育思想史——語られなかったルール

教育批判に思想史的根拠はあるのか——この問いに答える際に前提となっている、語られなかった「暗黙のルール」がある。具体的には、（一）「真理」ないし「教育的価値」を根拠としないこと。

（二）言語論的転回以後のテクスト読解の立場をとるが、（三）にもかかわらず、コンテクストとしての「作者」は死なないこと。（四）対象が「大教育思想家のテクスト」に限定されること、である。

（一）真理ぬきの批判は可能か？

シンポジウム企画者の今井康雄は、「同時代の教育を対象化し批判する根拠を、教育思想はどこに、どのように見出してきたのか」と問うていた。この問いはもちろん、私たち自身が現代の教育を対照し批判する根拠をどこに見いだすのか、という問題をはらんでいる。そして批判の根拠を提出せよという題に対して、報告者たちを悩ませているようにみえたのは、現代の教育思想史研究には「禁じ手」が多いことである。こうした暗黙のルールは、教育思想史学会が戦後教育学に代表される研究手法と自らの研究手法を区分するなかで徐々に形成されてきたと考えられる。

第一に、最大の「暗黙のルール」は、教育を批判するにあたって「真理」あるいは「教育的価値」を根拠とすることができない点だろう。近代教育思想史研究会～教育思想史学会を主導してきた原聰介は、戦後主導的だった教育思想研究の立場を、「教育学的資産を学び取る営為、過去の教育思想から真理、あるいは真理的なるものを手に入れようとする作業」と呼び、私たちの目指すべき教育思想史はそれとは区別されるべきだという（原 二〇〇九：九八）。教育思想史学会に継承された「近代批判」は、戦後教育学における近代の肯定的評価（受け継ぐべき「近代の遺産」）と表裏一体の関係にあった（第三章参照）。戦後教育学の基礎をつくった勝田守一が「教育的価値」概念によって、教育の現実と、教育の歴史や思想とをともに診断する基準を得たことは改めて付言するまでもあるまい（森田伸一九九二）[9]。

さて問題は、このような「真理」、「教育的価値」なり「受け継ぐべき近代の遺産」なりの概念（あるいは「人権」でも「発達」でもよいのだが）を抜きにして、教育の現実を批判することがいかにして可能か、ということである。

相馬は、思想が教育現実を批判する根拠となりうるという――ただし、否定的な形で。基礎づけ主義をとらない現代の私たちは、自然や主体をポジティブに語ることはできない。しかしそうした「目に見えぬことの確実性」は、「つつましく、否定の疑問型で」「ネガティブに問うことは出来る」（一一三）。それはポジティブではないが、それゆえに教育思想史のレリヴァンシーは自明である。

鈴木は、この問いに直接には答えていない[10]。むしろ批判の根拠を探るという教育思想史の方法論をめぐる問いは、「研究者にその研究の足下を尋ねる問い」「反省的、リフレクシブな問い」として、自らの身に跳ね返ってくるものなのである（一二八）[11]。

田中の批判戦略において鍵となるのは、バディウの真理出来論である。同じく「宗教的デューイ」が扱われた『社会性概念の構築』（田中二〇〇九b：二三九―三一五）ではバディウは登場しないので、この変更は「現代思想」による古典解釈という「教育思想史学会向けのアレンジ」かもしれないが、それは奏功しているといえる。「宗教的デューイ」の称揚が、バディウ理論によって宙づりにされる構造になっているからである。田中は「二〇〇〇年前後」に、「教育の批判から教育の再構築へ研究スタンスを変えた」ことを告白しており（田中 二〇〇九a：二五四）、「転向」後の姿勢は「かつての規範的教育学への先祖返り」（森田尚 二〇〇三：二三六）と評されたこともあった。だが、バディウ理論の導入はこうした批判を回避可能にする。田中における「本質的に欠けた倫理的なもの」、すなわち「真理」は、不在であることによって主体や場を成立させる「欠如」である。永遠に届くことができず、常に現状改革のエンジンを駆動させる空虚のドライブである。「ラカンの表現を用いるなら、真理の過程とはこれらの［制度化された］知に穿たれた『空隙‐孔』なのだ」（Badiou 2003＝二〇〇四：四三）。

田中はまた、先の理論的転換にて「自分がいま・ここにこうして存在していることに依りどころを与えるもの、おそらく多分にメタ理論的なものこそが、ほんとうに言語化したいもの、と思うようになった」とのべていた（田中 二〇〇二：ii）。それがバディウを経て、虚焦点としてここに理論化されたといえる。ラカン風にいえば、「根源的に失われたもの」がメタ理論なのだ。「根源的に失われたもの」は、それ自体として語ることはできない(12)。したがって「宗教的なもの」による倫理の基礎づけ、そして教育現実の批判は、存在の穿孔から／に向かって放たれるものとなる。

そしてその立場は不可知論に接近し、言語論的転回以降のテクスト論と極めて近くなる。

（二）言語論的転回以後のテクスト論

第二の「暗黙のルール」は、論者たちが言語論的転回以降のテクスト論を前提にしていることである。批判の根拠が「真理抜き」とならざるを得ない背景として、教育思想史学会の議論が言語論的転回以降のテクスト論を踏まえている点を指摘できるだろう。野家啓一が整理しているように、「言語論的転回」(the linguistic turn) は、大きく二つの動向に区分できる。G・フレーゲとB・ラッセルの記号論理学によって二〇世紀初頭に哲学の領域で起こった第一のそれは、言語を実在を指示する透明な媒体として捉える、実在論的言語観を保持していた。それに対して、ソシュール言語学を淵源としポスト構造主義で花開いた第二の言語論的転回では、言語は世界を描写するのではなく、世界を構成する。この動向は解釈学と親和性を持ち、文芸批評ではデリダの「脱構築」、バルトの「作者の死」などが大きなインパクトとなった。また歴史学では、史料批判や実証的手続きに基づいた過去の出来事の客観的復元というL・ランケ以降の根本前提を問い直すことになった（野家 二〇〇九：六）。

さて、教育思想史研究に引きつけていえば、近代教育思想史研究会〜教育思想史学会の牽引者であった原聰介は、言語論的転回ほどラディカルではないにせよ、当初から構成主義的な立場をとっていたといえる。近代批判は、「[教育]可能性概念によって主導される教育状況を反転させて得られる視点」から、思想（史）を「再構成する試み」であった（原 一九九二：一一、[ ]内引用者）。その後はさらに進んで、この「再構成」には、私たち研究者の「主観の力」が必要だとさえのべている（原 二〇〇九：九九）。

それに対して「言語論的転回以降のテクスト論」に立つ鈴木論文は――原を名指しているわけで

ないが――こうした近代批判的問題構成も、従来の真理探究的教育学の反転にすぎないのであって、「歴史叙述という行為が依って立つ場そのものの歴史性」を「忘却ないし隠蔽」する点では、旧来の研究と同様であると批判する（一二〇）。鈴木に寄り添って原を批判するとすれば、原はまだテクスト／読者の客観性信仰を捨て切れていないともいえるだろう。鈴木によれば、「テクストを読むという作業は、そのテクストを鏡として己の姿、己の視角に手探りで近づく作業に他ならない」。「テクスト解読という現場」では、「テクストを読むことで、己の枠組みが崩壊していく、その緊張感と不安のなかで、どれだけ留まり続けることができるか」が「問われている」のだ（一一九）。
相馬は鈴木ほど挑発的ではないが、パトチカを通して「読者によるテクストの主観的な解釈」をやはり擁護する。「思想史研究のレリヴァンシーが、テクストの再読可能性をいかに批判に堪えうるような仕方で提示できるか否かにあるとすれば、問われるのはテクストの側というよりも読者の側の再読可能性である」と（一一三）。「教育」の「意味の同定」を「棚上げ」している田中も（一三五）、透明な言語によってテクストの「真の意図」をいいあてるということは前提にしていない。

（三）「作者」は死なない

第三の「暗黙のルール」は、これらの教育思想史の手法においては、言語論的転回以後のラディカルなテクスト解釈論が前提とされつつも、「作者は死んでいない」という点である。バルトは

「読者の誕生は、『作者』の死によってあがなわれなければならない」とのべ、作者をテクスト解釈の準拠枠とすることを批判した（Barthes 1968＝一九七九：八九）。ところが現代の教育思想史研究では、テクストはその作者（思想家）の意図を越えた解釈可能性に開かれるとしても、作者やその実人生は、解釈の妥当性を決定する有力な要因として残存するのである。

シンポジウムの議論でも、三者がともに史実を解釈の担保として想定していることが確認できる。そしてその際参照される歴史は、実証主義的に（言語論的転回以前のやり方で）、妥当性を吟味される類のものである。すなわち、テクスト解釈においては不可知論を採るようにみえても、その書き手たる思想家やその生涯、またその影響関係については、旧来の歴史実証主義の地盤に足を置いているのである。言語論的転回以後のテクスト論をベースに、もっともラディカルな読みを展開する鈴木も、ヘルバルトその人やその影響関係については、史実に基盤をおいており、それが解釈妥当性を保証すると考えているようだ。相馬は、パトチカのコメニウス解釈が実証主義の批判に耐えうるか、読者に妥当と認められるか否か問うている。田中の「宗教的デューイ」像は、今回触れられていない伝記的裏付け（e. g. Rockefeller 1994）が加われば、読者への説得力をより高めるだろう。

誤解して欲しくないのだが、以上の指摘は、各論者の言語論的転回の不十分さを告発するものではない。むしろ解釈コードとして／解釈の担保としての歴史的「事実」こそが、教育思想史と教育哲学を区分する証ではないかと思われるのだ。

スタンリー・フィッシュがのべるように、テクストの解釈の妥当性は「解釈共同体」が決定する。

原則的にいえば、テクストは無限の解釈可能性に開かれているが、実際の解釈では、ある程度の制限を受ける。新たな解釈が認められるか否かは、解釈共同体の許容範囲に左右される（Fish 1980＝一九九二）。私たちの解釈共同体は、テクストと解釈学的循環をすべきコンテクストとして、歴史的史実を信じている。この点は、改めて評価されるべきである。近年の教育思想史学会は歴史離れが進み、人間学と哲学に傾斜しているが（本書第三章参照）、思想史研究の担保としての歴史を失ったとき、テクスト解釈は実りある議論を拒む突飛なモノローグに陥りかねないからである。

（四）「大思想（家）」の列伝的思想史

最後にもう一つ、「暗黙のルール制約」を付け加えれば——その責は企画者に帰すべきかもしれないが——検討対象が「大教育思想（家）」に限定され、列伝的思想史の枠を超え出ていないことである。

私たちはなぜ、現代日本の教育を検討するために、近代西洋の思想を召還しなければならないのか。なぜ教育思想史研究の対象は、市井の人々の生活史ではなく、大思想家の著したテクストに限られるのか。中心的に検討されるべき「古典」の範囲はどこまでか。なぜそれはディシプリンの中心なのか。それを読む意義は何か。矢野智司（二〇一〇）の「カノン形成」という概念は、こうした問題に光を当てる。「カノン形成」とは、その分野で「基準《カノン》とすべき聖典」を認定することであり、「カノン形成のプロセスを知ることは、その学問領域がどのような制度や機関の力の相互作用によって発展してきたかを知ることであり、その学問の性格を知る手がかりとなる」（矢野 二〇一〇：一六五―六六）。教育思想のカノンは、まず、西洋近代の国民教育制度・教員養成制度の構築に際して「教育学」が体系化されるなかで、自己の先史として発見された。日本は戦中までは「教育勅語」を、戦後は「教育基本法」を聖典とし、西洋のカノンを輸入つつ、日本独自の「教育思想」を発見し、そこに加えてきた。戦後教育学では、「近代を生みだした思想家のテクストのみ」が「普遍的な価値」「真理」を示すものとしてカノンに編入された（矢野 二〇一〇：一六五―一六八）。

以上を踏まえて先の疑問を解決したい。

「教育思想」の範囲はどこまでなのか。「教育思想」として今日も研究対象としての意義を強く認められるか否かは、そのテクストがある時点で「カノン（聖典）」と認められるか否かに依拠する。グレート・ブックス論のように、テクスト内在的な本質が規定するとは考えがたい。イーグルトンが「文学」の定義についてのべるように、重要なのは、「生まれ」ではなくて「育ち」なのだ（Eagleton 1996＝一九九七：一四）。

「古典」とされる「教育思想」はなぜ、私たちのディシプリンの中心であるのか。これも、カノン形成という観点からあきらかになるだろう。トートロジカルだが、まさにそれが中心であると認められているが故に、中心なのだ。そして、であればこそ、「『古典が古典たり得てきた』状況を検討する作業によって、明らかになる教育像なり、私たちの立ち位置なりがあると考えられる」（下司 二〇〇九：一四六）。

「古典を読むこと」にはどのような意義があるのか。この問いには、いくつもの回答ができるだろう。まず、テクスト単体の問題として答えるならば、現代を映し出す「歪んだ鏡」、そこに私たちが現在を反照させる素材としての意義である。しかも、この「歪んだ鏡」は何らかの形で現在の教育に影響を与えていると考えられる（それがいかなる形でか、という問題はひとまず先送りする）。「大教育思想は今日の教育の一因であるだけでなく、私たちの教育像がそこに反映される鏡でもある」（下司 二〇〇九：一四六）。この立場は鈴木のテクスト解釈論に近い。

しかし、古典にはさらに重要な機能がある。前述のように、あるテクストが歴史的にどこかの地点でカノンとみなされ、聖典となったとするならば、カノン形成のプロセスを見直すことが、私たちの思考を規定する要因を解明することになるというものである。なぜその思想を問わねばならないのか、というテクストの選定自体が、自分自身の読解枠組みと同時成立的であり、さらに、歴史を通して積み重ねられてきた古典研究の蓄積は――鈴木が論じているように――それ自体私たちの世界を成立させている読解枠組みのあらわれでもある。したがってカノンの形成過程を通して、教育現実を批判する根拠になりうるといえよう。

カノンの認定は確かに、鈴木のいうように過去の恣意的利用である。しかしだからといって、教育思想史の「通史」を全く描くことができないというのも生産的ではない。いずれにせよ私たちは、何らかの枠組み抜きに「テクストそれ自体」に接することはできない。であればひとまず、それぞれの枠組みで描いた思想史を、メタ思想史的作業によって点検し、せめて自分たちの枠組みの偏りに自覚的であればよいのではないか。むろん、近代教育思想史研究会〜教育思想史学会で行ってきた古典の新たな読解は、古典的著作群をカノンとして「誤読」してきたコードのデコードとして有効であった。
しかしさらに、カノンの形成に関するメタ思想史が求められるのではないか。[13] 小田中直樹によれば、「言語論的転回に棹さす歴史的な研究」の今日のトレンドは、「思想史化」であり、また「研究史化」である（小田中 二〇〇九：一三四）。この道筋はすでに『近代教育フォーラム』創刊号において、森田伸子によって示されていた。

近代教育学は、きわめて多様性に富む近代の様々なテクストの、これまたきわめて画一的な「誤読」からなっている、と言うべきかもしれない。〔中略〕そして、テクストを読むということが、結局のところ誤読でしかありえない（作者の意図するところを、その時代的コンテクストのままにそっくりそのまま再現する読書というのは言うまでもなく幻想にすぎないのだから）のだとしたら、近代教育思想から近代教育学への道筋をめぐる研究とは、教育学に固有の「誤読」のあり方を解明することになるのかもしれない（森田伸 一九九二：三八）。

三　「言語論的転回以後の教育思想史」のこれから——再び歴史へ

最後に、教育思想史の今後の展開への期待を論じる。（一）研究と政治・教育実践との積極的な関係を結ぶ可能性、（二）思想の教育現実への影響を歴史的に問い直すこと、の二点である。

（一）学問と政治

ここで、冒頭にあげた問いに戻りたい。ポストモダンを経た教育思想（史）研究は、新自由主義に力を与えてしまったのか。むしろ現代の文教政策に対して、対抗的な研究をすべきなのか。そのためやや迂遠に思われるが、教育学研究と歴史学と対比させ、言語論的転回の受容に関して比較を試みてみたい。教育学と歴史学には、以下の二つの共通項が見いだせるからである。

教育学と歴史学との共通項の第一は、もともとはマルクス主義・近代主義の影響の下、思想や歴史に「価値」を読み解き、提示するのがその役割とされてきたことであり（網野 二〇〇七）、それを後続世代が乗り越えようとしてきたことである。冷戦崩壊後の歴史学の転換は、教育学のポストモダニズム受容とも重なる。安丸良夫は、「マルクス主義歴史理論をよりどころとする」歴史学を「狭義の戦後歴史学」と呼び、社会史、国民国家論批判、言語論的転回を受けた新しい動向を「現代歴史学」と呼ぶ（安丸 二〇〇二：二二八）。成田龍一はより詳細に一九八〇年代と一九九〇年代の歴史学を区別し、冷戦体制の崩壊以降、「言語論的転回、あるいは社会史をはじめとする『新しい歴史学』が突きつけていた『歴史』への問い」に誰もが応答せざるをえなくなったという（成田二〇〇二：二八八）。教育学でも、一九九〇年代以降に戦後教育学を超える新しい動向が生まれてきたことは、本章のみならず本書全体のテーマである。

教育学と歴史学との第二の共通項は、前記のように一九九〇年代以降にマルクス主義・近代主義を学問的に相対化した際に、予期しなかった副作用が生じたという点である。教育学では近代教育学批判が、図らずも新自由主義の台頭に批判的に対峙することができず、その跋扈に間接的に力を与えてしまったという説を冒頭で紹介した。歴史学では「新しい歴史学」、特に物語論的歴史学派の台頭は、「新しい歴史修正主義」の登場する余地をも産んだといわれる（高橋二〇〇一）。「価値」を語ることがマルクス主義・近代主義の没落により困難になり、事実に客観的に迫ることができるという前提が言語論的転回によって失われたからである。

しかし問題は、どこまでを研究の本分と規定するかであろう。問題を教育学に引き戻せば、教育思想史学会の隣接学会である教育哲学会はその発足にあたって、脱政治・脱イデオロギーを方針としたことはよく知られている（第二章参照）。もちろん脱政治・脱イデオロギーという選択自体が、一つの政治的／イデオロギー的選択であることはいうまでもないとしても。

教育思想史学会の前身たる近代教育思想史研究会は、教育哲学会より進んでさらにもう一度、教育学の政治的・イデオロギー的性格を問い直す運動でもあった。いわば、脱イデオロギーは宿命だったのだ。森田尚人は、会の創設期を振り返りつつ次のようにのべている。

一九九〇年ころに近代教育思想史研究会を立ち上げたとき、私たちの近代教育学批判の構想には、二つの学問的戦略が含意されていたように思う。ひとつは、教育をめぐる言説や教育理論を歴史のなかに投げ込んで相対化すること、それによって教育思想のイデオロギー的性格、ないし隠された政治性を明るみに出すことである。いまひとつは、二〇世紀哲学の理論的転回によってもたらされたさまざまな分析枠組を用いながら、教育問題をその成立根拠にまで遡って批判的に分析すること、そして、現代教育の再編を射程に収めるような教育言説の組み替えを試みることである（森田尚 二〇〇三：二二七）。

教育思想史学会およびその関係者は、アカデミズムとしての教育学のレベルを飛躍的に高めてきた。学問の主務を研究と考えるならば、これだけでも十分に評価されるべきことだ。では、脱イデオロギー化し、高度に専門化した教育思想史研究は、現実と関わることはできないのだろうか。

このように考えた際、このシンポジウムの企画者である今井康雄の論に、現実との関わりを希薄化する契機が認められるのは興味深い。今井によれば、一九九〇年代以降の教育学は、「政策科学・教職科学・臨床科学という三つの領域に再編成されつつある」。今井は、各領域への『兵站』の役割に自らを限定してしまうと」、「教育実践に対する problem-making の機能を失ってしまう危険がある」という（今井 二〇〇八：一〇七―一〇八）。今井はそこで、筆者の企画したコロキウムにも触れて教育思想史の教職科学化を危惧しているが、しかし当のコロキウムは、少なくとも企画者の意図としては「知識人／実践家」図式（下司）や「理論‐実践問題」（古屋）を問い直す内容だったのであり（下司ほか 二〇〇九）、今井の言葉を借りれば「『教育』なるものの作り変えへと導かれるような、教育に関する反省の回路」（今井 二〇〇二：一〇五）であったはずだ。

私たちの研究はいずれかの制度に受肉している。教育学者の多くは、教員養成を日常業務としているし、政策への提言を行う者もいる。そうしたなかで教育実践に触れたから「教職科学化」、教育政策を論じたら「政策科学化」という図式的批判は、教育思想史の可能性を狭めることになるだろう。それは今井自身がのべた、「実効性の追求そのものから撤退する」という「高踏的な」態度によって「便利屋」以上に「ナイーヴに実効性に加担している」ということにはならないのだろうか（今井 二〇〇二：一〇五）。そして広田の批判には、そうした教育思想史の自己目的化への危惧が含まれていたのではないだろうか。

（二）思想は現実をつくっているのか？

思想はどのような形で現実と関係している／しうるのか。松浦良充は、近代教育思想史研究会～教育思想史学会が「いまの教育の現実や問題を、ほんとうに教育的思惟や思想がつくりあげてきたのだろうか」という検討を怠ってきたという（松浦 二〇〇九：一四三）。では、どのようにして思想の影響関係を問うことができるのだろうか。

ここでも、歴史学を参考に検討したい。小田中直樹は英米圏における言語学的転回派歴史学の特徴を、それが批判的に対決してきた政治史学、社会史学との比較から整理している。座標軸となるのは、「分析対象は個人か、集団か」、「分析結果は主観的か、客観的か」という二点であり、偉大な個人に着目し「大文字の政治」史を客観的に記述しようとしてきた政治史学は「個人／客観」の象限に、大文字の政治史学を批判し、普通の人びとが集団として織りなしてきた歴史を、大量のデータから明らかにしようとする社会史は、「集団／客観」に整理できる。それに対して、社会史の客観主義を批判する言語論的転回派歴史学は、「集団または個人／主観」に位置づけられる（小田中 二〇〇九：一二七）。この図式に組み込めば、言語論的転回以後の教育思想史は、対象はあくまで古典的著作をものしてきた「大教育思想家」に限定され、分析結果は主観的だといえる（**表4－1**）。

さらに教育思想史と歴史学とを対比すれば、教育思想史は社会史のような集団を対象とする方法論を受容していないことがわかる。もちろん、教育思想史研究はアリエスやフーコーの学説やテーゼを十分に咀嚼し自らのものとしてきた。しかし教育史や教育社会学がアリエスやフーコーの仕事を社会史や言説研究といった方法論としても摂取してきたのに対し、教育思想史は列伝的な思想史研究から離脱して思想の広がりを問う可能性を、十分に吟味してはこなかった。したがってこれからの研究手法の一つの試みとして、教育思想史は歴史学と手を組んで、教育思想と教育現実との関係について、教育思想がいかに教育現実を作り上げてきたのかについて、社会史等の手法を取り入

表 4-1　各歴史学派の特徴
（小田中 2009：127 を参考に著者作成）

	分析対象	分析結果
政治史学	個人	客観的
社会史	集団	客観的
言語論的転回派歴史学	個人ないしは集団	主観的
言語論的転回以後の教育思想史	個人（大教育思想家）	主観的

れながら、歴史的・実証的に検討することもできるし、必要なのではないか。ここでは、十分に文書史料化されていない過去の教育実践などを拾い上げる必要も生じるかもしれないし、過去の教育者たちの心性にまで踏み込んだ検討をする必要があるかもしれない。日本ペスタロッチー・フレーベル学会による『ペスタロッチー・フレーベルと日本の近代教育』（浜田編 二〇〇九）で描かれるのは、高嶺秀夫、澤柳政太郎、小原國芳、倉橋惣三、長田新らであり、偉人中心の列伝的記述である感は否めないが、松浦の問いへの回答の一つといえる。

仮に教育思想の影響を歴史的に解明するのであれば、「偉人」のみならず、市井の人びとへの広がりを考慮する必要があるのだろう。ある思想（家）が、教員養成の精神的支柱となってきたことについて研究も可能だろう。あくまで一例だが、広島高等師範学校〜広島大学で「ペスタロッチー祭」に参加した学生・卒業生たち（中尾 二〇〇九）、そして彼らの教え子たち。「ペスタロッチのように子どもの心のわかる教師になってョ！」と小原國芳に鼓舞され（米山 二〇〇九：五二）、実際に教職に就いた元・学生たちなどは、教育史だけでなく教育思想史の研究対象とされてもよいのではないか。

結語に代えて――〈根源的に失われた何か〉への距離

以上、シンポジウムの三報告に触発され、教育思想史のあり方に関して考えてきたことをまとめてみた。「経験的作者」（エーコ）たちに「過剰解釈」と判断されない程度の読解であることを願う。最後に、同じ問いを筆者自身に向けてみたい。仮に筆者が教育批判の根拠を思想史的に示すよう要請されたとしたら、どのように答えるだろうか。相馬の表現を借りて、そしてその主張を反転させていえば、「テクストを現在とは隔たった『それ』と見なす」（一〇五）ことによって過去と現在との距離を示す、ということになるだろう。ここで過去のテクストの示す思想は、決してたどり着くことができない「根源的に失われた何か」として扱われる。かつては存在したはずだが、すでに失われ復元できないもの。あり得たかもしれない一つの可能性だが、実体的に復活させようとすれば、また新たな喪失が生まれる何か。

この発想は実は突飛なものではなく、三人のシンポジストの論にもみいだせるものである。相馬では「開けた魂」（一〇六）。鈴木なら「あのヘルバルトになる以前のヘルバルト」。田中ならばデューイの信仰。そして何よりテクストの「真の意図」。これまでの筆者の研究から例示すれば、フロイト思想にはみられるが、それが狭義の「心理学」の枠内に閉じ込められることによって、精神分析が制度化し、その言説が流布していくなかで失われた〈メタ心理学的なもの〉。フロイトが生物学をベースに、心理学・人類学・歴史学等を統合して語ろうとした〈失われた全体〉である（下司 二〇〇六）。この図式は、近代教育学は神から自立することによって方法論化したとする教育思想史研究の変奏である。

「真理」や「教育的価値」を示していなくとも、思想家との私たちの距離を測定し、何が失われているかを検討することで、私たちは、教育の現実に対峙できる。例えば、ルソーのテクストとそれを淵源とするといわれる「児童中心主義」との距離を深測すること。現代の総合学習や体験学習とデューイの思想との隔たりを見積もること。いうまでもなく、これはオリジナルに本質が存在し、現代に継承されたのはその歪曲ということではない。

最後にもう一度問うてみたい。私たちの教育思想史研究は、教育現実に何ら関係を切り結べないのだろうか、と。おそらくそうではない。学会での議論だけをアカデミックな実践と考える純粋性信仰は、本質主義的発想にほかならない。なるほど、学生の指導や教育実践への関与、政策への提言において教育思想史自体が求められることは少ないし、各現場ではセオリー通りいかず、ありものの寄せ集め《ブリコラージュ》で対処する必要があるだろう。だからといって、それは「負けるとわかった戦」（田中毎 二〇〇九：三二）ではない。戦う前から負けることを考える者がいるだろうか。

註

（1）教育思想史学会第一八回大会シンポジウム「検証：思想運動としての教育思想史学会――私たちには何ができたのか／できなかったのか」パネリスト：広田照幸・原　聡介・今井康雄・山内紀幸、司会：松浦良充。二〇〇八年九月一三日、於 奈良女子大学。
（2）発表：相馬伸一・鈴木晶子・田中智志、司会：今井康雄。二〇一〇年九月一九日、於 日本大学文理学部。
（3）教育思想史学会第二〇回大会プログラムより。http://www.hets.jp/p20.pdf（二〇一六年六月二一日閲覧）
（4）二〇一五年七月現在、これらの論文はCiNii Articlesで公開されている。今後J-STAGEに移行する可能性もあるが、興味のある方は検索して頂きたい。
（5）教育思想史学会の比較的新しい研究動向に対置させるため、ここでは長尾十三二の定評あるテキスト『西洋教育史　第二版』の解釈を最初に提示する。
（6）田中は『社会性概念の構築』にてリヴィジョニスト、カリアーの説を「宗教的デューイ」像の裏付けとしている（田中 二〇〇九b：二五三）。デューイと「社会福音主義との共通性」は、近年の海外の研究動向と一致するとの指摘もある（古屋 二〇一〇：一二七）。
（7）付言すれば、あるテクスト解釈が妥当性を有することと、それが発揮すると予想される効果（あるいはエーコのいう「利用」）は、区別されて論じるべきだろう。
（8）アメリカ総人口の三分の一を占めるといわれる福音派は、進化論を否定するキリスト教原理主義者であり、ブッシュ政権の支持母体だったといわれる。福音派の教育についてはドキュメンタリー映画『ジーザス・キャンプ』（ハイディ・ユーイング&レイチェル・グラディ監督、二〇〇六年アメリカ）に詳しい。日本でも宗教団体を背景とする政治団体が一定の発言力を持っていることは改めていうまでもあるまい。
（9）「教育的価値」という語の初出と用法の変遷には、別途実証的な研究がなされるべきだろう。
（10）鈴木はシンポジウム当日の議論では、「批判の根拠は私以外にない」と発言していた。

（11）もっとも教育現実も一つのテクストとして構成されるという論から推察すれば、教育現実と、それに対峙する己の認識枠組みとの地平の融合それ自体が、批判の根拠となると考えるのだろうか。
（12）ただし仮に戦後教育学、例えば堀尾輝久も「欠如体」として人権等を語っていると考えれば、メタは常にベタに陥る危険をはらんでいるともいえよう。
（13）筆者はこのような問題関心から、教育哲学会第五七回大会研究討議「「教育学の古典」はいかに創られ、機能してきたのか——教育哲学のメタヒストリー」（提案者：綾井桜子・藤本夕衣・室井麗子、司会：下司 晶・矢野智司、二〇一四年九月一三日、於 日本女子大学西生田キャンパス）を企画した。綾井ほか（二〇一五）を参照。

文献

Badiou, Alain（2003）*L'éthique: essai sur la conscience du mal*, Caen: Nous.＝（二〇〇四）『倫理——「悪」の意識についての試論』長原豊・松本潤一郎訳、河出書房新社.
Bartes, Roland（1968）"La mort de l'auteur," in *Manteia*, V.＝（一九七九）『物語の構造分析』花輪 光訳、みすず書房.
Fish, Stanley Eugene（1980）*Is there a Text in This Class?: the Authority of Interpretive Communities*, Cambridge, Mass, Harvard University Press.＝（一九九二）『このクラスにテクストはありますか』小林昌夫訳、みすず書房.
Popper, Karl R.（1957）*The Poverty of Historicism*, Routledge & Kegan Paul.＝（一九六一）『歴史主義の貧困——社会科学の方法と実践』久野 収・市井三郎訳、中央公論社.
Rockefeller, Steven（1994）*John Dewey: Religious Faith and Democratic Humanism*, Columbia University Press.

Nietzsche, Friedrich (1926a, b) Der Wille zur Macht, drittes und viertes Buch 1884-1888, *Gesammelte Werke*, Bd. 18/19, München, Musarion Ausgabe. = (一九八〇 a、b) 「権力への意志――すべての価値の価値転換の試み」原佑訳『ニーチェ全集』第一一―一二巻、理想社.

網野善彦（二〇〇七）『歴史としての戦後史学――ある歴史家の証言』洋泉社.
綾井桜子・藤本夕衣・室井麗子・下司 晶・矢野智司（二〇一五）「「教育学の古典」はいかに創られ、機能してきたのか――教育哲学のメタヒストリー」『教育哲学研究』第一一五号、一―二五頁.
今井康雄（二〇〇二）「「自由電子」としての教育哲学（教育哲学を考える）」『教育哲学研究』第八五号、一〇四―一〇五頁.
今井康雄（二〇〇八）「私にとっての教育思想史（学会）」『近代教育フォーラム』第一八号、一〇三―一〇九頁.
内田 樹（二〇〇七）『下流志向――学ばない子どもたち 働かない若者たち』講談社.
小田中直樹（二〇〇九）「「言語論的転回」以後の歴史学」『岩波講座 哲学11 歴史／物語の哲学』岩波書店、一二三―一四〇頁.
加藤守通（二〇〇四）「人間形成の地平（その1）――人間形成の地平論の課題」『東北大学大学院教育学研究科研究年報』第五三巻一号、一―一一頁.
下司 晶（二〇〇六）『〈精神分析的子ども〉の誕生――フロイト主義と教育言説』東京大学出版会.
下司 晶（二〇〇九）「教職科目としての教育哲学の実践例とその意義――教育思想を通して自らの教育観を省察する試み」『教育哲学研究』第九九号、一四一―一四六頁.
下司 晶・中橋和昭・渡辺正一・力間博隆・天野幸輔・古屋恵太（二〇〇九）「教育実践に思想は不要か？――有用性／必要性／可能性」『近代教育フォーラム』第一八号、二二九―二四二頁.
杉浦 宏編（一九九八）『日本の戦後教育とデューイ』世界思想社.

鈴木晶子（一九九〇）『判断力養成論研究序説――ヘルバルトの教育的タクトを軸に』風間書房．

鈴木晶子（二〇一二）「ヘルバルト研究の足下への問い」『近代教育フォーラム』第二〇号、一一七―一三一頁．

諏訪哲二（二〇〇五）『オレ様化する子どもたち』中公新書ラクレ．

相馬伸一（二〇〇一）『教育思想とデカルト哲学――ハートリブ・サークル　知の連関』ミネルヴァ書房．

相馬伸一（二〇一一）「コメニウス教育思想の再読可能性」『近代教育フォーラム』第二〇号、一〇一―一一五頁．

高橋哲哉（二〇〇一）『歴史／修正主義』岩波書店．

田中智志（二〇〇二）『他者の喪失から感受へ――近代の教育装置を超えて』勁草書房．

田中智志（二〇〇九ａ）『教育思想のフーコー――教育を支える関係性』勁草書房．

田中智志（二〇〇九ｂ）『社会性概念の構築――アメリカ進歩主義教育の概念史』東信堂．

田中智志（二〇一一）「教育批判の根拠――デューイの協同性と宗教性」『近代教育フォーラム』第二〇号、一三三―一四二頁．

田中毎実（二〇〇九）「教育哲学の教育現実構成力について」『教育哲学研究』第九九号、二八―三三頁．

中尾香子（二〇〇九）「広島のペスタロッチー祭」浜田栄夫編（二〇〇九）『ペスタロッチー・フレーベルと日本の近代教育』玉川大学出版部、一六一―一六四頁．

長尾十三二（一九九一）『西洋教育史　第二版』東京大学出版会．

成田龍一（二〇〇二）「歴史意識の八〇年代と九〇年代」歴史学研究会編『現代歴史学の成果と課題　1980-2000年Ｉ　歴史学における方法的転回』青木書店、二八四―二九一頁．

野家啓一（二〇〇九）「展望　歴史を書くという行為――その論理と倫理」『岩波講座　哲学11　歴史／物語の哲学』岩波書店、一―一八頁．

浜田栄夫編（二〇〇九）『ペスタロッチー・フレーベルと日本の近代教育』玉川大学出版部．

原　聡介（一九九二）「近代における教育可能性概念の展開を問う――ロック、コンディヤックからヘルバルトへの系譜をたどりながら」『近代教育フォーラム』創刊号、一―一六頁.
原　聡介（二〇〇九）「教育思想史の課題は何か――再び振り返りながら」『近代教育フォーラム』第一八号、九三―一〇二頁.
広田照幸（二〇〇九ａ）『ヒューマニティーズ　教育学』岩波書店.
広田照幸（二〇〇九ｂ）「社会変動と思想運動――教育思想史学会の歩みを傍観して」『近代教育フォーラム』第一八号、一一一―一二一頁.
古屋恵太（二〇一〇）「（書評）田中智志著『社会性概念の構築――アメリカ進歩主義教育の概念史』」『教育哲学研究』第一〇一号、二二二―二二九頁.
松浦良充（二〇〇九）「「運動」の終焉と再始動――教育思想史の固有性への内向か、越境に向けての拡張か」『近代教育フォーラム』第一八号、一三七―一四六頁.
森田伸子（一九九二）「教育学的言説の彼方へ」『近代教育フォーラム』創刊号、三二―三八頁.
森田尚人（二〇〇三）「（書評）田中智志『他者の喪失から感受へ――近代の教育装置を超えて』」『近代教育フォーラム』第一二号、二三五―二三九頁.
安丸良夫（二〇〇二）「表象の意味するもの」歴史学研究会編『現代歴史学の成果と課題　1980-2000年　Ｉ　歴史学における方法的転回』青木書店、二二八―二四三頁.
矢野智司（二〇一〇）「近代教育学を思想史研究として問うことは何を問うことだったのか――カノン形成から見た教育思想史研究史覚書」『近代教育フォーラム　別冊　教育思想史コメンタール』一六二―一七三頁.
米山　弘（二〇〇九）「小原國芳の「全人教育」とペスタロッチー」浜田栄夫編（二〇〇九）『ペスタロッチー・フレーベルと日本の近代教育』玉川大学出版部、五二―七二頁.

第五章　教育哲学と教育実践、その関係性の転換

――見失われた啓蒙のゆくえ

はじめに――啓蒙のゆくえ

教育哲学と教育実践との関係において現在問われているのは、ポストモダン状況において見失われた啓蒙のゆくえである。かつての教育学では、哲学や理論は特権的な地位にあり、教育実践を表象し、その進むべき道を示すことができた。しかし一九八〇年代以降、ポストモダン状況の進行――マルクス主義の退潮はその帰結の一つといえる――によって、哲学はかつての特権性を失ってしまった。この「知」の失墜からは、マルクス主義やポストモダニズムを批判し、自らはそれに与しないと考える論者も自由ではない。かつての知の優位性に代わって現代の教育哲学に求められているのは、他者との対話であり、省察である。この教育哲学の転換を、モノローグからダイアローグへ、表象《レプレゼンテーション》＝代弁から省察《リフレクション》へとして描き出すことができるだろう。

教育哲学者の小笠原道雄は、Ｄ・ベンナーを参照しつつ「教育学は、それ自体から実践に作用す

ることはできず、教育的課題の実践的優位に位置する教育者を介してのみ実践に作用しうる」という（小笠原 一九八五：七―八）。そのため教育学における「理論＝実践問題」は最終的に理論と実践の循環をどのように確保するかという問いに帰着する。

ではこれまでの教育学は、教育実践といかなる関係にあったのか。これを検討するために本論ではまず、戦後教育学における理論－実践の関係を、海後勝雄、五十嵐顕、堀尾輝久らを中心に概観する。その上で次に、教育実践と深く関わってきた現代の教育哲学の例として、宇佐美寛、中田基昭、田中毎実の仕事を検討する。筆者の見通しでは、戦後教育学はすでに失われたタイプの教育理論と教育実践の関係を代表しており、三人の教育哲学者はそれぞれ、一九八〇年代から一九九〇年代に起きた教育哲学と教育実践との関係の転換を象徴している。(1)

知識人はモダンな社会においては普遍的な規範を語る「立法者」であるが、ポストモダン社会では多様な現実の「解釈者」となるとZ・バウマンはいう（Bauman 1987＝一九九五）。この知識人論の転換は、知識人／大衆図式の崩壊にも連関している。ポストモダン状況では誰もが知識人の役割を担うことがあり得るし、理論－実践は相関することになるが、その反面、普遍性への道は閉ざされてしまう。その場合、教育哲学はどこから、何を語りうるのか。

以下の展開を予示しておこう。（一）これまでの教育学における理論の優位は、マルクス主義を背景として、戦後啓蒙というプロジェクトに支えられていたことを、戦後教育学の例から示す。（二）現代の教育哲学の特徴であるモノローグからダイアローグへ、表象《レプレゼンテーション》＝代弁から省察《リフレクション》への転換を、宇佐美寛、中田基昭、田中毎実の各論から指摘する。（三）これからの教育哲学の論点として、教育実践との関わりを視野に入れること、テクスト読解の再評価、臨床的観点の批判を挙げ、最後に教育哲学と教育実践の新たな関係性の例として、研究と実践をつなぐ実践者の養成をあげる。

一　戦後教育学と教育実践――マルクスの呪縛を離れて

戦後教育学では、理論は教育実践に対して優位な位置を占めていた。しかしその前提はいまや失われた。

（一）教育学の表象

E・サイードは知識人の役割を、恵まれぬ者の声にならぬ声を「普遍性の原則」に則って表象＝代弁（representation）することであるという（Said 1994＝一九九八：三七―三八）。サイードの図式を教育学における「理論＝実践問題」に重ねれば、知識人が理論家たる研究者に、公衆が実践者たる教員にほぼ相当する。仮にサイード流の「強い」知識人像を、大衆化した現代日本の大学教員に直接にあてはめることはできないとしても、研究者の主務が実践者の表象《レプレゼンテーション》＝代弁にあるとする立場は、今なお一定の度合いで共有されている。例えば、私たち教育学者は「大学の先生は〈現場〉を知らない」との誹りを受けることがある。その場合、「現場」として念頭に置かれているのは、初等・中等学校のことであり、教育学者の「現場」は日々の研究・教育実践を行う大学等の高等教育機関にほかならないということは忘れられている（古屋 二〇〇七：一七二）。また逆に、小中学校へ足繁く通い詰めていることを自慢げに語り、自らこそが教育現実を把握していると自負する教育学者も少なからず存在する（鷲田 二〇〇八：三一）。この両者は初等・中等学校の表象《レプレゼンテーション》＝代弁という観点からみれば、まさしく表裏一体の関係にある。

これらの「現場主義」を、以下の二つに整理できるだろう（下司 二〇〇九）。

一方の極として教育実践家による「内からの現場主義」がある。学校教育の実践は日々それに従事している者が最もよく理解しうるのであり、それに比して大学の研究は「現場」を理解していないと主張する立場である。この立場はしばしば、大学の研究は「現場の役に立たない」と考える（向山 一九九〇）。学校での実習を主軸とする教職大学院のあり方や、実務家教員を積極的に登用する昨今の教員養成課程改革の方向性は、この種の「内からの現場主義」を反映している。とはいえ、あたかも研究など不要であるかのように振る舞うこの種の「現場主義」はそれ自体が一つの思想ともいえるし、研究者が学校現場を理解していないという批判は、裏を返せば表象《レプレゼンテーション》＝代弁をより強く希求している証とすらいえる。

もう一方の極として、研究者による「外からの現場主義」がある。学校教育の実践は、当事者による把握よりも、第三者的な立場で参与・観察し、現場の言葉とは別の言語で説明する必要があるとする立場である（佐藤 一九九六）。この立場では、教育実践現場を正しく表象《レプレゼンテーション》＝代弁し、それと同時にあるべき教育像を指し示すことが主務となる。しかし、研究者が常勤の場でない別の現場の「現実」を表象《レプレゼンテーション》＝代弁した際、その真理性は、何によって担保されるのかという問題が残る。

(二) マルクス主義と理論－実践問題

では教育学はこれまで、教育実践との関係をどのように考えてきたのだろうか。この問題を考察する際手がかりとなるのは、戦後教育学における二つの立場である。教育史研究会の海後勝雄は、唯物史観の歴史法則という理論によって教育実践を導こうとした。それに対して教育科学研究会の五十嵐顕は、よりマルクス主義に忠実であろうとしながら、教育実践のなかから理論を紡ぎ出そうとした。両者の対立点は「理論から実践へ」（教史研）なのか「実践から理論へ」（教科研）なのかだった（上畑　一九八五）[2]。例えば佐藤学のように、現代において教育実践に関わる研究者の多くは「実践から理論」を紡ぎ出す手法をとっているのだから、歴史的にみればこの論争は後者に軍配が上がったように思われる。

しかし重要なのは、教史研（海後）と教科研（五十嵐）の両者がともにマルクス主義を背景として、理論によって実践を主導するという啓蒙主義的立場を共有していた点である。

　階級社会において、科学は進歩的階級の武器となり、イデオロギーとしての性格を帯びざるを得ない（海後　一九五六：二一）。

教育実践には、それが実践といわれるかぎり、歴史的社会の現実の矛盾が現実に、敵対的にまた非敵対的に、複雑に、発展的にあらわれる（五十嵐 一九五六：五五）。
教育社会学者の清水義弘は、これら戦後教育学の「教育科学」がデュルケム流の事実主義ではなく、規範的・イデオロギー的なものであったことを批判している（清水 一九五七）。海後－五十嵐にとって「理論」は、教育実践の実態と目標の両方をともに表象するものであり、史的唯物論に立脚する「歴史法則」はその両立を可能にした。

事実についての客観的認識とか、法則化とその適用という「科学」そのものに、進歩的な性格が含まれている（海後 一九五六：二二）。

この対象［教育］に対する認識が、その社会的法則性を指摘したとしても、それは認識の罪ではなく、科学的認識が施行された対象そのものの罪といわねばならないであろう（五十嵐 一九五六：四〇）。

このようにマルクス主義を背景として教育実践を主導しようとする戦後教育学のあり方を、竹内洋は教育学者による教師の啓蒙・支配の構造にほかならないと批判する。例えば宗像誠也（一九六一）は、教育内容は国家権力によってではなく「学者・教育者の共同作業」によって民主的に決定されるべきだとする。竹内によれば「ここには、教師による民衆と子どもの啓蒙・支配を最終目標にした、進歩的教育学者による教師の啓蒙・支配という教育革命の構造が読み取れる」（竹内 二〇一一：一九三）。しかし現代ではすでに、教育実践に関する教育学の優位性が崩壊している。それをポストモダン状況の帰結といってもよいかもしれない。

（三）教師との協同へ——啓蒙図式の消滅

教育学者による教師支配の構図が徐々に崩れていった背景には、マルクス主義的な前提が失われ、理論が実践を指導するという啓蒙的な図式自体が成り立たなくなったことが挙げられる。

堀尾輝久は戦後教育学の展開を「『政治』から『子ども』へ」の問題構成の転換と整理している（堀尾 一九七九）。これを象徴するのが、『教育』（全八巻、一九五二―五三）、『現代教育学』（全一八巻、一九六〇―六二）から『子どもの発達と教育』（全八巻、一九七九―八〇）に至る「岩波講座」の変遷である。政治から「発達」や「子ども」といった一見中立的な概念への問題構成の転換によって、戦後教育学のイデオロギー性が消えたわけではもちろんない。しかし堀尾は近代主義者として、教育学者と教師がともに探求すべき「発達と教育に関わる法則」を、マルクス主義に代わる社会改革の鍵としたのである。

教育学者は、共同研究者としての教師と協力し、関連諸学と協力して、〔中略〕発達と教育にかかわ

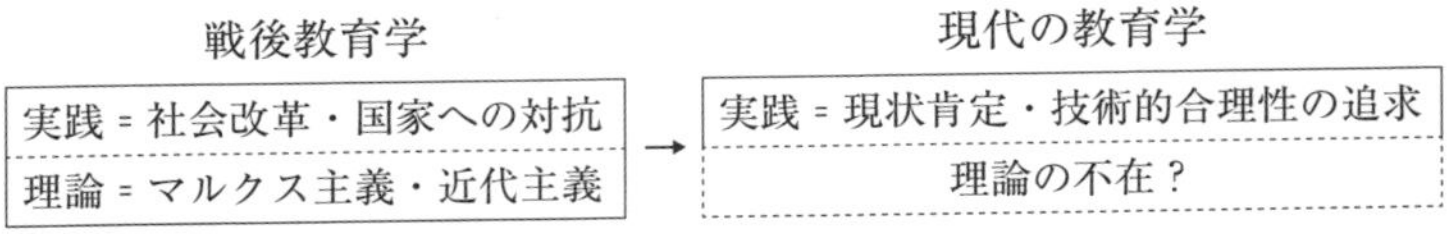

図 5-1　理論／実践の布置
戦後教育学から現代の教育学へ

る法則を発見し、その条件を明らかにする（堀尾 一九七九：二三三）。

堀尾は戦後教育学の前提を受け継いだが、史的唯物論の歴史法則への信奉までそのまま継承したわけではなかった。とはいえ、発達と教育に何らかの「法則」がみいだせるという発想にはマルクス主義の影響がある。しかし発達の普遍的な法則を明らかにする試みは成功しなかった。その結果もたらされたのは、臨床心理学の台頭と教育学の失墜だった（下司 二〇〇五、二〇一三）。

さらに戦後教育学による教育実践への期待は、現代教育学の実践志向と理論の退潮という（おそらくは意図せざる）結果をもたらした。マルクス主義・近代主義を背景として実践から法則を引き出そうとする研究のありようから、五五年体制の崩壊を経て啓蒙的イデオロギー性が抜け落ち、技術的合理性のみが追求されるようになったのが、今日の実践志向の教育学である（**図５－１**）。

堀尾は教師を「教育学の重要な担い手」と位置づけた（堀尾 一九七九：二三二）。この構想は教職大学院における現職教員の配置等によって、形式的には実現されつつある。しかしそれによって、教育実践に対する理論の優位性は失われた。「表象される側」であった教師を「表象する主体」へと転換する試みは、理論の退潮によって普遍性への回路が閉ざされたため、成功しているとはいいがたい。外部から閉じた学校組織には異物が存在しないため、技術的合理性の追求に歯止めをかけることができない。さらに実践志向の教員養成や研修制度の改革は、ムラ社会的な教員文化を是正するどころか、それを拡大再生産してしまう可能性すらある。

戦後教育学と教育実践は確かに、一時期は理想的な関係にあったようにみえるかもしれない。しかしそれは蜜月というにはあまりにも一方的な、非対称的関係だった。理論－実践の矛盾なき統一は、戦後啓蒙の時期に強烈なイデオロギーのもと、教育学者の教師支配という形でのみ、存在しえたのかもしれない。

二　モノローグからダイアローグへ——教育哲学の変容

教育哲学会は一九五七年、戦後教育学と当時の政治的動向から距離をとりつつ活動を開始した。初代代表理事・稲富栄次郎による『教育哲学研究』「創刊の辞」（稲富　一九五九：一）は、政治性から中立を保つ宣言として知られている。

そうして積み重ねられてきた教育哲学と教育実践との関係は、戦後教育学におけるそれとは性格をやや異にするが、研究の特権性が失われつつある点は共通してもいる。教育実践と深く関わってきた教育哲学の例として、宇佐美寛、中田基昭、田中毎実の業績を検討すると、現代の教育哲学に起きた変化を端的に示すことができる。それはモノローグからダイアローグへ、表象《レプレゼンテーション》＝代弁から省察《リフレクション》への転換である。

(一) 他者の不在——言語論的転回以前の分析哲学の限界(宇佐美寛)

旧世代の教育哲学を代表する宇佐美寛の立場を、本論では「言語論的転回以前の分析哲学」と呼びたい。宇佐美によれば、教育実践や教育学研究が混乱する原因は、不適切な言語使用である(宇佐美 一九六八：iii)。したがって必要なのは、「誰が読んでも共通の解釈が成り立つという透明な言葉」(宇佐美 一九九四：四〇)である。「明確な思考をするためには、明確な意味のことばで思考・伝達する必要がある」(宇佐美 一九七六［一九六〇］：二六〇)。ここには、正しい言語使用によって世界は正しく理解されうるという——現代哲学では疑わしいとされている——前提がある。

宇佐美によれば、「教育とは、他者の記号的活動の統御」である(宇佐美 一九六八：九)。教授－学習過程は、記号の伝達－解釈過程であり、教師によってコントロールされる必要がある。この言明は単なる教育場面の説明ではない。宇佐美の実践そのものが、「他者の記号的活動の統御」なのである。

宇佐美は分析哲学の影響を受けた自らの手法を「言語分析」と呼ぶ(宇佐美 一九六八：vii)。扱われる領域は小中学校から看護教育、大学と多岐にわたるが、その方法は同一で、文章の不明瞭さを指摘することだ。例えば次のように。
1.「『法則化』の精神」……この「精神」は、いったいどこに有るのか。〔中略〕
2.「優れた発問を教師の共有財産にしようとする『法則化』の精神」……これが「法則化」の精神であるという証拠はどこにあるのか。〔中略〕
3.「が、そのような態度が、」……この初めの「が、」は何か。「が、」は破格で意味不明である。
4.「そのような態度」……「そのような」とは、どのようなか《ママ》（宇佐美　一九九四：四六―四七）。
しかし、このように「分析」を重ねていくことで、はたして「透明な言語」にたどり着くのだろうか。宇佐美の主観にとってはそうなのだが、分析される相手にとってはもちろんそうではない。宇佐美は、自らが他の言語使用者よりも正確に言語を用いていると信じ、コードを共有していない他者に、自分が基準としているコードを用いるよう強制する。相手が宇佐美に従って同じコードを使用するようになれば、両者の差異は埋められ「他者（の他性）」は消失する。こうした実践は、言語の習得過程では一定程度有効かもしれない。しかしこれが成立するのは、教育関係のように相手との立場が非対称的である場合に限定される。宇佐美に「分析」された修辞学者の香西秀信は、その暴力性を端的に批判している。

自分で一方的に「原則」を作っておきながら、他人の文章がそれに違反しているからといって、「駄文」だの「粗雑な文体」だのと勝手なことを言ってはいけません。私は、宇佐美氏の指導を受けている千葉大の学生ではないのです（香西　一九九一：八四、s.a. 宇佐美　一九九四：五三）。

かつて普遍言語を探求した西欧近代の思想家たちは、その新たな言語が「神」や「自然」といった超越的な秩序によって基礎づけられると考えた（Knowlson 1975＝一九九三）。しかしフーコーが『言葉と物』で指摘したように、事物と言語との対応に埋めがたい亀裂が生じたのが近代である（Foucault 1966＝一九七四）。ソシュールを引き合いに出すまでもなく、記号と意味内容の連関は恣意的なものであり、最終的に両者の結びつきを保証する本質は存在しない。だからこそ宇佐美は自らの正当性を年齢やキャリアなどの世俗的権威によって示さねばならない（宇佐美　一九九九：vi、四八、二〇〇一：三二、一八三、二〇〇三：一二ほか）。コードの強制が可能なのは、教育のように相手との関係が非対称的であり、なおかつ自分が優位な位置にいる場合に限られるからである。だがこのような手法で育成されるのは、正確な言語使用というよりも権威主義的パーソナリティ（E・フロム）ではないのか。
宇佐美の著作が極端に息苦しいのは、「他者」不在のナルシスティックなモノローグに自己完結しているからである。だが、皆が一つの同じ言語を用い、コミュニケーションは透明に保たれ、解釈コードから逸脱する者はおらず、すべてが響き合う同質的な世界など、ＳＦ的なディストピアではないだろうか。宇佐美が中心的に携わってきたのが、道徳教育と国語教育であることは象徴的である。それはいずれも、近代国家に国民を統合する装置なのだから。このような教育の抑圧性に、現代の私たちは敏感にならざるをえない。

「文化化」（という妙な術語を昔の教育学者は使っていた）されていない学習者をサル扱いするのは、確かに儒教文化的である。これに反感を持つ人もいるだろう。しかし、とにかく、これは私の教育思想である（宇佐美　一九九九：一七四）。

（二）他者の了解——現象学の特権性（中田基昭）

中田基昭の現象学的研究の課題となるのは、宇佐美の論では視野の埒外に置かれていた「他者」の問題である。この姿勢は、博士論文をもとにした『重症心身障害児の教育方法』（一九八四）において端的に示され、以降の仕事にも通底している。中田によれば、従来の研究は自然科学をモデルとし、人の経験領域を「事物」のように扱ってきた。「特に、自然科学の研究方法や研究成果に基づいてなされてきた心理学的研究においては、人間の独特な存在の仕方や、心理学的研究が特に研究対象とする人間の経験領域が、自然科学が研究し規定してきた『事物』の領域と同じように考えられてしまうということが多かった」（中田　一九八四：一二）。中田によれば、この限界を乗り越える手法こそ、現象学である。

現象学こそが、生活世界の自明性によってはとらえられない次元で他者をとらえることを可能にしてくれるはずである（中田 二〇〇三：一三八）。

現象学の主客二元論批判は、子ども（や授業）を自然科学的な意味での「対象」として操作主義的に扱うことを拒否する。そして現象学的な他者の了解は、他者に対峙する自己に問い直しと変容を求めるため、一回りして自己了解の問題に帰着する。「他者了解と自己了解とは実は相補的な関係にある」（中田 一九八四：三八七）[3]。したがって私たちは現象学を、他と代替可能な一つの方法として技術的に用いることはできない（中田 二〇〇三：一三八―一三九）。

だがこの現象学の実践は、新たな困難をもたらすようにも思われる。それは現象学特有の難解さであり、その秘教性である。現象学的な他者了解のためには、「全人格をかける」必要がある（中田 一九八四：五四）。しかしこれは、相当に厳しい要請ではないだろうか。しかも、このように当人の実存を賭した他者了解は、了解する者の自己を媒介としてなされる一回性のものであり、自然科学モデルのような客観性に至ることはできない。にもかかわらず、中田はそこに普遍性を見いだす。

深さの次元において重障児の具体的な個々の経験遂行を了解した結果得られるものは、確かに個別的なものであり、一回的なものである。しかし、重障児の具体的な経験遂行を了解するということ、しかも深さの次元において了解するという営みそれ自体は、一回的なものでは決してなく、ある普遍的な構造を持っている（中田　一九八四：三八九）。

だがこの普遍性は、何によって担保されるのか。そもそも、現象学によって明らかになる「本質」は、いかなる価値を持ちうるのか。こうした問題が中田によって問われることはない。しばしば登場する「真の主観性」（中田　一九八四：五二―五四）といった用語が示すように、現象学によって解明される世界には規範的な価値が与えられている。中田の編著書の題は哲学の特権性を端的に示している。「子どもたちから豊かに学ぶ」（中田　一九九三）、「孤立した生から真の人間関係へ」（中田編　二〇〇三）、『現象学から探る豊かな授業』（中田編　二〇一〇）、等々。

現象学は単なる方法ではなく、それを用いる観察者のありよう自体を問い直す。であればこそ、その秘教性と特権性は問い直されるべきである。他者了解が自己了解に帰結するならば余計に、それらは絶対化されてはならない。むしろそのように了解する己とは何者なのか、省察が求められるのである。

（三）他者との相互形成——対話と省察の臨床的人間形成論（田中毎実）

田中毎実の臨床的人間形成論では、宇佐美における教育の抑圧性と、中田における他者了解の秘教性が、「相互形成」という観点によって止揚されている。この転換は他者との対話と自己省察をもたらすが、ここで教育哲学者は、相互性のうちに自らの実践を省察せねばならない当事者として、その特権性を失うことになる。

田中の問題意識の中核にあるのは、現代社会にすみずみまで浸透している専門家支配、テクノクラート支配である（田中 二〇〇五：二）。現代社会において専門家は、自らを特権的立場に置き、関わる相手を操作対象に切り詰める。[4] 専門家支配は主客二元論に立脚している。ブーバー風にいえば「我‐それ」の関係である。この専門家支配を打ち破るのが「相互性」であり、同じくブーバーの「我‐汝」の関係に比することができる。

そして相互性を基盤とする人間形成の理論は、大人―子ども、成熟‐未成熟の非対称関係を前提とする教育学の図式を組み替える（田中 二〇一一：三八）。「ライフサイクル論」と「異世代間の相互形成論」を中核とする新たな理論構想は、「臨床的人間形成論」と呼ばれ、田中の師である森昭の「教育人間学から人間形成原論へ」という理論的展開を継承発展させたものとされる（田中 二〇一二：四四）。臨床的人間形成論は、京都大学時代の田中の主たるフィールドとなる大学教育の場をも貫く（田中 二〇一二）。

専門家支配に対抗する鍵となる「相互性」はしかし、現代では部分的・瞬間的にしか顕現することはない。この相互性を生み出す様態を象徴的に示すのが「半身」というメタファー――専門家としての役割を半ば降りて日常に片足を着いた状態――である。

高度にシステム化された今日の組織では、相互性は常に「半身の関わり」という中途半端な形でしか生起することができない（田中 二〇〇三：二八二）。

田中の臨床的人間形成論には、「臨床教育学」（和田・皇編 一九九六）という先行者がある（田中 二〇〇三：二七五）。複数の理論家と実践家との連携を目指す臨床教育学では、異なる集団間の対話が求められる。諸集団間の関係は非対称的ではありつつも、一方が他方の言葉を代弁したり包含したりするのではなく、参加者相互の意思疎通が可能になる「新たな言葉」を必要とする（田中 二〇〇三：二七三―七四、田中 二〇一二：二一一）。さらに臨床的人間形成論は、自己省察によって異集団による教育的公共性を生み出す。

臨床的人間形成論は、教える存在の反省的自己形成と結合することによって教育的公共性の生成を可能にする（田中 二〇〇三：二七二）。

しかしこの省察は他方では、研究者の超越的特権性を喪失させる。神の視座から地上に墜ちた哲学者は、当事者の一人となる。その際、公共性を創出する「新たな言葉」とはいかなるものなのだろうか。それは「なお未成の構想であるにとどまる」「私たち自身の課題である」（田中 二〇一二：二一二）。では、専門家の特権から降りた研究者とは何者なのか。実践との関係は哲学に、新たな困難をもたらすのである。

三　新たな関係性のために——場所、テクスト、臨床

以上の検討を踏まえて、これからの教育哲学のために三つの論点を提出したい。第一に、教育実践との関わりを例に、教育哲学の制度的位置づけを視野に入れること。第二に、思想研究としてのテクスト読解の意義を再確認すること。そして第三に、理論－実践の関係を再考することである。いずれにおいても、教育哲学は単一の真理を示すものではなく、対話と省察の実践者となる。

（一）教育実践と教育哲学——制度的基盤としての学校教育

教育哲学のあり方をめぐっては、学校教育をはじめとする教育実践ともっと積極的に関わるべきだとの主張が、繰り返しなされてきた（松本 一九七九、堀尾 一九七九、谷川 一九八三、岡田 二〇〇九）もっとも、こうした「実践志向」の教育学改革案は現代ではむしろ主流のように思えるし、歴史を遡れば例えば澤柳政太郎にもみることができる（澤柳 一九七五：四三）。

しかし教育哲学にはなぜ、教育実践との連関が求められるのか。しかも実践の内実はなぜ学校教育に限定されるのか。それは教育学の基盤が、義務教育制度とその一端を担う教員養成制度にあるからである。澤柳からして「教育学において対象とする教育の事実は学校教育に限る」（澤柳 一九七五：五四）とのべている。

表5-1　理論／実践図式に基づく教育哲学のモデル
（田中2009，2012，岡田2009をもとに筆者作成）(5)

モデル1＝理論	モデル2＝実践
存在としての教育哲学	機能としての教育哲学
制度連関において一定の場所をもつ	制度連関を突破して機能する
兵站としての教育哲学	自由電子としての教育哲学
固定モデル（メタクシュ）	流動モデル（ずれ）
対象＝教育思想	対象＝教育現実

教育哲学のありようとその制度的基盤を整理するため、今井康雄の用語を独自に整理した田中毎実（二〇〇九、二〇一二）の図式に、教育哲学の対象を教育思想と教育現実とに二分する岡田敬司（二〇〇九）の論を加えて一つのモデルを提示したい（**表5－1**）。「モデル1　存在としての教育哲学」は、教育思想を研究対象とし、大学に制度的基盤を持つ。それに対して「モデル2　機能としての教育哲学」は、教育現実（実践）を研究対象とし、各制度を横断し活動する。

その上でこれまで論じてきた各論者の制度的基盤に着目すれば、彼らが「実践との関わり」を求める主張に根拠があることがわかる。宇佐美は千葉大学教育学部という、小中学校と近い場所にいた。中田は東京大学（大学院）で教育方法学コースの所属だった(6)。田中毎実が『臨床的人間形成論へ』（二〇〇三）で描き出した臨床事例は愛媛大学教育学部時代のものであり、大学教育関連の仕事は京都大学高等教育研究開発推進センター在任中のものである。そして三者はそれぞれ、国語科教育、道徳教育（宇佐美）、教育方法学、障害児教育（中田）、臨床教育学、大学教育、遠隔教育（田中）といった、「存在としての教育哲学」の「外」で仕事を蓄積している。彼らはそれぞれの現場で「機能としての教育哲学」を生きたのである。(7)

教育哲学会ではこれまで、テクストの内実を重視し、それが発せられるコンテクストには関心を寄せないことが多かった。だが各論者が教育哲学に「教育実践との関わり」を求めるか否かには、当人の置かれたポジションが強く反映されている。しかも今日では、「存在としての教育哲学（モデル1）」が十分に確保されている大学は一部にとどまる。例えば現代の教員養成学部では、外書講読中心の教育哲学を維持することは困難である。それぞれの「現場」に応じて求められ実践される教育哲学のあり方が異なるとすれば、研究の方向性は一元化されるべきではく、むしろ教育哲学の多様性・複数性を積極的に認めるべきだといえよう。

（二）教育思想と教育哲学——テクスト読解という実践

教育哲学においてはこれまで、教育実践との関係だけでなく、テクスト読解の意義も数多く論じられてきた（久木 一九八七、森田 一九九四、増淵 一九八六、吉村 一九九八、田代 二〇〇三）。それらは総じて、テクストの解釈を創造的実践としてその意義を認めている。そこで以下では、思想研究は教育哲学ではないとのべる宇佐美の論を反駁する形で、テクスト読解という実践の意義を論じたい（以下引用文に便宜的に丸数字を振る）。

①教育学は教育を研究する学問である。②外国人の思想家が何を言っているかを研究するものではない[8]。③研究とは、自分自身による発明・発見である。④今まで他のだれも言わなかった説を主張するのである。⑤だから、外国人の思想家が言ったことを祖述・紹介するのは、研究ではない。⑥そして、教育哲学は、このような教育学の一部分である（宇佐美 二〇一一：一八二―一八三、傍点原文、丸数字引用者）。

宇佐美の説に反論しよう。欧米の教育思想を研究する第一の意義は、それらが明治以降の日本の教育を作り上げているからである（①②）。欧米の教育思想を研究することは、眼前の教育現実の深い理解をもたらす。

　第二の意義は、テクストの読解自体が創造的な実践であるという点である（③④⑤）。確かに一九六〇年代頃まで、欧米の思想の紹介の域を出ない研究があったことは否定できないが、そのことには、当時の「冷戦をめぐるイデオロギー政治」から距離をとるという意味合いもあった（森田 二〇〇九：一二五）。しかも現代の教育哲学研究の多くは、同時代の海外の研究を踏まえた上で、それらが解き明かすことのできなかった問題に挑んでいる。相当にオリジナリティの高い仕事も多い。

　教育哲学が思想を研究対象とする第三の意義は、テクストの選択を吟味することで、私たちの営みを反省できることである。森田尚人（二〇〇九）と池田全之（二〇〇九）は、『教育哲学研究』における思想家の論じられ方を通して、教育哲学のあり方を省察している。何が「聖典」とされるのかを検討することは、そのディシプリンの反省となる（矢野 二〇一〇：一六六）。
この省察を簡単に実践してみよう。宇佐美は二〇一〇年の教育哲学会一般研究発表の多くが欧米の思想を対象としていることを指して、それらは全て「他人の思想の祖述・紹介にすぎない」という（宇佐美 二〇一一：八八）。むろん、現代の教育哲学はすでに祖述・紹介の域を超えているのであり、すでにのべたようにこの評価自体が誤っていることはいうまでもない（本書第二章参照）。だがここではさらに進んで、宇佐美にとっては海外の思想家の名前の羅列に過ぎないこれらの発表のなかに、私たちの教育観が反映されていることを示したい。そのため教育哲学会の大会プログラムから宇佐美が列挙した各思想家について、『教育哲学研究』にどの程度登場するのかについて、掲載年を調査して追記した[9]。むろん思想の解釈は時代によって異なるが、何が論じられるかによって、各時代の教育哲学の性格をある程度理解することができる。カント、ヘルバルトは不動の「古典」である。ブーバーは八〇年代に、シュタイナーは九〇年代以降に研究対象として認められた。ヴェイユやフロイトは二一世紀に入るまで正面から取り上げられなかった。

モラン［掲載なし］、シモーヌ・ヴェイユ［二〇〇九］、G・バタイユ［掲載なし］、ベルクソン［一九八五］、ゲーテ［一九八九］、シラー［掲載なし］、シュタイナー［一九九四、一九九八、二〇〇四、二〇一一、二〇一二］、ブーバー［一九八四、一九八五、一九八七、一九九〇、一九九三、二〇〇二、二〇〇七]、ウィリアム・ジェイムズ[掲載なし]、カント[一九六六、一九七三、一九七四、一九八九、一九九〇、一九九一、一九九五、二〇〇〇、二〇〇七、二〇〇九、二〇一二]、ヘルバルト[一九六六、一九六八、一九七一、一九七四、一九七五、一九七九—一九八五、一九八八、一九八九、一九九〇、一九九一、一九九三、二〇〇二、二〇〇七]、ベンヤミン[一九九三]、S・フロイト[二〇〇六]、J・マクダウェル[掲載なし]、R・ブランダム[掲載なし]、J・バトラー[掲載なし]、テイラー[二〇一二](宇佐美二〇一一:八八に年等を追記)。

教育思想を読む第四の、最大の意義は、テクストの読解が他者との対話と省察をもたらすという点である。教育実践との関連で問題となっていた課題が、ここでもみいだせるのである。その重要性はこれまで語ってきたので、ここでは繰り返しは避けよう。

(三) 臨床教育学とその批判——哲学の「現場」はどこにあるのか

本章を閉じる前に、理論と実践をつなぐ観点として近年注目されている「臨床」という観点を検討しておくべきだろう。中村雄二郎『臨床の知とは何か』(一九九二)が火付け役となり、一九九〇年代後半の臨床心理学ブームの勢いもあって、世紀転換期までには「臨床」の名を冠する諸学問(臨床哲学、臨床教育学、臨床社会学等)が勃興した。大学制度としても「臨床」の名を冠した学科・専攻名等が数多く産まれ、現在に至っている。

ところが、「臨床」という視座を、表象《レプレゼンテーション》＝代弁の問題として考えた場合、考えねばならない問題が残されている。「臨床の知」は、主体（観察するもの）と客体（観察されるもの）の不可分性に立脚する。「臨床知」派は、この問題を自然科学に代表される「近代知」への批判と表現した（中村一九九二）。それはマルクス主義や近代主義、進歩主義の保持していた素朴な反映説への批判でもあったはずである。ところが、「臨床」的研究のなかには、それ以前の研究よりいっそうナイーブに、表象《レプレゼンテーション》＝代弁を自らの役割と任じるものも少なくない。それは「外からの現場主義」への素朴な回帰である。では再び、その「真理」性は、何によって担保されるのか。
「臨床哲学」を標榜する鷲田清一は、研究者と「現場」の関係は、前者が後者に関わるという二分的図式で説明できるほど簡単なものではないという。むしろ「現場」は、私たち自身のなかにあるのだ。

哲学や応用倫理学の人たちが「現場に行く」「現場にどうかかわるか」と言うのを聞くと、僕たちの現場は研究室や教室ではないのかと思います。〔中略〕
昔、臨床教育学会の大会に招かれたとき、ある先生が「教育学者はもっと現場に行かないといけない」と言ったのに、違和を感じました。戦後、「ゆとり教育」や「個性」といった理念のもとにクラスの人数や単位数、カリキュラムなどが制度化されてきた。その理念をつくったのは、教育学者や行政の専門家です。〔中略〕

(10)

教育学者が「現場にかかわる」のではなく、本気で学校を自分の研究の「現場とする」ならば、その現場がどういう関係として制度化されているのか、その制度はどんな理念に基づいているのか検証すべきです（鷲田 二〇〇八：三一）。

結語に代えて——理論‐実践の媒介者を育てる

教育哲学（教育思想）研究者は、「現場」との関わり方において、フィールド・ワークを旨とする教育社会学者や、常にケースを有する臨床心理学者とは、異なる位置にいる。哲学・思想研究者にとって、「現場」とはテクストにほかならないのだし、教育実践現場に出向く際には、その「現場」から離れているのだから。

冒頭で私たちは、教育哲学と教育実践という課題を立てたが、以上の検討を踏まえると、教育哲学／教育実践という二分法自体を問題視せねばならなくなってくる。実際、教育思想と教育実践を二分する「理論‐実践」理解は、今日の教育哲学では乗り越えられている。小笠原道雄らがドイツ教育学の動向から示したように、理論には実践が含まれるのであり、逆もまた真である（小笠原編一九八五）。古屋恵太が、あるプラグマティストの例から示したように、哲学者は「大学で教える自らの教育活動」において、「理論と実践の二元論を超えた教育を遂行している」（古屋 二〇〇七：一七二）。西村拓生は「教育の『現実』なるものが、最初から素朴実在論的に、実体として存在しているわけでなく、私たちの言語的実践〔中略〕によって構成されている」という認識が、近年は共有されつつあるという（西村 二〇一三：二三七）。教育学研究者は大学の授業者という意味でも、テクストの解釈者という意味でも実践者である。狭義の学校教育の授業や生徒指導の実践に関しても、それが言語によって語られ、近代教育の理論が入り込んでいる以上、理論とは無縁な「実践それ自体」を想定することはできない。

このように考えた場合、教育哲学と教育実践の新たな関係性がみえてくる。大学において、将来教育実践家となる学生たちにアカデミック・スキルを伝えることは、理論／実践の二分法を打破する可能性を切り開くことになる。実践家自らが、研究者等の第三者に自らの見解の表象《レプレゼンテーション》＝代弁を仮託することなく、「現場の声」を語りうるための回路を構築すること（下司 二〇〇五）。研究の言葉を使用可能な実践家による「内と外をつなぐ現場主義」――この形成に教育哲学は寄与できる。考えてみれば、すぐれた実践家として評価されるペスタロッチやフレーベルといった教育史上の偉人たちも、むしろ実践と思想を往還したことにこそ、その価値があるのかもしれない。

教育哲学は、テクストのみでも、教育現実のみでも成立しない。主張がテクストを離れそれを裏切る時、あるいはテクストの解釈が教育現実と断絶する時、その者は教育哲学者ではなくなるだろう。テクストと教育現実の狭間で分裂にあがき続ける「哲学病」患者（中島義道）。それが教育哲学者ではないか。教育哲学者の抱える分裂とそれに起因する悩みは、啓蒙の前提が見失われたポストモダン状況において、かつてより深刻度を増している。

註

（1）本章のもとになった原稿は、教育哲学会第五六回大会課題研究「教育実践と教育哲学――これまでの教育哲学、これからの教育学（3）」（提案者：奥野佐矢子・小野文生・下司 晶、司会：田中智志・早川 操。二〇一三年一〇月一三日、於 神戸親和女子大学）にて発表された。理事会から与えられた論題は「永年にわたって教育の理論と実践の問題について研究されてきた会員の仕事をいくつか選び出し」、「その業績を比較対照しながら考察」し、「教育哲学研究のこれまでの歩みと今後の展望を具体的に論じること」であり、宇佐美寛、田中毎実、中田基昭の三氏の業績を検討するよう指定されていた（「企画趣旨」二〇一二年一二月）。
（2）教育科学論争については上畑（一九八五）の整理にしたがったが、上畑の整理は五十嵐よりであり、改めて検討が必要である。
（3）『重症心身障害児の教育方法』（一九八四）の事例では全て、中田が実践者であり解釈者でもあった（中田一九八四：八）。とはいえ中田は、実践者自身が研究者でなければならないとは考えない。重要なことは、研究において、子ども、教師、研究者それぞれの経験構造を考慮しているか否かである（中田 一九八四：五六六）。『授業の現象学』（一九九三）をはじめとする著作では、中田は観察者として研究を行っている。
（4）かつて田中が関わった「愛媛心理療法研究会」では、あるケースの出版に際して「精神科医を中心とする専門家集団との間で深刻な軋礫」が生じたのだが、「少なくとも私［田中］には、『専門家たち』の議論は不寛容で排他的であるようにみえた」（田中 二〇〇三：二七九）。
（5）本表は、田中（二〇〇九）、岡田（二〇〇九）をもとに作成した下司・木村・奥泉（二〇一一）の表を、田中（二〇一二：五〇）を参照して修正したものである。
（6）東大を退官し幼児教育に携わるようになった中田のテクスト（二〇一三）には、フレーベルが登場するようになった。
（7）谷川（千葉大）、松本（横浜国大）は教員養成学部、岡田（京都大）は（旧）教養課程の所属であった。

（8）宇佐美は「一般の学会では、他人の思想の祖述・紹介に過ぎない発表は『研究』とは認められないはずである」という（宇佐美 二〇一一：八八）。彼は日本哲学会の機関誌『哲学』を開いたことがないのだろうか。しかも宇佐美は、研究（批評）と剽窃の区別もできていない。「他人の思想を自分の『研究』として提出するのは、詐欺・横領の類いであり、恥ずかしい所業だ」（宇佐美 二〇一一：三二）。
（9）『教育哲学研究』掲載論文（書評をのぞく）から、題目に思想家名が含まれるものを、CiNii Articles にて調査した（二〇一三年一〇月六日）。データベースの性質上完全とはいえないことを付記しておく。
（10）正しくは教育哲学会第四七回大会の研究討議「臨床的人間形成論の構築」（提案者：鷲田清一・田中毎実・鳥光美緒子、指定討論者：田中智志、司会：西平 直・高橋 勝。二〇〇四年一〇月一六日、於 横浜国立大学）のことだと思われる。

文献

Bauman, Zygmunt（1987）*Legislators and Interpreters: on Modernity, Postmodernity and Intellectuals*, Cambridge, Polity Press.＝（一九九五）『立法者と解釈者――モダニティ・ポストモダニティ・知識人』向山恭一ほか訳、昭和堂.
Foucault, Michel（1966）*Les mots et les choses: une archéologie des sciences humaines*, Paris, Gallimard.＝（一九七四）『言葉と物――人文科学の考古学』渡辺一民・佐々木明訳、新潮社.
Knowlson, James（1975）*Universal Language Schemes in England and France 1600-1800*, University of Toronto Press.＝（一九九三）『英仏普遍言語計画――デカルト、ライプニッツにはじまる』浜口稔訳、工作舎.
Said, Edward W.（1994）*Representations of the Intellectual: the 1993 Reith lectures*, London, Vintage.＝（一九九八）『知識人とは何か』大橋洋一訳、平凡社ライブラリー.

五十嵐顕（一九五六）「教育科学における実践の問題」宗像誠也編『教育科学』国土社、三九―六四頁．

池田全之（二〇〇九）「テキストの〈生命〉はいかに継受されてきたか――『教育哲学研究』五〇年間にみられる人物研究の視角変化」『教育哲学研究』一〇〇号記念特別号、一〇三―一二〇頁．

稲富栄次郎（一九五九）「創刊の辞」『教育哲学研究』創刊号、一頁．

今井康雄（二〇〇二）「「自由電子」としての教育哲学」『教育哲学研究』第八五号、一〇四―一〇六頁．

今井康雄（二〇〇九）「私にとっての教育思想史（学会）」『近代教育フォーラム』第一八号、一〇三―一〇九頁．

上畑良信（一九八五）「戦後の教育科学論争と理論＝実践問題」小笠原道雄編『教育学における理論＝実践問題』一六四―一九四頁．

宇佐美寛（一九六八）『思考・記号・意味――教育研究における「思考」』誠信書房．

宇佐美寛（一九七六［一九六〇］）「意味論における「意味環境」の論理――「教育における意味論」研究（1）」宇佐美寛『ブロンスン・オルコットの教育思想』風間書房、二五五―二九一頁．

宇佐美寛（一九九四）『国語科授業における言葉と思考――「言語技術教育」の哲学』明治図書出版．

宇佐美寛（一九九九）『大学の授業』東信堂．

宇佐美寛（二〇一一）『教育哲学』東信堂．

宇佐美寛（二〇一三）『教育哲学問題集――教育問題の事例分析』東信堂．

小笠原道雄（一九八五）「教育学における理論＝実践問題とは何か」小笠原道雄編『教育学における理論＝実践問題』学文社、一―一三頁．

岡田敬司（二〇〇九）「教育思想を哲学することと教育フィールドを哲学すること」『教育哲学研究』第一〇〇号、一三七―一三八頁．

海後勝雄（一九五六）「教育科学を学ぶために」海後勝雄編『教育科学――その課題と方法』東洋館出版社、一三―二二頁．

下司 晶（二〇〇五）「教育言説の心理主義化に抗して――ある幻想の未来」『情況』第三期第六巻第六号、一〇〇―一一五頁.
下司 晶（二〇〇九）「教育実践の表象としての思想――戦後教育学とともに失われたもの／臨床ブームがみなかったもの」『近代教育フォーラム』第一八号、二二九―二三二頁.
下司 晶（二〇一三）「発達――戦後教育学のピアジェ受容」森田尚人・森田伸子編『教育思想史で読む現代教育』勁草書房、三〇七―三二九頁.
下司 晶・木村拓也・奥泉敦司（二〇一一）「実践としての理論、あるいは教育哲学の代替不可能性――教員養成における教育哲学の有用性に関する調査研究（3）まとめと提言」『教育哲学研究』第一〇三号、九二―九九頁.
香西秀信（一九九一）「純粋宇佐美批判」『教育科学　国語教育』第四四四号、八二―八四頁（宇佐美（一九九四）『国語科授業における言葉と思考』五〇―五三頁に再掲）.
佐藤 学（一九九六）『カリキュラムの批評――公共性の再構築へ』世織書房.
澤柳政太郎（一九七五［一九〇九］）「實際的教育學」成城学園澤柳政太郎全集刊行会編『澤柳政太郎全集一』国土社、一九―二四四頁.
清水義弘（一九五七）「教育科学の現段階と教育社会学――教科研と教史研の教育科学論を検討し教育社会学の現在的課題に及ぶ」清水義弘編『日本教育の社会的基底』国土社、九―六五頁.
竹内 洋（二〇一一）『革新幻想の戦後史』中央公論新社.
田代尚弘（二〇〇三）「教育哲学を考える」『教育哲学研究』第八七号、九五―九六頁.
田中毎実（二〇〇三）『臨床的人間形成論へ――ライフサイクルと相互形成』勁草書房.
田中毎実（二〇〇九）「教育哲学の教育現実構成力について」『教育哲学研究』第九九号、二八―三三頁.
田中毎実（二〇一一）『大学教育の臨床的研究――臨床的人間形成論　第1部』東信堂.

田中毎実（二〇一二）『臨床的人間形成論の構築――臨床的人間形成論 第2部』東信堂．

谷川彰英（一九八三）「関心・実践・哲学――哲学的探究における実践の意義」『教育哲学研究』第四七号、一八―二二頁．

中島義道（二〇〇一）『哲学の教科書』講談社学術文庫．

中田基昭（一九八四）『重症心身障害児の教育方法――現象学に基づく経験構造の解明』東京大学出版会．

中田基昭（一九九三）『授業の現象学――子どもたちから豊かに学ぶ』東京大学出版会．

中田基昭（一九九七）『現象学から授業の世界へ――対話における教師と子どもの生の解明』東京大学出版会．

中田基昭（二〇〇八）『感受性を育む――現象学的教育学への誘い』東京大学出版会．

中田基昭（二〇一三）『子どもから学ぶ教育学――乳幼児の豊かな感受性をめぐって』東京大学出版会．

中田基昭編（二〇〇三）『重障児の現象学――孤立した生から真の人間関係へ』川島書店．

中田基昭編（二〇一〇）『現象学から探る豊かな授業』多賀出版．

中村雄二郎（一九九二）『臨床の知とは何か』岩波新書．

西村拓生（二〇一三）『教育哲学の現場――物語りの此岸から』東京大学出版会．

林 泰成・山名 淳・下司 晶・古屋恵太編（二〇一四）『教員養成を哲学する――教育哲学に何ができるか』東信堂．

久木幸男（一九八七）「教育哲学を考える」『教育哲学研究』第五六号、五五―五六頁．

広田照幸（二〇〇九）『ヒューマニティーズ 教育学』岩波書店．

古屋恵太（二〇〇七）「プラグマティズム、教員養成、そして近代教育思想批判」『教育哲学研究』第九六号、一七一―一七七頁．

堀尾輝久（一九七九）「現代における子どもの発達と教育学の課題」大田 堯ほか編『岩波講座 子どもの発達と教育1』岩波書店、二八五―三二二頁．

堀尾輝久（一九八三）「哲学的探求の教育実践における意義」『教育哲学研究』第四七号、九―一四頁.
増淵幸男（一九八六）「教育哲学を考える」『教育哲学研究』第五三号、九〇―九一頁.
松本賢治（一九七二）「教育学の教育と研究について――理論と実践に関する若干の管見」『教育哲学研究』第二三号、一―一六頁.
宗像誠也（一九六一）『教育と教育政策』岩波新書.
森田尚人（一九九四）「教育学における古典研究の意味」『教育哲学研究』第六九号、三四―三九頁.
森田尚人（二〇〇九）「戦後日本における教育思想研究の一軌跡――『教育哲学研究』の五〇年」『教育哲学研究』一〇〇号記念特別号、一二一―一四〇頁.
矢野智司（二〇一〇）「近代教育学を思想史研究として問うことは何を問うことだったのか――カノン形成から見た教育思想史研究史覚書」『近代教育フォーラム　別冊　教育思想史コメンタール』六三―一七三頁.
吉村文男（一九九八）「伝統と創造の一致――「古典」の見直し」『教育哲学研究』第七七号、二一一―二一六頁.
鷲田清一（二〇〇八）「哲学の現場は言説が立ち上がる場所」『論座』第一六〇号、二一八―二二三頁.
和田修二・皇　紀夫編（一九九六）『臨床教育学』アカデミア出版会.

第六章　国民の教育権論をフーコーで組み替える

——道徳の教科化にどう向き合うか

はじめに——「戦後レジームの終焉」と戦後教育学批判

「美しい国づくり」と「戦後レジームからの脱却」を掲げて、二〇〇六年に教育基本法を改正して愛国心条項を盛り込み、防衛庁を防衛省に格上げする。そして二〇一五年には、道徳を教科化し集団的自衛権の解釈変更を狙う——二つの安倍内閣ほど、わかりやすいナショナリストのイメージを体現した政権は近年なかったのではないか。このような典型的な右派像に直面すると私たちは、慣れ親しんだ五五年体制の枠組みに反射的に退行して応答したくなる。道徳の教科化は修身の復活である。公教育は、知育に限定されるべきで、愛国心などを含む徳育にまでおよぶべきではない。教育の国家統制が強まることによって、日本は再び戦争をする国へ逆行するのではないか……等々。

筆者は道徳の教科化に（遡れば教育基本法の改正にも）反対である。しかし同時に、こうした動向への対抗を試みる左派の典型的な言説にも限界を感じる。五五年体制下に形成された思考枠組みは、いまだに私たちを拘束し続けているのではないだろうか。松下良平がのべるように、「『戦後レジームからの脱却』というフレーズに惑わされて、国家vs.国民、戦前派vs.戦後派、教科化賛成派vs.反対派といった対立項の間の力と力の対決といった図式に依拠して道徳教科化に対抗しようとする」と、「道徳教科化が今後どのように展開していくかは複数の可能性に開かれている」ことがみえなくなってしまう（松下 二〇一五：一六九―一七〇）。新たな教育の可能性をみいだすために冷戦期に形成された言説を組み替えることは、私たちにとって極めてアクチュアルな課題である。

教育問題を解決するためには、子どもの人権や発達の保障といった近代教育本来の価値の実現が必要であるという戦後教育学の定型的な言説は、一九八〇年代には時代に追い越されリアリティを失っていった。そうしたなか一九九〇年代初頭には、戦後教育学の枠組みを問題視しつつ、それが依拠してきた近代的理念（人権、発達、啓蒙等々）の普遍性を問い直す新たな教育学が登場する。今井康雄はこの動向を「冷戦後教育学」（Imai 2007）と呼ぶ。その代表は、一九九一年に「近代教育学批判」を掲げて近代教育思想史研究会として出帆した教育思想史学会であり、そして「教育学の世界にも知的な刺激にあふれた自由で活発な論争が起こることを願って」（創刊号「あとがき」）、一九九二年に刊行が開始された『教育学年報』（世織書房）である。

しかし冷戦後教育学は、誤解と軋轢を生むことにもなる。戦後教育学は左派勢力と親近性を持っていたが、それらを批判する冷戦後教育学の政治的スタンスは必ずしも明確ではなかったからである。小玉重夫がのべるように、「冷戦期の教育学は表向きの（公儀としての）『子どもの発達』に依拠した非政治的リベラリズムと、隠された（秘儀としての）マルクス主義的政治性の二重性において、展開してきた面があった」（小玉 二〇一三：四一）。冷戦後教育学が批判したのは、戦後教育学の「公儀」としての学説や理論であったが、その批判によって教育学の「秘儀」である政治的実効性も失われてしまったのではないかと危惧する論者もいる。例えば、教育思想史学会が自らの課題としてきた近代教育批判は、二〇世紀末に進行しつつあった新自由主義への歯止めとならなかったという反省はその例だろう。「近代教育批判によって近代教育学を焼畑したのちに育ってきたものはなんだったか。それは新自由主義という外来種であった」（山内 二〇〇五：一三二）。この山内の発言は時代の空気を上手く伝えているとはいえ、そもそも位相の異なるものを因果関係で結びつけているという問題がある。新自由主義の台頭（ポストモダン状況）は近代教育批判（ポストモダン思想）の帰結ではない。さらに戦後教育学的な政治的党派性からの離脱を「保守」と誤解して的外れな批判をする者もいる(1)。

冷戦後教育学は確かに、新左翼を含む旧来の左派勢力からは距離を取るが、かといって保守派に回帰するわけではない。古屋恵太がのべるように、冷戦後教育学の基点には「反スターリニズム左翼」、「改良主義左翼」、「リベラル左派」がある（古屋 二〇一三：一一一―一一二）。したがって私たちは古屋とともに問うべきであろう。「左右、保革の対立をもとにした戦後教育学がその役目を終えているのだとしたら、その後でなお左翼思想はいかにありうるのか」、と（古屋 二〇一三：一一二）。さらにここではこの古屋の問いを、次のようにいいかえてみたい。戦後教育学とは異なる形で、道徳の教科化に代表される国家主導の文教政策を批判する立場は、いかにして可能か。

そのため本章では、冷戦後教育学の思想的背景の一つであるポストモダン思想によって、戦後教育学の枠組みを乗り越えることを試みる。(2) とはいえ、ポストモダン思想を理論的基盤とすることには、リスクもある。ポストモダンを「保守」と断ずるハーバーマスのラベリングは極めて党派的に、しかし効果的に用いられたし（Habermas 1981＝二〇〇〇）、ソーカル事件以後、ポストモダニズム＝方法論的に問題がある疑似学問というイメージも浸透している（Sokal et al. 1998＝二〇〇〇）。さらにこれまでの教育学ではポストモダン思想は、近代教育の批判はできるがそれを組み替える規範は提示できないといわれてきた（第一章参照）。

しかしここでは、この手垢にまみれ、もはや顧みようとするものも少ない立場をあえて引き受けて、ポストモダン思想に依拠しても、政府の文教政策に対抗することも、「よき教育」を求めることも、むしろ旧来の教育学の枠組みを積極的に乗り越えることすら可能となることを、フーコーを例に示してみたい。従来の教育学ではフーコーは『監獄の誕生』（Foucault 1975＝一九七七）で描かれた規律訓練型権力論を中心に、近代教育批判の文脈で読まれてきた。それに対して本論では、晩年の「統治性論」を参照し、フーコー的な「批判」が現状改革の力ともなりうるとのべる。

検討対象となるのは、戦後教育学最大の遺産の一つである「国民の教育権論」であり、その代表的理論家である堀尾輝久である。周知のように国民の教育権論は、五五年体制下において長らく国家の文教政策を批判する武器たり得てきた。堀尾が証人に加わった家永教科書裁判第二次訴訟（杉本判決）では、国民の教育権論が根拠となって家永の勝訴となった（一九七〇年七月一七日判決、東京地裁）。しかし憲法学者の水島朝穂は、国民の教育権論は文部省対日教組という対立軸が実在した時代の歴史的遺物であり、二〇年以上も前に歴史的役割を終えたとのべている。「『国家の教育権』vs.『国民の教育権』という対抗図式は、『国（実体的には文部省）vs.国民＝教師（実体的には日教組）』という対抗図式が成立した『時代の産物』であり、憲法学的に見れば、すでにその歴史的使命を終えているといっていいだろう」（水島 一九九五：一七〇―一七一）。

同じく憲法学者の戸波江二は二〇〇一年の「現時点で、国民教育権論は教育法の理論・実践の表舞台に登場せず、あえていえば、国民教育権論は停滞しているようにさえみえる」として、その理由を次のようにのべる。第一に、学テ最高裁判決（一九七六）によって国家の教育権と国民の教育権との対立図式に折衷的な決着がつけられ、国家の教育権も一定程度認められたこと。第二に、親・教師・学校が一体となることを前提とする国民の教育権論に対し、一九八〇年代以降、校内暴力、いじめ、体罰、校則問題など、学校・教師と生徒・親とが対抗する問題が生じたこと。第三に、一九九〇年前後の東西対立の終焉などの政治状況の変化にともない、教育法の分野でも、政府・文部省との対決を基礎とする論理が妥当しなくなっていること。結果、「国民教育権論は現在教育法理論として現実の諸問題を有効に解決する理論として機能しているとはいいがたい」（戸波 二〇〇一：三七―三八）。

にもかかわらず、法学的には役割を終えたとされる国民の教育権論に教育学者は固執している。

憲法学者の今野健一によれば、「憲法学と教育法学の間で、『国民教育権』論に対する評価・認識に乖離があることは、既に明らかである」（今野 二〇〇一：六六）。教育学では国民の教育権論の枠組みは今なお強固に存在を主張し続けており、そのことが現状把握を妨げている。堀尾輝久は、「国民の教育権論は無効になったわけではない」と、自らの枠組みの有効性を語る（堀尾 二〇〇一：七〇）。現代でも佐貫浩（二〇一〇）のように、堀尾の国民の教育権論を積極的に継承しようとする教育学者もいる。岩下誠（二〇一五）が、国家と教育との関連を語る者を全て「保守」と断罪するのは、無意識理にこのパラダイムの内側で思考しているからであろう。

確かに、問題と思われる文教政策は多く、監視と批判は必要である。しかし「典型的な保守」言説への対抗策が、今や耐用年数を過ぎた「典型的な革新」言説である必要はない。むしろ古い枠組みに固執して選択の幅を狭めることは、望ましい未来を自ら遠ざけることになる。私たちは批判の足場を組み直さなければならない。

一　戦後教育学パラダイムの形成と継承

戦後講和期に自らを形成しつつあった戦後教育学は、「逆コース」史観の醸成と軌を一にして、国家と国民、教育と政治・経済を二分する枠組みを形成する。そしてそれと同時に、現実を否定的に捉え、その改革を求める「教育の危機」言説の原型を形作る。その呪縛は、現代まで続いている。

(一)「教育の危機」の系譜学

教育はいつの時代も「危機」だった、という言い方は正確ではない。むしろ社会の変化に対する不安や危機意識が、教育へと目を向けさせるというべきだろう。[3] 教育社会学者の藤田英典は、「『教育の危機』という類のキャッチ・フレーズ」が、臨教審(一九八四—八七)以後、「この三〇年ほどの改革論議で繰り返し使われてきた」ことを指摘している(藤田 二〇一四:九九)。

このような「危機」言説の起源は、戦後教育学に求められる。[4] 森田尚人は戦後教育学の二つの特徴を、「教育の本質を『人類と日本の危機を克服する』という大仰な課題とかかわらせて議論する政治的姿勢」と「いわゆる『逆コース』を軍国主義体制の復活と結びつけ、戦後教育改革の修正を戦前のような国家統制の企てとして批判するスタンス」としてまとめている。この「戦後教育学に特徴的な言説の原型」は、『岩波講座　教育』(一九五二)において、日教組運動を取り巻く政治状況を反映して、教育言説を冷戦の文脈に埋め込むことによって成立した(森田 二〇〇三:三〇—三一)。森田が参照している『岩波講座　教育』の第三巻の「序」において勝田守一は、「教育の目当ては、〔中略〕人類と日本の危機を克服するという、教育の、(それはつまり人類の、民族の)最も本質的な目当てとむすびついていかなくてはならない」とのべている(勝田 一九五二b:二)。

森田の指摘を受けて『岩波講座　教育』をさらに検討してみよう。すると第一巻の勝田守一「教育に何を期待できるか」(一九五二a)が目にとまる。この論文の目次では五つのセクションのうち実に三つに「危機」の文字が躍っている。

その第一セクション「日本の教育の危機」で勝田は、当時の「危機」の一つに「いわゆる教育の逆行の過程」を数えている。「日本の教育は戦後、かなり思い切った改革を経験した。しかしその成果を見る前にすでに逆行の現象が急速に進んでいるということをまず心にとめておきたい」（勝田 一九五二a：二五三）。今日でいう「逆コース」史観である。

森田は、「一九七〇年代末までにかたちづくられた戦後教育史の通説的枠組」を「占領期の非軍事化・民主化の一環としての教育改革→『逆コース』にともなう政治の反動化による戦後教育改革の空洞化→高度経済成長期の能力主義的教育政策によって、教育の経済への従属が進み、教育の荒廃がもたらされた、という筋」とまとめている（森田 二〇〇三：ii）。小玉重夫ののべるように、一九五〇年代に起源を持つ「逆コース」史観、すなわち「『民主的な進歩勢力対反動的な保守勢力』という冷戦的枠組み」は、「私たちの教育をめぐる思考様式を今なお強く規定している」(小玉二〇一三：五二)。特に道徳教育をめぐっては、戦後まもなくつくられた言説の布置が今日もなお強固に存命している。

(二) 国家と経済の否定

方法論議をのぞけば、今日、道徳の教科化を批判する主な論点は、①ナショナリズム・愛国心の強制、②新自由主義的経済政策への迎合の二点に集約できるだろう。国民の教育権論の継承者を自負する佐貫浩は「『道徳の教科化』の意図は、安倍内閣の推進しようとするナショナリズム、靖国史観、自己責任論的な社会観などを公教育において堂々と教え込んでいく仕組みを創り出すことにある」(佐貫 二〇一五：一一二)という[(5)]。この佐貫の論からは、戦後教育学のシェマが六〇年以上の長きにわたり、ほぼ変化していないことが理解できる。

勝田守一は、「教育の危機ということ」(一九五三)において、「教育をもう一度国策の道具にするために、あるいは企業の私潤を考え、貿易の帳尻を合わせるために、子どもや青年の人物を無視する現実が、教育の危機の本体であろう」とのべ、この「危機の克服」のため、「一部の教師が『政治的』になって行く」のも「必然的」という(勝田 一九五三：一四二)。ここで勝田が批判する二つの観点、すなわち国家と経済に教育が従属していくことへの批判は、「逆コース」史観が形成されるなかで戦後教育学の典型的な言説となる。マルクス主義者大橋精夫は道徳特設と「「道徳」

実施要綱」(一九五八)を批判しているが、それは単に軍国主義の復活だからではなく、福祉国家の経済体制に従属するものだからである。

単に軍国主義イデオロギーの「復活」だけに注意を払っているならば(中略)、より進歩的な「福祉国家」へという全体的な動向を見失うことになる。同様に、「修身科の復活」ということだけに注意を奪われているならば、かの『要綱』の「近代主義的」な内容が、そのままの形で、この全体制的な動向に奉仕するという反動的な性格は、全く見落されることになるであろう(大橋 一九五九a:五九)。

教育が国家や経済体制に従属することを拒否する一九五〇年代の枠組みは、現代でも継承されている。佐貫浩は、「教育のあり様を決定する二つの力」として、「国家権力や行政の政策」と「経済社会を含む現実の市民社会による教育要求」をあげている(佐貫 二〇一四:一四五―一四六)。一九五〇年代の勝田‐大橋と二〇一〇年代の佐貫との違いは、前提とする経済政策が福祉国家型から新自由主義に更新されていることだけだといっていい。だが、新たな現実を把握しそれに対応するためには、思考枠組みの刷新が必要なのではないか。

(三) 政治性の隠蔽

国家と経済が教育に関与することの否定。この戦後教育学の問題構成には一九七〇年代に、教育の持つ政治性の隠蔽が加わる。

堀尾輝久は教育学関連の『岩波講座』シリーズの足跡をたどりつつ、戦後教育学の展開を「政治」から「子ども」への問題構成の転換として整理している。「戦後教育学は、戦前の御用学問への懺悔と批判に立って、新しい展開をとげてきた」。この「戦後教育学の歩みと、課題意識の推移は、岩波の教育学講座の推移にも反映している」（堀尾 一九七九：二八七）。『教育』（全八巻、一九五二―五三）は、朝鮮戦争と講和条約を背景として、「教育学講座というよりも、政治課題としての教育、ないしは社会問題としての教育問題に力点が置かれた観があった」（堀尾 一九七九：二八七）。『現代教育学』（全一八巻、一九六〇―六二）は、「民間教育運動の動向とその成果を反映し、各教科を支える専門諸科学者との協力に大きな特徴があった」が、この「『教育と科学』の結合の視点は、同時に、政治と教育の緊張のなかで、教育固有の論理と価値を見定めようとする努力でもあった」（堀尾 一九七九：二八七―二八八）。

だが堀尾は、この二つの岩波講座を、政治と教育との関係からではなく「子ども・青年の発達的研究」ないし「子ども研究」として捉え直すことも可能であるという（堀尾 一九七九：二八八―二八九）。勝田守一は確かに「教育を政治と政策の路線で捉え、その政策を分析し批判する仕事の有効性を認め」ていたが、「それと違った仕方」での教育学の意義をも認めていたと堀尾はいう。それは「人間の可能性とその発達の意味をとらえ直すことによって、いいかえれば、教育的なものを私たちが明らかにすることによって、逆に教育政策に対して根底的な批判を遂行しなければならない」という問題意識である（勝田 一九六四：二二一―二二三、cf. 堀尾 一九七九：二九〇）。

教育という営みの独自性を描き出すことによって、教育政策への防波堤とする。その際には、子どもの発達という観点が重要となる。この堀尾の立場は、堀尾自身が編集委員に加わり、右に引用してきた論文「現代における子どもの発達と教育学の課題」も収録された『岩波講座 子どもの発達と教育』（全八巻、一九七九―八〇年）の基調をなすこととなる。勝田は一九五〇年代の政治動向に対して「一部の教師が『政治的』になって行く」のも「必然的」とのべていた（勝田 一九五三：一四二）。だがこの政治性は、今や教育や発達の科学的解明に移行した。この立場は堀尾の主著であり、国民の教育権論を代表する理論的著作である『現代教育の思想と構造』（一九七一）で明確に示されていた。科学的かつ非政治的な教育学研究によって、国家による教育への政治的介入を阻止する。国民の教育権論はこのように自らの政治性を隠蔽しつつ、政治的効果を求めたのだった。

二　国民の教育権論の限界とその呪縛

次に、道徳教育に関する現代の理論的硬直を克服するために、国民の教育権論の代表として、堀尾輝久の『現代教育の思想と構造』（一九七一）を検討する。同書は少なくとも、以下の三点で私たちのパラダイムであり続けている。

①国家と国民を対置させ、前者を悪、後者を善とする二元的図式。国家による国民統制は批判され、国民の自己統治こそが理想とされる。
②知育と徳育、教育と訓育を二分し、国家による教育は前者に限定されるべきであるとする点。
③教育の自律を主張し、それが政治・経済体制に従属してはならないとする点。

(一)「国家」対「国民」

『現代教育の思想と構造』の有名な図式では、近代教育は以下の三重構造をなすとされる。
(1)支配階級の自己教育
(2)支配階級による労働者(大衆)の教化
(3)労働者の自己教育
「近代教育原則」を示すとして価値づけられるのは、(1)およびその理念を受け継ぐ(3)である。実際に教育現実をリードしたのは(2)大衆教化の組織であり、各国の義務教育制度はここに位置づけられるが、堀尾によればそれは(1)に示された子どもの権利を主軸とする「近代教育原則」が歪曲された形で実現したものであって、教育本来の姿ではない(堀尾 一九七一:六以下、六八以下ほか)。

この図式は西洋近代の歴史的展開に即して語られるが、実際のところは戦後日本の「逆コース」過程を西洋近代に投影したものであり、堀尾が自らのべるように「ヨーロッパ教育史の実証的研究」ではない（堀尾 一九七一：ｖ）[6]。特権的に価値づけられる近代教育原則は、占領期日本にアメリカから提示された民主主義的な理念に相当し、西洋の独占資本主義段階に近代教育原則が大衆教化に堕していく過程は、戦後初期の理念が講和期に歪められて「逆コース」に至る流れにそのまま対応する。西洋近代と戦後日本の直接的な対応は、『現代教育の思想と構造』にも収められた勝田守一との共著「国民教育における「中立性」の問題」（一九五八―五九）では、より明確である。「敗戦後の教育改革の思想」は、「市民社会とともに自覚された教育の自由の古典的原則を、過去の日本の国民教育の哲学や制度に対決させ、それによって『国』の、したがって官僚の教育支配を廃止するという意味をもっていた」。しかし講和期以後、国家は再び主導力を取り戻し、かつてのように「道徳の教師」として振る舞おうとしている（勝田・堀尾 一九七一：四〇八）。

ここで描き出された、国家の教育と国民の教育を二分し、前者を教化として断罪し、後者にのみ価値を認めるシェマは、今日なお教育言説を縛り続けている。今日の道徳の教科化が批判されるのは、それが国家主導の教育であり、教化にほかならないからである。しかしはたして、国家教育＝教化、国民教育＝教育という素朴な二元論が成り立つのだろうか。現実の義務教育制度において国家の果たす役割は否定できないとすれば、私たちは国家を上手くコントロールしていくやり方を探るべきであろう。戦後教育学はこうした方途を自ら手放してしまったのではないだろうか。

（二）「知育」と「徳育」

続いて検討されるべきは、知育／徳育の二分法である。堀尾はコンドルセに依拠しながら、徳育を含む人間形成としての教育（education）と知識の伝達に留まる知育（instruction）とを区別し、公教育は後者に限定されるという原則を示す。「公教育を知育に限定することは良心の権利、内面の自由を外的圧力から守るために必要だと考えられた」（堀尾 一九七一：一一三）。いうまでもなくこの説は、道徳の特設をはじめとする「逆コース」に歯止めをかけるためになされている。「特設『道徳』の実施（一九五八年）と、『期待される人間像』のおしつけ（一九六六年）は、国家が道徳の教師たることを主張するものであった」（堀尾 一九七一：二七八）。

だが先行研究の示す通り、コンドルセのテクストに厳密に即した場合には、堀尾の主張する知育／徳育の二元論は成立しない。大塚忠広は、コンドルセは道徳教育一般を否定したのではなく、公教育が特定の宗教と結びつくことを否定したのであり、むしろ理性に基づく道徳教育の必要性を説いているという（大塚 一九七五：八九）。亀山光陽は、コンドルセは道徳説話を通して人間の内面に侵入する教育を称揚しているばかりか、自他の利益が一致する「公道徳」を想定し、そこに導いていく教育を考えていたとのべる（亀山 一九九五）。

しかも知育／徳育が二分しえないことは、すでに勝田と堀尾の共著「国民教育における「中立性」の問題」において、教授／教育の区分として明示されていたはずである。

教育と教授とを区別して、読み・書きのような知識や生活技術を教えるのを「教授」といって、公教育の固有の内容とし、道徳や内面性の形成を「教育」として、それを個人と家庭に委ねようとする思想がある。しかし、この古典的な区別も、現在の困難を決して軽くしない。心理学の明らかにしているところからみても、教育と教授の区別は現実には成立しない。知識や技術の学習が内面的な人間の変化の外で行われる過程にとどまることはできないし、道徳的形成と知識の学習とは切りはなしがたく結びついている（勝田・堀尾 一九七一：四一二―四一三）。

森田尚人は堀尾を例に挙げながら、「われわれは、教育という概念を知育（instruction）と訓育（education）〔中略〕に二分する慣例に十分な思想史的検討を加えないままに、知識教育と道徳教育の二分法に安易に捕らわれてきたのではなかろうか」とのべている（森田 二〇一三：八四）。実際、知育と徳育の厳密な線引きは不可能であろう。そもそも教育／教化は、明確に峻別が可能な二つの実体ではなく、ある事態を解釈によっていずれかに位置づけているに過ぎない。

(三)「教育」と「政治・経済」

最後に、教育と政治・経済体制との切断を検討する。堀尾の論では、近代教育原則を産んだとされる古典的市民社会については下部構造が分析されず、それらが変質し頽落していく要因としてのみ、資本主義の展開が否定的に言及される。古典的市民社会では、市民性・〈自由〉・リベラリズムと、公民性・〈国民〉・ナショナリズムは調和していた（堀尾 一九七一：五五）。しかし産業資本主義が発展すると、ブルジョアはプロレタリアートの自由を剥奪し忠誠心を植え付けようとする。そうして独占資本主義段階における「国民教育制度」はナショナリズムの教化組織となる。福祉国家は教育への国家介入を肯定し、市民国家の「例外」を自らの「原則」とする（堀尾　一九七一：一四四―一四八）。

古典的市民社会においては、その本来的意義における政治と教育は、社会結合の原理からみれば、支配と指導という、全く対照的（対立的）性格をもつものとされるが（この場合、大衆教育は教育のカテゴリーから除かれている）、福祉国家（大衆国家）においては、政治が、権力的支配から世論の指導ないし操作を通しての支配にその形態をかえ、教育が政治に従属させられ、さらには政治の一部として、教育と宣伝との本質的区別が困難になり、「教育と宣伝」を通しての、指導による支配が一般化する（堀尾　一九七一：一三六）。

国民の教育権論は、経済界からの教育への要求を拒否する。それは戦後教育学の枠組みが形成された頃には、社会主義体制への移行にいまだ現実的な可能性があったからであろう。小玉重夫がのべるように、公儀としての中立性と秘儀としての政治性という「教育学の二重性は、表向きはブルジョア民主主義を唱えつつ隠された本音は社会主義革命を目指すという講座派［マルクス主義］的なスタンスと親和性を有していた」（小玉　二〇一三：四一―四二）。しかし冷戦崩壊以降、こうした前提を支持し続けることが困難であるならば（あるいは仮にそれを理想としても即時の現実化が難しいとすれば当面のあいだは）、いかなる社会体制であれば理想的な教育が実現可能なのか、考察するべきなのではないだろうか。

私たちは戦後教育学とは逆に、今日の道徳の教科化に際して、それが新自由主義的なイデオロギーを含みつつも、同時に「自律」という近代教育の理想をも含むことに着目する必要がある。新自由主義の求める「自律」は、近代教育学の理念でもある。そもそも、「自律」や「啓蒙」「人権」といった個人主義的な発想が成立したのは、近代における特定の経済体制と無縁ではない。にもかかわらず戦後教育学（その代表としての堀尾）は、思想と経済とを対比させることによって、あらゆる経済的要求を拒否し、道徳の理想を実現不可能な彼方へと追いやってしまう。

三　統治としての近代教育とその批判

以上で検討してきた①国家／国民、②知育／徳育、③教育／政治経済の二分法という国民の教育権論の前提を、フーコーの「統治性」概念によって乗り越える。この転換によって、国家主導の教育政策への批判は、より明確な根拠を持つことになるだろう。

（一）国家／国民の二分法から統治性へ

教育学においてフーコーは、『監獄の誕生――監視と処罰』における規律訓練型権力の問題系を中心に語られてきた。ベンサムのパノプティコン（一望監視装置）は規律訓練型権力の象徴としてよく知られている。

〈一望監視装置〉は、見る＝見られるという一対の事態を切り離す機械仕掛であって、その演習場の建物では人は完全に見られるが、けっして見るわけにはいかず、中央部の塔のなかからは人はいっさいを見るが、けっして見られはしないのである。これは重要な装置だ、なぜならそれは権力を自動的なものにし、権力を没個人化するからである（Foucault 1975: 203＝一九七七：二〇四）。

可視性の領域を押しつけられ、その事態を承知する者［被拘留者］は、みずから権力による強制に責任をもち、自発的にその強制を自分自身へ働かせる。しかもそこでは自分が同時に二役を演じる権力的関係を自分に組み込んで、自分がみずからの服従強制の本源になる（Foucault 1975: 204＝一九七七：二〇四―二〇五）。

フーコーは権力の理解を、国家等が有するマクロな実体としてのそれから、個人が自らを拘束するミクロな関係としてのそれに刷新した。ここに、国家＝権力と国民＝非権力を実体的に二分する国民の教育権論の前提（勝田・堀尾 一九七一：四〇九）は崩れ去る。
さらに講義録の出版によってフーコー思想の全貌が明らかになった現在、私たちは彼の「統治性（gouvernementalité）」概念を主軸に、教育を「統治（gouvernement）」の一形態として理解することができる。(7) 規律訓練型権力論と統治性論は、権力論として連続している（箱田 二〇一三）。人間を統治する技術は、中世では修道院での生活に結びついていたが、一五世紀以降、市民社会にも爆発的に広まり、その対象も子ども、貧者、家族、軍隊、都市、国家、身体、精神と広がっていった（Foucault 1990: 37＝二〇〇八b：七五）。いいかえれば教育は近代的な統治の一環として求められたのだ。

いかに統治すべきか——これは一五世紀と一六世紀に提起された基本的な問いの一つだったと思います。これはきわめて基本的な問いであり、この問いに答えるために、すべての種類の統治の技術が多様化したのです。教育の技術、政治の技術、経済の技術などです（Foucault 1990: 37＝二〇〇八b：七五）。

すでにみてきたように「規律訓練権力」は、統治の典型的な一形態だった。ところが、フーコーにとって近代の象徴であったパノプティコンは、堀尾にとって近代教育の「例外」に位置づけられている。堀尾によれば、市民社会の思想家は——ロックに典型的なように——支配層のみを「近代教育原則」の対象とし、労働者層には教化で対応するという二重性を有する。ベンサムは、ブルジョア向けの学校では宗教教育を排除し「価値ある市民」の育成を目指したが、下層階級には「国王の臣民」たる道徳教育の装置として「パノプティコン」を準備した（堀尾 一九七一：二二四）。堀尾は二〇〇〇年代に入ってもパノプティコンを「例外」とするスタンスを崩さず、「僕の方がフーコーより、より歴史的に、そして正確に事態を捉えている」とのべている（堀尾 二〇〇六：一〇二）。

だがフーコーにしたがえば、堀尾のカテゴリーでは実体的に対立させられていた国家の教育／国民教育、自己教育／大衆教化等は、自己と他者の「統治」という同一の地平で理解しうる。「国家／市民社会という区別」は、「全ての具体的なシステムを問うことができるような歴史的および政治的な普遍概念」ではなく、「一つの特殊な統治のテクノロジーに固有な図式化の形式」なのである（Foucault 1994b: 820＝二〇〇一 a：一三七）。

（二）知育／徳育の二分法から真理の政治学へ

とはいえ、教育を「統治」の一形態とみなすフーコーの視点に対しては、次の批判が予想される。教育は、人々を馴化する手段に過ぎないのか。〈本来〉の教育は、そのような抑圧的なものではないはずだ。「統治」として教育を理解するのでは、国家の文教政策を批判する拠り所を失ってしまうのではないか、等々。こうした疑念にはまず、統治・抑圧を非本来的なものとして自由・解放と対置させる二元的枠組み自体を問い直す必要があると返答しておきたい。ある一つの事象は、それを解釈するものの枠組みによって抑圧的にも解放的にも理解しうる。フーコーにとって主体化とはすなわち従属化であったが、だからといってそれは完全に抑圧的とはいえない。そして以下にのべるようにフーコーは、主体が服従から離脱する契機をも語っている。
さらにここで、フーコーにしたがって教育を「統治」とみなしたとしても、不当な統治への批判的観点も、理想の教育を求める視点も失われることはないことを確認しておきたい。フーコーによれば、一六世紀に統治が一般化するとそれを拒否する「批判的な態度」が登場する（Foucault 1990: 38＝二〇〇八b：七七）。

統治の一般化とは現実には、真理であることを主張する権力のメカニズムによって、個人を服従させる社会的な実践という運動にほかならないのです。そして批判とは言ってみれば、主体がみずからに、権力の効果という観点から真理について問う権利と、真理のディスクールという観点から権力について問う権利を与える運動にほかならないのです。よろしいですか、批判とは、みずからの意志によって不服従を求める技術であり、省察を重ねたあげくに不従順になるための技術なのです。批判は一言で言えば、真理の政治学とでも呼べるゲームにおいて、本質的に主体が服従から離脱する機能をはたすのです（Foucault 1990: 39＝二〇〇八b：八一）。

さて、ここでフーコーがのべる「批判」は、カントのある概念と共通性を持つという。とするとそれはカント的な「批判」であろうか？　否、それは「啓蒙（Aufklärung）」である（Foucault 1990: 40＝二〇〇八ｂ：八一—八二）。

カントが啓蒙として記述しているものは、これまでわたしが〈批判〉として説明しようとしてきたもの、わたしの考えでは、歴史的に社会における統治の一般化という大きなプロセスとともに、西洋に固有な姿勢として登場することになる〈批判的な態度〉として説明しようとしてきたものと一致するのです（Foucault 1990: 40＝二〇〇八ｂ：八三）。

デカルトは科学的合理性を道徳と切断したが、カントは道徳を科学とを連関させた。カント的批判の根拠となるのは、「聖書」、「法＝権利」、「科学」である（Foucault 1990: 39＝二〇〇八ｂ：八〇）。また『実践理性批判』の図式では、主体が普遍的であることと倫理的な態度が結びつけられる。

主体が普遍的である限りにおいて、普遍的な主体は認識の主体であり得るのですが、しかしそれでも倫理的な態度をどうしても必要とするのです——それはまさにカントが『実践理性批判』で提起している自己への関係にほかならないのです（Foucault 1994c: 411＝二〇〇一ｂ：二六八）。

ここにおいて、知が主体の倫理を保障することになる。これを現代的問題から例示しよう。

教育社会学者の藤田英典は道徳の教科化を「〈心の統制〉〈人格の統制〉になりかねない」と批判する。国民の教育権論と同型の「国家の教育」批判である。そして国家主導の道徳教育に対置させて、「通知表に記載されるような評価」のない「好ましい取り組み」を紹介する。「江戸しぐさ」をもとに子どもたちが学校での振る舞い方を自らつくるという、ある小学校の実践である（藤田・大内 二〇一五：一四〇―一四二）。藤田の論法は国民の教育権論と同じく、国家統制に対して「下からの」（国民の）教育実践を対抗軸とするものである。[8] しかしはたして自生的な教育実践の試みはすべからく好ましいのであろうか。

カント＝フーコー的な批判＝啓蒙の観点からは別の批判も可能である。『私たちの道徳』（小学校五・六年版）に歴史的事実であるかのように記述されている「江戸しぐさ」自体、一九八〇年代に捏造された「オカルト物件」である、と（原田 二〇一四）。偽史に基づく教育は、道徳教育に限らずそもそも許されるものではない。「真理の政治学」である批判＝啓蒙は、科学的な知に基づく必要がある。ここにおいて、知育／徳育の二分法は統一される。なるほど今日の国家主導の教育政策を前にすれば、知育／徳育の二分法を前提として国家の教育統制は後者にまでおよぶべきではないとする批判がその役割を完全に終えたとはいいきれないかもしれない。しかし知育と徳育は完全に分割はできないからこそ、学校教育の基礎は反証可能な科学知に置かれなければならないという視点の有効性を確認しておくことには大きな意味があるだろう。知＝権力、批判＝啓蒙こそ、道徳教育の根源となる。「批判」は、道徳的な態度であると同時に政治的な態度なのである。

〈批判的な態度〉は、〔中略〕統治の技術に直面して、そしてその対応物であるかのように、というよりもむしろ統治の技術のパートナーであると同時に敵でもあるものとして、この統治の技術を警戒し、これを拒否し、これを制限し、その適切な大きさを決定し、これを変革し、この統治の技術の適用を免れる方法として生まれたのでしょう。〔中略〕この思考の方法は、道徳的な態度であると同時に政治的な態度でもあり、わたしはこれをたんに〈統治されないための技術〉と呼びたいと考えています（Foucault 1990: 38＝二〇〇八b：七六―七七）。

（三）教育／政治経済の二分法から経済の人間学へ

国民の教育権論は、教育と政治・経済とを実体論的に対比させ、あらゆる政治的・経済的要求を拒否する。そしてそれによってかえって、理想の教育を実現不可能な彼方へと追いやってしまう。だから戦後教育学とは別様に思考しよう。道徳の教科化が新自由主義的なイデオロギーを含むとしても、近代教育の理想たる「自律」に子どもや教師を向かわせる可能性もある。それを選ぶのは私たちだ、と。

フーコーによれば、自己の統治としての道徳、家族の統治としての家政《エコノミー》＝経済、国家の統治としての政治は、いずれも連続している（Foucault 1994a: 640-641＝二〇〇〇：二五三―二五四）。箱田徹が指摘しているように「『生政治の誕生』は、新自由主義経済学に『人間学的な側面』があることにも注目している」（箱田 二〇一五：二一五）。新自由主義的な人間学とは、主体を「自分自身の企業家」とするものである。「ホモ・エコノミクス、それは、企業家であり、自分自身の企業家です」（Foucault 2004: 232＝二〇〇八ａ：二七八）。ただし「ホモ・エコノミクス」とは「統治の個人の境界線」なのであり、「個人全体、主体全体が経済的人間である」ということは意味しない（Foucault 2004: 258＝二〇〇八ａ：三一〇）。

そもそも、近代教育学によって理想として称揚される「自律」や「啓蒙」、「人権」といった個人主義的な発想が成立したのは、近代における特定の経済体制と無縁ではない。図らずも岩下が指摘しているように、ロック教育思想の二重性を示すとされてきた構想は、「有徳で勤勉な人間の形成」による「国富の増大」という点では共通していた（岩下 二〇〇九：一一五）。特定の社会経済体制抜きに、ある理念は実現し得ない。であれば、自分たちが理想とする教育の実現のためには、いかなる前提が必要であるのか。踏み込んだ考察が必要だろう。

結語に代えて――教育を変革する回路

戦後教育学は、教育の自律性と政治的中立性とを楯に、教育という独自の領域を国家や経済体制の影響から防御するという論法を取ってきた。国民の教育権論を特徴づけているのは、極めてナイーブな二元論的発想である。国家／国民、権力／非（反）権力、強制／自由、政治／教育、経済／教育……等々。一方にはそれ本来のものとしての理念が、他方にその阻害要因として現実が対置される。したがって描かれる教育は、つねに失楽園の物語となる。現代教育は、近代教育原則が独占資本主義下で歪んで実現したものである。戦後教育は、当初の理念が「逆コース」によって歪曲されたものである。「教育問題」は、本来的な価値が実現されていないために起こる……等々。この言説に依拠する限り、現代の教育は常に「非本来的なもの」としてしか描き出されえない。それは、法廷闘争の場で形成されてきた国民の教育権論の負の遺産であり、自らを被害者の地位に貶め、結局は積極的関与の道すじを閉ざしてしまう。だが、自ら築いた壁のなかに安住することで、はたして理想の教育は実現するのだろうか。むしろ教育それ自体が有する政治性を認めた上で、いかなる政策や実践が好ましいかを積極的に議論すべきではないか。

本章の冒頭でのべたように、筆者は道徳の教科化には反対だが、教科化を「批判」の契機としてとらえることも十分に可能である。松下良平がのべるように、「道徳教科化は、われわれをどこに連れて行くのだろうか」と、「このような問いを立てた時点で、すでに道徳の教科化に『敗北』しているといわざるを得ない」（松下 二〇一五：一六九、傍点原文）。「国民の教育権論」のシェマに依拠したままで、国家による教育統制を阻止するという立場に自己を限定するのであれば、それは逆に私たちが教育を変革する回路自体をも閉ざすことになってしまう。少なくとも現在では、ある教育政策を全国的に実現するためには、国家の役割が欠かせない。新自由主義政策への批判は必要だとしても、明日から社会主義体制になるわけではない。道徳の教科化にどれだけ反対しても、おそらくこのまま既定事項として実施されるだろう。だからこそ、闘争は続けられなければならない。

マクロにも。ミクロにも。理不尽な政策を批判し、自分たちの手で教育現実を作っていくために。

註

（1）本章のもとになった原稿は、教育思想史学会第二四回大会シンポジウム１「社会の構想と道徳教育の思想――源流から未来を展望する」（司会：松下良平、報告者：岩下誠・貝塚茂樹・森田伸子、二〇一四年一〇月一一日、於 慶應義塾大学三田キャンパス）へのコメントとして執筆され、『近代教育フォーラム』第二四号に掲載された。このシンポジウムは、道徳の教科化を前にして五五年体制下に形成された言説を問い直そうとする意欲的な試みだったが、興味深いことに登壇者のうち最も若い岩下だけが、定型的な戦後教育学の言説を墨守していた。のみならず岩下は、教育学が学問ではなく党派的政治だった時代（竹内 二〇一一 Ⅲ章）に時計の針を戻したいようですらあった。岩下は、ロックやルソーを「革新的思想」として理解する教育学を「保守主義」と呼び、戦前から続く「古典」のカノン化や、戦後教育学による「危機」言説の責を全て「ポストモダン教育学」に負わせようとする。例えば岩下は、「何よりも戦後教育学は、『校内暴力』『不登校』といった新たな教育問題を、日本の教育の『遅れ』として説明するばかりで、近代的な教育システムそのものの機能不全としては理解できなかった」（下司・今井 二〇一三：三九六）という一文が、「ポストモダン教育学が認識の陥穽に陥る際の典型的なパターン」を示すという（岩下 二〇一五：八一）。しかし常識的に読めば引用文で「新たな教育問題」を問題視しているのは「戦後教育学」の側であり、教育問題を「子どもの権利」等の近代的理念によって克服しようとする戦後教育学の図式は現在も変化がない（堀尾 二〇一三）。岩下はまた「天野郁夫は一九八七年という早い時期において、『新しい教育問題』とは、一九七〇年代以降の中等教育の拡充によって、それまで労働市場に放逐されていた青少年が学校に囲い込まれるようになったがゆえに生じた見かけ上の増加に過ぎないと喝破した」というが（岩下 二〇一五：八一―八二）、管見の限り当該文献にそのような文言はない。むしろ天野は「校内暴力、勉強嫌い、登校拒否、中途退学、学力低下など」に代表される「教育の『危機』」が「[教育]改革論議の焦点となっている」こと、「こうした『病理』現象」の背景に「日本の教育と社会の『構造化』」があることを指摘しているのである（天野 一九八七：一四九—五〇）。

そもそも「古典」の読解にバイアスがかかるのは、教育学のみの特徴ではない。欧米や日本の政治思想史では、ロックは自由主義の祖として彼の篤いキリスト教信仰は十分検討されてこなかった（小野 二〇一〇：vii—viii）。「教育学の古典」の創出と読解については、綾井ほか（二〇一五）を参照。
（2）神代健彦（二〇一四）は、勝田守一とフーコーから戦後教育学とポストモダン論の距離を検証している。
（3）日本の青少年の規範意識が低下していないことは、広田照幸『日本人のしつけは衰退したか』（一九九九）以来の常識である。にもかかわらず岩下は「道徳教育推進派の現状認識がまったく誤っている」ことを（教育思想史の専門誌上で）「経験的な調査結果」から示そうとする（岩下 二〇一五：七六）。だがそもそも、苅谷剛彦がのべるように「社会学的事実と、人々が社会問題、ないし政策課題として議論に値すると認定する事実とは、自動的に一致するものではない」（苅谷 二〇一二：二三七）。なお「青少年の凶悪化」言説が社会変動に対する大人の不安の投影であることは、すでに内藤朝雄（二〇〇六：一六七以下）が指摘している。
（4）岩下は「一九八〇年代から現在に至るまで、ポストモダン教育学は一貫して（中略）『危機の言説』に固執している」という（岩下 二〇一五：八二）。「危機」言説とは、「『社会の危機や不安を煽り、その処方箋として教育（改革）を提示する』という思考枠組み」である（岩下 二〇一五：七六）。しかし近代教育思想史研究会の創設は一九九一年、『教育学年報』の創刊は一九九二年なのだから「ポストモダン教育学」が一九八〇年代から「危機」を煽ることなどできるはずもない。そもそも本文中で検討したように、勝田守一（一九五二a）は戦後間もなく「教育の危機」を語っているのだから、「危機の言説」の責はひとまず戦後教育学に求められるべきだろう（遡って検証すれば、戦前の教育学にも同様の言説は認められるかもしれないが）。シンポジウムでもこの旨発言したのだが、誤謬は論文でも修正されなかった。なお「ポストモダン教育学」の例として、発表時は今井康雄と田中智志が挙げられたが、報告論文では田中の名はない。
（5）繰り返しになるが、筆者はこれらの教育政策には（新自由主義的教育政策にも）反対であり、その点では佐貫ら戦後教育学の継承者たちと見解を同じくする。
（6）その意味で「事後的に構成される教育思想史の文脈ではなく、同時代の歴史的文脈に置き直して『近代教育の原点』を検討する必要がある」（岩下 二〇一五：七六）という岩下の批判は、堀尾にこそ向けられるべきであろう。もっとも、こうした批判は何ら新しいものではなく、『近代教育フォーラム』創刊号の安川報告にすでにみられる。本書第三章を参照。
（7）厳密には「統治性」と「統治」は区別されるし年代によっても定義が異なるが、それらの整理はフーコー研究者に譲りたい。
（8）藤田は、道徳の教科化をめぐって下村博文文相（当時）と対峙したＢＳ日テレ「深層ＮＥＷＳ」（二〇一四年三月五日）でもこの実践を評価している。

文献

Foucault, Michel (1975) *Surveiller et punir: naissance de la prison*, Paris, Gallimard. ＝（一九七七）『監獄の誕生——監視と処罰』田村俶訳、新潮社.
Foucault, Michel (1990 [1978]) "Qu'est-ce que la critique ?: Critique et Aufklärung," *Bulletin de la Société française de Philosophie*, 84(2), Avril-Juin 1990, pp. 35-63. ＝（二〇〇八b）「批判とは何か——批判と啓蒙」中山元訳、『わたしは花火師です——フーコーは語る』筑摩書房、六九—一四〇頁.
Foucault, Michel (1994a [1978]) "La《gouvernementalité》," *Dits et écrits 1954-1988, 3, 1976-1979*, Paris, Gallimard, pp. 635-657. ＝（二〇〇〇）「統治性」石田英敬訳、『ミシェル・フーコー思考集成Ⅶ』筑摩書房、二四六—二七二頁.

Foucault, Michel（1994b［1979］）“Naissance de la biopolitique,” *Dits et écrits 1954-1988, 3, 1976-1979*, Paris, Gallimard, pp. 815-825.＝（二〇〇一ａ）「生体政治の誕生」石田啓敬訳、『ミシェル・フーコー思考集成Ⅷ』筑摩書房、一三四—一四二頁.
Foucault, Michel（1994c［1983］）“À propos de la généalogie de l'éthique: un aperçu du travail en cours,” *Dits et écrits 1954-1988, 4, 1980-88*, Paris, Gallimard, pp. 383-411.＝（二〇〇一ｂ）「倫理の系譜学について——進行中の仕事の概要」浜名優美訳、『ミシェル・フーコー思考集成Ⅸ』筑摩書房、二二八—二六九頁.
Foucault, Michel（2004）*Naissance de la biopolitique: Cours au Collège de France 1978-1979*, Paris, Seuil / Gallimard.＝（二〇〇八ａ）『ミシェル・フーコー講義集成８　生政治の誕生』慎改康之訳、筑摩書房.
Habermas, Jürgen（1981［1980］）Die Moderne: ein unvollendetes Projekt, *Kleine politische Schriften (I-IV)*, Frankfurt am Main, Suhrkamp, S. 444-464.＝（二〇〇〇）「近代——未完のプロジェクト」三島憲一編訳『近代——未完のプロジェクト』岩波現代文庫、三—四五頁.
Sokal, Alan and Bricmont, Jean（1998）*Fashionable Nonsense: Postmodern Intellectuals' Abuse of Science*, New York, Picador.＝（二〇〇〇）『「知」の欺瞞——ポストモダン思想における科学の濫用』田崎晴明・大野克嗣・堀 茂樹訳、岩波書店.

天野郁夫（一九八七）「加熱と冷却——日本の教育危機」天野郁夫・市川昭午・潮木守一・喜多村和之編『教育は「危機」か——日本とアメリカの対話』有信堂、一四六—一六六頁.
綾井桜子・藤本夕衣・室井麗子・下司 晶・矢野智司（二〇一五）「「教育学の古典」はいかに創られ、機能してきたのか——教育哲学のメタヒストリー」『教育哲学研究』第一一五号、一—二五頁.
IMAI, Yasuo（2007）“From 'Postwar Pedagogy' to 'Post-Cold War Pedagogy': An Overview of the History of Educational Theory in Japan 1945-2007,” *Educational Studies in Japan: International Yearbook*, 2, pp. 57-73.

岩下誠（二〇〇九）「ロック」今井康雄編『教育思想史』有斐閣アルマ、一〇五―一二二頁．

岩下誠（二〇一五）「教育学的保守主義を埋葬する――教育思想史はなぜ「危機の思想家」中心史観に囚われるのか」『近代教育フォーラム』第二四号、七四―八三頁．

大塚忠広（一九七五）「コンドルセを中心とする近代公教育の基本原則――堀尾輝久著『現代教育の思想と構造』によせて」『教育学論集』第一巻、八〇―九四頁．

大橋精夫（一九五九ａｂ）「道徳教育の理論的諸問題（上／下）」『教育』第九巻第一号、五四―五九頁、第九巻第二号、六〇―七一頁．

小野紀明（二〇一〇）『ヒューマニティーズ　古典を読む』岩波書店．

勝田守一（一九五二ａ）「教育に何を期待できるか」『岩波講座　教育　第一巻』岩波書店、二五一―三一二頁．

勝田守一（一九五二ｂ）「序」『岩波講座　教育　第三巻』岩波書店、一―一三頁．

勝田守一（一九五三）「教育の危機ということ」『改造』第三四巻七号、一三九―一四一頁．

勝田守一（一九六四）『能力と発達と学習――教育学入門』国土社．

勝田守一・堀尾輝久（一九七一［一九五八―五九］）「国民教育における「中立性」の問題」堀尾輝久『現代教育の思想と構造』岩波書店、三八三―四五六頁．

亀山光陽（一九九五）「戦後「公教育」論議とコンドルセ」『フランス教育学会紀要』第七号、三一―三八頁．

苅谷剛彦（二〇一二）『学力と階層』朝日文庫．

神代健彦（二〇一四）「勝田・フーコー・教育的価値――ポストモダン論と戦後教育学の距離について」広田照幸・宮寺晃夫編『教育システムと社会――その理論的検討』世織書房、二五九―二九六頁．

小玉重夫（二〇一三）「政治――逆コース史観のアンラーニング」森田尚人・森田伸子編『教育思想史で読む現代教育』勁草書房、三七―五五頁．

下司晶・今井康雄（二〇一三）「あとがき――教育学のパラダイム・シフト」森田尚人・森田伸子編『教育思想

史で読む現代教育』勁草書房、三九五—四〇一頁.
今野健一（二〇〇一）「「国民教育権」論の存在意義と教育法学の課題」『日本教育法学会年報』第三〇号、六六—六九頁.
佐貫 浩（二〇一〇）「堀尾輝久の「国民の教育権論」をいかに継承するか——戦後教育学批判を巡って」『人間と教育』第六八号、一〇六—一一五頁.
佐貫 浩（二〇一四）「「国民の教育権論」を継承する」田中孝彦・佐貫 浩・久冨善之・佐藤広美編『講座 教育実践と教育学の再生 別巻 戦後日本の教育と教育学』かもがわ出版、一二八—一四九頁.
佐貫 浩（二〇一五）「「教科化」の問題点と道徳教育のあり方」『前衛』第九一八号、一一一—一二四頁.
竹内 洋（二〇一一）『革新幻想の戦後史』中央公論新社.
戸波江二（二〇〇一）「国民教育権論の現況と展望」『日本教育法学会年報』第三〇号、三六—四五頁.
内藤朝雄（二〇〇六）「「構造」——社会の憎悪のメカニズム」本田由紀・内藤朝雄・後藤和智『「ニート」って言うな!』光文社新書、一一三—二一七頁.
箱田 徹（二〇一三）『フーコーの闘争——〈統治する主体〉の誕生』慶應義塾大学出版会.
箱田 徹（二〇一五）「挑戦する主体は恐れない——フーコーと新自由主義、反知性主義」『現代思想』第四三巻三号、二〇九—二二二頁.
原田 実（二〇一四）『江戸しぐさの正体——教育をむしばむ偽りの伝統』星海社新書.
広田照幸（一九九九）『日本人のしつけは衰退したか——「教育する家族」のゆくえ』講談社現代新書.
藤田英典（二〇一四）『安倍「教育改革」はなぜ問題か』岩波書店.
藤田英典・大内裕和（二〇一五）「「教育再生」を問い直す」『現代思想』第四三巻第八号、一三八—一五五頁.
古屋恵太（二〇一三）「冷戦後教育学において「改良主義左翼」とは何を意味するのか?——保守思想を参照することによる問いかけ」『近代教育フォーラム』第二二号、一一一—一二〇頁.

堀尾輝久（一九七一）『現代教育の思想と構造――国民の教育権と教育の自由の確立のために』岩波書店．

堀尾輝久（一九七九）「現代における子どもの発達と教育学の課題」大田　堯ほか編『岩波講座　子どもの発達と教育1』岩波書店、二八五―三二二頁．

堀尾輝久（二〇〇一）「学説・論争史の丁寧な検討を」『日本教育法学会年報』第三〇号、七〇―七三頁．

堀尾輝久（二〇〇六）「私の仕事――戦後教育学の総括とかかわって」『研究室紀要』第三二号、九三―一〇六頁．

堀尾輝久（二〇一三）「いじめ・体罰、暴力問題を子どもの権利から考える」『クレスコ』二〇一三年六月号、三二―三七頁．

松下良平（二〇一五）「道徳教科化と国民国家をめぐる政治学――いずれのシナリオを選ぶのか」『現代思想』第四三巻八号、一六九―一八三頁．

水島朝穂（一九九五）「戦後教育と憲法・憲法学」樋口陽一編『講座　憲法学　別巻』日本評論社、一五五―一八一頁．

森田尚人（二〇〇三）「戦後日本の知識人と平和をめぐる教育政治――「戦後教育学」の成立と日教組運動」森田尚人・森田伸子・今井康雄編『教育と政治――戦後教育史を読みなおす』勁草書房、三―五三頁．

森田尚人（二〇一三）「近代日本教育学史の構想――思想史方法論をめぐる個人的総括」『近代教育フォーラム』第二二号、六七―九〇頁．

山内紀幸（二〇〇五）「焼畑のあとの教育思想史研究――「転換フェーズ」の真ん中へ」『近代教育フォーラム』第一四号、一三一―一三七頁．

終章　戦後教育学を超えて

一　戦後教育学から冷戦後教育学へ

（一）戦後教育学とは何か

本書ではははじめに、もはや「近代」を準拠枠とできなくなった教育思想研究のあり方を「教育思想のポストモダン」と名づけ、従来の教育学からこの新しい教育学への転換を問いなおしてきた。しかし各章には、ポストモダニズム、近代主義、教育思想史の方法論、教育実践や教育現実との関係といったテーマが設定されていたため、予備知識がないと俯瞰的な眺望をえにくかったかもしれない。そこで以下では、これまで論じてきた教育学の転換を別の角度からまとめておきたい。

「戦後教育学」から「冷戦後教育学」へ――本書ではポストモダニズムへの応答を中心に検討してきたが、一九九〇年代に起きた教育学の転換を今井康雄にならってこう呼ぶこともできるだろう（Imai 2007）。ではそもそも「戦後教育学」とは何か。児美川孝一郎は「『戦後教育学』がいったい何を指すのかについては、厳密な意味で学説史的な定義が存在するわけではない」としながらも、「ある世代以上の教育研究者や民間教育運動などに携わった教師であれば、〔中略〕一定の輪郭を思い浮かべることは、そう困難なことではないのではないか」とのべ、勝田守一から堀尾輝久に継承される東京大学中心の「戦後教育学」観を表明している（児美川 二〇一〇：八八―八九）。

一九九〇年代に戦後教育学批判の一翼を担ってきた教育行政学者の黒崎勲は、後に戦後教育学批判のあり方に疑問を提示し、戦後の多種多様な教育学研究を「戦後教育学」と一括りにして論難するアプローチは誠実性に欠けると苦言を呈している（黒崎 二〇〇九：九七）。この黒崎の反省を私たちは真摯に受け止めなければならないが、とはいえ以下の点は留意しておく必要があるだろう。第一に、戦後教育学とは第二次大戦後の教育学全体を指すものではなく、その一部である進歩的教育学を指すものだということである。したがって戦後教育学批判とは戦後の教育学全てを対象とするものではなく、特定の教育学者たちが有する一定の傾向を問題視するものだといえる。第二に、「戦後教育学」という用語自体は、「戦後教育学者」たち自身がある意図をもって意識的に使用しはじめたものだと考えられることである。「戦後教育学」という語の初出と流布過程の検討は別稿に譲らざるをえないが、このカテゴリーは戦後の教育学者の一部が、戦前の教育学および同時代の他の教育学者と自分たちを区別するための効果的な仕掛けとして作用したということができよう。

黒崎の反省から以上の二点を引き取りつつ、次に戦後教育学の代表者の一人、堀尾輝久による定義的記述を検討しよう。

戦後教育学は、戦前の御用学問への懺悔と批判に立って、新しい展開をとげてきた。それは一方で、新しい日本の建設は「教育の力にまつ」(教育基本法)として、教育にかけられた期待を背に、教育の民主化と結びあって、再発足した。それだけに、教育学は、社会と文明のあり方への批判意識と結びつき、教育学自身、社会科学の一分野として、精力的にその研究分野をきり拓いていった。「教育の社会的基底」が問われ、教育社会学や教育行政学が脚光をあび、社会科学を標榜する教育史研究会の成果が関心を集めた(堀尾　一九七九：二八七)。

堀尾の叙述で重要な点は二つある。第一に、戦後教育学が戦前の学問のあり方との決別から出発し、戦後社会の民主化を担うものとされている点である。つまり戦前の御用学問への反省と、平和で民主的な社会の形成への寄与という二つの前提を共有しないものは、「戦後教育学」の名に値しないのだ。堀尾は宗像誠也の『教育の再建』(一九四八)[1]の序章を評して、宗像が「戦前教育学への怨念にも似た心情とともに、軽薄な新教育論への徹底した批判と反省から出発すべきことを自らに言いきかせている」という(堀尾　一九七九：三〇九)。宗像の戦前期教育学への批判はなるほど仮借がない。だが森田尚人は、「戦前と戦後の断絶こそ、戦後教育学のつくりだしてきた最大の虚構のひとつ」であり(森田尚　二〇一三：八六)、「戦後教育学イデオロギーは戦前期教育学の学問的達成を封印し、その痕跡を徹底して消し去ろうとした」という(森田尚　二〇一四：二)。「戦後教育学」という名称は、戦後の進歩的教育学が自らに普遍性と正当性を付与する仕掛けだったのだ。

堀尾の叙述に戻って、注目すべき第二の点は、戦後教育学がマルクス主義の強い影響下で形成された事実が明示されていることである。「教育の社会的基底」という発想が下部構造論の影響を受けていることはいうまでもない。堀尾は「一九四〇年代の終り頃、東大教育学部の若手グループは教育の社会基底研究会をつくり教育の社会科学的分析をめざした。そのなかには大田堯、碓井正久、鈴木秀一、小川利夫らがいた」とのべている（堀尾 一九七九：三〇九）。大田は最近のインタビューで、「封建社会を打破する」という意図から同研究会に法学者の川島武宜を招いたことを回顧している（大田 二〇一四：二九〇）。川島が丸山眞男、大塚久雄と並んで近代主義と呼ばれる立場の代表者であること、近代主義が西欧に比して日本の後進性を指摘するという前提を講座派マルクス主義と共有していたことは、改めて指摘するまでもあるまい。堀尾はまた教育史研究会にも触れ、「教育史研究会は、教育を上部構造としてとらえ、その下部構造からの法則把握を標榜し、その成果を『近代教育史』（全三巻、誠文堂新光社、一九五一―五六年）としてまとめた」と評価している（堀尾 一九七九：三〇九）[2]。教育史研究会は海後勝雄・広岡亮蔵ら東京文理科大・東京教育大系の人脈を中心とし、その成果である『近代教育史』は唯物史観の歴史法則を応用したマルクス主義的教育史の試みだった（海後・広岡編 一九五一／一九五四／一九五六）。

（二）戦後教育学の形成と変遷[3]

以上を踏まえて定義しておこう。

戦後教育学とは、第二次大戦の敗戦を契機に、戦前戦中の超国家主義への反省を軸として形成された日本の進歩的教育学の総称である。あくまで革新的な傾向を有するものに限られ、第二次大戦後の教育学全てを指すわけではない。

戦後教育学の主な理論的成果としては国民教育論、国民の教育権論、教育的価値論、教育・教育学の自律論、教育行政の内外区分論、子どもの権利論や発達論等があり、代表的論者としては宗像誠也、宮原誠一、勝田守一、堀尾輝久などがあげられることが多い。

各論はさまざまだが、おおむね以下の特徴がある。教育と平和・国家体制の問題を関連させて論じる。戦前／戦後の断絶説に立ち、国家主義教育を批判し、民主主義教育・国民教育の実現と定着を目指す。戦後初期の改革を高く評価し、一九五〇年代以降の政策転換を「逆コース」と位置づける。人権等の一八世紀市民社会論の理念を称揚し、一九世紀以降の帝国主義や資本主義体制、そしてその影響下にある現実の文教政策を鋭く批判する、等々。

戦後教育学の原型は、講座派マルクス主義の強い影響下で、日教組をとりまく政治動向を反映して、一九五〇年代初頭につくられた（森田尚人 二〇〇三）。当時の教育学者と知識人は、戦前の教育が超国家主義を下支えしてしまったことへの深い反省から、朝鮮戦争の勃発と警察予備隊の設置等の一連の動向に戦後民主主義の後退と戦前への回帰（「逆コース」）を予感し、国家の政策転換を鋭く批判した。そうして教育の国家統制に反対するなかでつくられたのが、保守対革新という五五年体制を反映した、文部省対日教組、「国家の教育権」対「国民の教育権」という図式である。国家の教育政策を批判する際に戦後教育学が主な論拠としたのは、(旧) 教育基本法、人権や発達等の西洋近代の理念、児童中心主義等の教育思想であった。戦後の教育学者たちは日本が実現すべき教育的価値の源泉を西洋近代に求めた。いわゆる近代主義の立場である。そのことは占領期のみならず講和後の日本もアメリカの強い影響下にあったことと無縁ではない。戦後教育学は、アメリカに規定される日本の現実を超えるための理念を、西洋近代に求めたのだった。

戦後教育学は公儀としての中立的な教育学概念と、秘儀としての革新派の政治イデオロギーの二重性を有する (小玉 二〇一三)。つまり、教育学としては子どもの発達などの中立的な概念を提示するのだが、その背後には教職員組合や研究会といった革新派勢力の後ろ盾があり、この二重構造を通して戦後教育学は影響力を保ってきた。したがって戦後教育学の全貌を理解するためには、学問の内実だけでなく、運動体としての側面と多様な媒体に着目しなければならない。

とはいえまずは、学問の生産と再生産の場所としての大学から論じるべきだろう。戦後教育学の動向は東大閥を中心に記述されることが多いが、高等師範学校の流れを汲む東京文理大・東京教育大 (梅根悟ら) と広島文理大・広島大 (長田新ら) の貢献を忘れてはならない。なお竹内洋が指摘しているように、哲学的人間学の伝統を有する京都大は、戦後教育学の革新的な動向とは一線を画していた (竹内 二〇一一)。

学会としては、日本教育学会が一九四七年に学会組織化され、初代会長の長田新のもと特定の学閥によらないメンバーが集った。日本教育学会は日教組と近い関係にあり、国家の文教政策に対しては常にオルタナティブな政策提言を続けてきた。一九七二年に発行された『日本教育学会の教育改革意見書・要望書等資料集　一九五四―一九七〇』には、「教育公務員特例法の一部改正法案」「義務教育諸学校における教育の政治的中立の確保に関する法案」（一九五四）にはじまり、教科書制度（一九五五）、教育二法（一九五六）、道徳教育（一九五七）、教師の勤務評定（一九五七）、全国一斉学力調査（一九六一―六二）、大学管理制度（一九六三）、教員養成（一九六四）等、多岐にわたる検討と提言がまとめられている（日本教育学会　一九七二）。

教職員組合や民間教育運動、各種の研究会等も戦後教育学の重要な拠点だった。一九五一年の日教組第一次全国教研集会の講師団には、宗像誠也、宮原誠一、勝田守一、梅根悟、周郷博、海後勝雄、大田堯、矢川徳光らの教育学者が含まれ、第二回以降も戦後教育学の牙城の一つとなった。日教組は一九五七年に上原専禄を初代所長として国民教育研究所を設立するが、その運営には梅根、宗像、宮原、勝田、海後勝雄らが関わった（日本教職員組合　一九五八、一九六七）。ほかにも東大系の教育科学研究会（勝田、宗像、宮原ら）、東京文理大・東京教育大系の教育史研究会（広岡亮蔵、海後勝雄ら）、和光学園を中心としたコア・カリキュラム連盟（後の日本生活教育連盟、梅根、石山脩平ら）等は、戦後教育学を考える上で欠かすことができない（海老原　一九八八）。

戦後教育学の成果は、司法の場にも持ち込まれた。家永三郎を原告とする教科書裁判第二次訴訟第一審（杉本判決）は、国民の教育権論（堀尾輝久ら）に依拠して教科書検定を違法とし原告の全面勝訴となった（一九七〇年七月一七日）。ただし旭川学テ事件の最高裁判決では、国家の教育権論と国民の教育権論のいずれも全面的には採用できないとの折衷説が示された（一九七六年五月二一日）。

戦後教育学の形成には出版媒体も大きな役割を果たしている。教育学者に加えて清水幾太郎らが参加した『岩波講座　教育』（一九五二—五三）は、教育と平和の問題を関連づけ、反動的な保守勢力に抗う民主的な進歩勢力という戦後教育学の枠組みを決定づけた（森田尚　二〇〇三）。以降、歴代の岩波講座は戦後教育学の中心的パラダイムを形作り、知らしめる役割をはたした。『岩波講座　現代教育学』（一九六〇—一九六二）では学校教育学としての色彩が強く打ち出され、初等・中等教育の各教科の基盤をなすアカデミズムが強調された。岡本夏木や波多野誼余夫といった心理学者を編者に加えた『岩波講座　子どもの発達と教育』（一九七九—一九八〇）は、子どもの発達段階に応じた教育をコンセプトとし、その基礎理論や各発達段階での課題を網羅した（堀尾　一九七九）。

また、梅根悟と勝田守一が監修した『世界教育学選集』（明治図書出版、全一〇〇巻＋別巻、一九六〇—一九八三）は、国内外の教育に関するテクストを選択することによって、戦後教育学の理念を思想史的に裏打ちし、教育学の研究対象自体も構築した（矢野　二〇一〇）。

（三）教育学のパラダイム転換

（1）『教育学年報』と教育学の刷新

戦後教育学はマルクス主義や近代主義（市民社会派）に依拠して日本の後進性を指摘し、理念化された価値としての近代を実現目標とした。しかし一九六〇—一九七〇年代の近代批判と、一九七〇年代以降に知られるところとなったイリイチ、フーコー、アリエスらの仕事は、そうした理念的近代像に再考を迫った。同時期に注目されるようになった校内暴力、いじめ、登校拒否（不登校）などの「教育問題」は、「よきものとしての教育」という戦後教育学の前提を揺るがせた（藤田 一九九二）。

一九九〇年前後に東西冷戦と五五年体制が終焉を迎えると、保守対革新という政治図式が瓦解し、戦後教育学は徐々に力を失っていく。日教組は一九九一年に分裂して全日本教職員組合を生み、一九九四年には日本社会党の路線変更に伴い文部省と協調路線をとるようになる。二〇〇二年度から実施された「総合的な学習の時間」やいわゆる「ゆとり教育」は、日教組や戦後教育学の説を文部省（文科省）が受け入れたものといえる。

そうしたなか、戦後教育学に代わる新たな教育学が生まれる。その象徴は、一九九二年秋に創刊された二つの定期刊行物、『教育学年報』（九月一日奥付）と『近代教育フォーラム』（一〇月一日奥付）である。後者は一九九一年に創設された近代教育思想史研究会（現在の教育思想史学会）の紀要だが、同会の動向は第三章と第四章でやや詳細に検討したので、ここでは教育学のパラダイム転換のもう一つの象徴である『教育学年報』について論じておこう。

『教育学年報』（世織書房）は、森田尚人（教育哲学）、藤田英典（教育社会学）、黒崎勲（教育行政学）、片桐芳雄（教育史学）、佐藤学（教育方法学）を編者として一九九二年に創刊された。一九五一年生まれの佐藤以外は一九四四年生まれだから、刊行年には四八歳だった計算になる。教育学の各分野を超えた編者たちが集結したこのシリーズ本は、専門の壁を取り払って相互の交流を広げただけでなく、中堅世代の研究者が先行世代との論争を繰り広げることによって、教育学全体が新たなあり方へ生まれ変わろうとする変容のプロセスを世に知らしめることになった。背オビの「**始まりの〈時代〉**」とともに、「**創刊**」のゴシック字を左右に囲む創刊号のオビは、この企画意図と当時の空気をよく伝える。

新しい問題の成立は、それにふさわしい方法の確立を要請する。
新しい方法への関心は、新しい研究者の世代の登場を促し、それによって担われる！

しかも「教育研究の現在」と題された第一巻で五名の編者は、先行する教育学研究のあり方を批判しパラダイムの転換を主張したから、このインパクトは強烈だった。森田尚人（一九九二）は勝田守一の教育的価値論を、黒崎勲（一九九二）は宗像誠也と堀尾輝久の教育権論を、片桐芳雄（一九九二）は寺崎昌男と佐藤秀夫の実証主義的教育史学をというように、当時四〇代だった編者たちは先行世代が築いた教育学のパラダイムをそれぞれ鮮烈に問い直した。藤田英典（一九九二）は、ポストモダン論から教育社会学の転換を鮮やかに描き出した(4)。
一九五〇年代から一九八〇年までは『岩波講座』が戦後教育学のディシプリンを形成し普及してきたが、一九九〇年代の『教育学年報』は、戦後教育学の通説を問い直して新たな教育学の枠組みを提示した。佐藤学、苅谷剛彦、広田照幸、今井康雄といった九〇年代後半から日本の教育学を牽引することになる論者の多くは、『教育学年報』の出身である。むろん彼らは『年報』がなくても世に出たであろう。しかし『年報』が、教育学の刷新者としての華々しいイメージを後押ししたことは間違いない。

（2）日本教育学会の転換

一九九〇年初頭、教育学の刷新運動は近代教育思想史研究会や『教育学年報』からはじまったが、徐々にその思潮は教育学の本丸にも伝播していく。これを象徴するのが、日本教育学会の大会シンポジウムの変化である。メルクマールは、東京都立大学で開催された第五四回大会のシンポジウム1「教育学の最前線」（一九九五年八月二五日）であろう（加野 一九九九：iii）。小沢有作は大会校を代表してのべる。

> 教育学がおもしろくなるには、まず理論のアンシャンレジームを解体する方法の要素、歴史の読みなおしを含み、提示するところがなければなるまい。さらに、新しいパラダイムを模索して試行錯誤、十人十説、生まれ出づる悩みをさらけ出さねばならないであろう。そうすれば、おのづ《ママ》から議論百出、研究大会にも、学会にも活気が生じよう。要するに、オルターナティブを実行すれば、教育学はおもしろくなる（小沢 一九九五：ii）。

オルタナティブの希求は、黒崎勲の手によるシンポジウム1の企画趣旨文において、さらに端的に示される。そこでは、教育の独自性を主張することによって他分野の研究水準から取り残された戦後教育学を、教育学の外部から新たな知や手法を積極的に吸収している若手が乗り越えるという図式が明示されている。

戦後教育学という言葉が示すように、今日の主流をなす教育学のひとつの枠組みは、「戦前の国家主義的教育学」対「戦後民主主義教育学」という対抗図式を前提とするものである。〔中略〕「教育の内側から教育を問題にできるような理論をつくりあげる」という教育学へのアプローチは、今日では、教育的なものと教育外的なものとを区別し、教育的なものを、ともすれば無前提に価値的なものとするといった神話を生みだしているのではないか。他方、人文・社会科学の先端的動向にも触発されながら、新しい教育学研究を精力的に進めようとしている若い世代の研究者が多数存在する。本シンポジウムでは、こうしたいわば教育学の最前線にたって、力のある、意欲的な研究活動を進めている若手世代の研究者を提案者にえて、教育学研究の現在と将来展望とを語りあう場としたい（黒崎 一九九五：五四）。

教育学の刷新に期待をかけられた発表者は、矢野智司（教育哲学）、広田照幸（教育社会学）、大桃敏行（教育行政学）の三名である。矢野と大桃は一九五四年生まれだからシンポジウム当時は四一歳、広田は一九五九年生まれで同じく三六歳。一九九〇年代半ばの若手世代は、戦後教育学の枠組みを積極的に乗り越えていくことを求められており、それを時代の空気が後押ししたといえる。

そしてこの成果は、翌年の第五五回大会全体シンポジウム「〈教育学はどこへ〉――教育学のパラダイムの再検討」（一九九六年八月二九日、京都大学）に継承される。「シンポジウム設定趣旨」には、前年の「教育学の最前線」の問題意識と成果を継承し発展させることが唱われ、そのために反省の対象を「戦後教育学」から「近代教育学」にまで拡張することが意図された（小笠原・和田 一九九七：二）。

戦後教育学および近代教育学のパラダイムへの反省は、一九九八年の第五七回大会全体シンポジウム「教育という「物語」――人間形成への物語論的アプローチ」（一九九八年八月二八日、香川大学）ではさらに徹底される。ここで「物語」は、クーンのいうパラダイム、あるいは「枠組み」や「筋立て」のようなものと理解され、教育や子どもの成長が「物語」として相対化される。一九九〇年代後半には、ポストモダン思想を踏まえた近代批判が、日本教育学会でも一定の支持を得ていたのである。

「教育」概念の相対化や「教育＝近代」という歴史意識の自覚は、「啓蒙」「進歩」という「大きな物語」の自明性を大きく揺るがせている。「物語」という視点から教育という営みを再構成するとともに、人間形成の問題として考察していきたい（矢野・毛利 一九九九：三）。

(3) 閉塞する岩波講座

このような教育学の刷新と並行して、一九九八年に『岩波講座　現代の教育　危機と改革』(全一二巻+第〇巻) が刊行される。同書は『子どもの発達と教育』(一九七九―八〇) 以来二〇年近い時を経ての新たな岩波講座だが、その論調はかつてのそれとは趣を異にする。第〇巻は「教育への告発」と題され、三一名の著名人が自らの教育経験を語っているのだが、そこで語られる教育像の多くは明るいものではない。編者による「まえがき」も、当時の陰鬱な空気を伝えている。「子ども・青少年をめぐって心痛む事件や、これまでの常識でははかれないような不条理な現象が頻発し、私たちの心に重くのしかかっている」(佐伯ほか 一九九八：v)。この時期には、マスコミを通して子どもに対する不安が喧伝されていた。「子どもが変わった」とする通説を問い直し、その後の論調を転換させるきっかけとなった広田照幸『日本人のしつけは衰退したか』(講談社現代新書、一九九九年四月) はまだ発行されていない。

もちろん岩波講座は『教育』(一九五二―五三) 以来、同時代の教育状況を「危機」として捉えてきた (第六章参照)。その意味で時代を悲観的に診断することは、『現代の教育　危機と改革』だけの特徴ではない。だが、かつての岩波講座では「危機」を克服するための処方箋を示すことができたのに対して、ここでは進むべき方向性や明るい未来の見通しを示すことができていない。佐藤学はのべる。

教育は今、大きな転換点に立っている。学校の病理が噴出し人々が学校批判と教師批判を展開し始めたのは、一九八〇年の尾鷲中学校の校内暴力事件であった。それ以来約二〇年間、校内暴力、家庭内暴力、不登校、受験競争、自閉、摂食障害、いじめ、学びからの逃走、ドロップアウト、学級解体、援助交際、凶悪犯罪など、子どもの危機はますます深刻化している。〔中略〕今後、教育改革はどのように進展するのだろうか。どこにもモデルはなく、誰もそのゆくえを予測することはできない（佐藤　一九九八：五四―五五）。

現代からみればこの閉塞感は、「大きな物語」の喪失によるものだと考えられる。その意味で『現代の教育　危機と克服』は、ポストモダン状況の一つの徴候にほかならない。

二　近代批判のゆくえ

（一）教育学の基点をめぐる問い

では翻って、私たちはこれからの教育をいかに構想しうるのだろうか。一九九〇年代の教育学では、近代教育学批判や戦後教育学批判が一大ムーブメントとなったが、二〇〇〇年頃からは批判の勢いは下火になり、近代教育の脱構築から再構築に舵を切ろうとする立場もあらわれた。もちろん、こうした趨勢に全く無縁に戦後教育学の遺産を守ろうとする者もいる。

ポストモダニズム、近代教育学批判、戦後教育学批判は一般に、教育学から規範創出能力を奪ったといわれてきた。この説に対する筆者の異論は本書（第一章等）で論じてきたが、とはいえ一九九〇年代以降の近代教育批判を牽引してきた森田尚人自身が、近代批判は自分たちの拠って立つ道徳的基盤を破壊しかねないものだったと回顧していることは看過できない。

たしかに私にとっての近代教育批判は、反近代を意図したものではなかった。〔中略〕だが、近代批判という学問的作業は、われわれの拠って立つ道徳的基盤そのものを破壊しかねない危うさもあわせもっていたことを、われわれは軽視していたように思う（森田尚 二〇一三：八七）。

ここで森田は、チャールズ・テイラーの『自我の源泉』（Taylor 1989＝二〇一〇）を例に挙げながら「テイラーの試みのように、近代的理性の問いなおしが、同時にわれわれの道徳的行為を導く原理の探求になるような教育思想史を構想することが、今後の研究活動の焦点になるべきなのではないだろうか」とのべる（森田尚 二〇一三：八七）。

では私たちは、今後どのような教育学を構想しうるのであろうか。以下ではこれからの教育学が取りうる方向性に関して二〇一〇年代の代表的な立場を概観した上で、筆者なりの見通しを記して、本書の結びに代えたい。

(二) 再び普遍的価値へ

最初に検討すべきは、戦後教育学を継承しようとする立場だろう。彼らの多くはポストモダニズムを痛烈に批判する。ポストモダニズムの立場を取らなければ、あるいはポストモダニズムを批判すれば、教育学はかつての威信を取り戻すことができると考えているようですらある。

教育科学研究会の佐藤広美の論を引いておこう。佐藤は、森田尚人、矢野智司、今井康雄、広田照幸らの立場を「ポストモダン教育学」と呼び、それらが教育の普遍的な価値への信頼を失わせたがゆえに、新自由主義に道を譲ることとなったという。典型的な進歩的教育学の言説である。

普遍的価値を投げ出せば、教育の危機的現実を読み解き批判する拠り所を失い、現状への追認になりかねない。それでは、貧困と格差を呼び起こし、教育統制を強める新自由主義的改革を断行する国家の教育行政犯罪を見損ない、免罪してしまう。これでは現実に責任ある教育学とは言えない。大事なことは、教育の普遍的な価値への揺るぎない探求であり、価値認識が不十分であればさらに深め直す構え＝教育研究者の思想性にあったろう（佐藤　二〇一四：三〇―三一）。

しかし教育学が普遍的価値を論じないことが本当に、直ちに現状の追認になり、貧困の蔓延と格差の拡大に帰結し、新自由主義を免罪することになるのだろうか。この論理にしたがえば普遍的価値を論じない多くの教育学研究――例えば、教育社会学や教育心理学のほとんど――は、「国家の教育行政犯罪」の共犯者となってしまう。あるいは価値に関連する教育哲学や教育思想研究に限っての論だとしても、普遍的価値なるものが一元的に規定できると考える研究者は現代では多くはないだろう（宮寺 二〇一四）。そもそも佐藤は貧困・格差と国家の教育統制の問題を「新自由主義」という語で一括し、「普遍的価値」を対峙させることでそうした傾向の歯止めとしようとしているが、貧困や格差の解消と国家による教育統制への対抗には別の対策が必要なのではないだろうか。

また佐藤の論は、戦後教育学に立脚するポストモダン批判の多くと同じく、ポストモダン思想とポストモダン状況とを混同している点でも問題がある。ポストモダン状況への変化はおそらく不可逆であり、ポストモダン思想を否定してもポストモダン状況からは逃れられない。戦後教育学が影響力を低下させた原因は、教育学それ自体よりも、教育学がおかれた状況――五五年体制と保革対立図式の崩壊――に求められるべきだろう（**表7－1**）。

佐藤の説に即して、以下の二点を考える必要がある。まず第一に、仮に一九九〇年代中頃までは教育学が国家の文教政策に対抗できていた（少なくともその実感を当事者が感じることができていた）とするならば、その布置はなぜ失われてしまったのか。教育学の効力を再び取り戻そうとするならば、教育学説・理論の内実とは別に、教育学の置かれた状況の変化を検討しなければならないだろう（広田ほか 二〇〇九、広田 二〇一四ａ）。そして第二に、教育学は社会に起因する問題をどの程度解決できるのか。教育学が自らの置かれた状況に影響を与えるということはいかに可能なのか。やや厳密性を欠く用法になるが、上部構造は下部構造に手が届くのか否か。こうした点を考えるた

表7-1　社会・政治体制と教育学

時期	1950年代～1980年代末	1990年代～
教育学の主な動向	戦後教育学 (近代主義、マルクス主義)	冷戦後教育学 (ポストモダン教育学)
社会・政治体制	冷戦体制 (福祉国家、55年体制)	冷戦後体制(新自由主義、グローバリゼーション)

めには、戦後教育学が乗り越えたと考えてきたマルクス主義教育学の遺産が改めて検討されるべきだろう。

以上を踏まえて教育学自体の問題に戻りたい。児美川孝一郎は、「ポストモダンの思潮」が「モダンの論理に立つ戦後教育学」の「足場」を突き崩してきたという(児美川 二〇一〇：九二―九三)。この現状認識自体は、先の森田の理解とさほど変わるものではない。

では、ポストモダン思潮によって教育学の足場が崩されたとして、私たちには何ができるのか。児美川は、ギデンズのいうように絶えず再帰的に自らの根拠自体を問いなおす反省的回路を組み込んだ上で、「近代教育原則」を維持すべきであるとのべる。


アポリアと呼んでもよい教育学の困難を前にして、できることがあるとすれば、今日においても教育を導き、方向づけることのできる目的論や理念を、たとえフィクションではあれ〝仮構〟し続けていくことよりほかにないのではないか。そうした教育目的や理念は、どこかに絶対的な準拠枠を求めることはできないので、絶えず再帰的に、自らの根拠じたいを問い直していく回路を備えている必要もある。〔中略〕

こうした再帰性を組み込めば、戦後教育学の問題設定は、以前には視野におさめることのできなかった問題領野を意識することになるだろうし、逆に、「近代教育原則」として掲げられていた諸理念が、そう簡単にうち捨てられてよいということにもならないのではないか（児美川 二〇一〇：九二―九三）。

継承すべき理論の内実を別にすれば、筆者は児美川の立場に比較的近い。堀尾輝久の「近代教育原則」はもはや維持できないだろうが（第六章参照）、近代的な理念の一部は、その限界を批判しつつも継承されるべきであると筆者も考える。例えば「自律」は、その限界が明らかにされたとしても今なお私たちの課題であり続けているし、その不可能性が示されたとしても教育の目標としては維持すべきであろう（下司編 二〇一五）。また発達や人権等の近代教育の主要概念については、その歴史的規定性や限界を批判的に解明するアカデミックな作業を継続しつつ、同時に教育実践においてはその保障や実現に向けた努力がなされる必要がある。国家主義的な道徳教育に対しては、批判や啓蒙といった近代的理念をもってその抑止力とすべきである。

だが、状況認識とそれに伴う教育学の構想において筆者は、児美川とは立場を異にする。児美川は「『実践』の学としての教育学」とは教育科学の成果を踏まえつつ「教育という営みの方向付けを主導しようとする」ものであり、「戦後教育学とは、まさにこうした意味での『実践』の学であることを志向した研究運動だったのではないか」という（児美川 二〇一〇：九二）。ここで児美川は、理論が実践を、知識人が大衆を、教育学者が教師を導くべきであるというツリー状の階層構造を前提としている。竹内洋は、教育学者―教員―子どもという支配構造こそ、戦後教育学者（進歩的教育学者）の理想だったとのべる（竹内 二〇一一：一九三）。そうした制度の代表としては日教組教研集会が思い起こされる。児美川論文が全日本教職員組合の設立した民主教育研究所の機関誌に掲載されていることは、教育学者―教員の階層構造を象徴的に示すだろう。もっとも教育学者による教員支配の構造は革新側だけの問題ではなく、文科省側の官僚的機構の方が当然強固である。現代の教員免許更新講習はこの構造を否応なく実感させる例である。

しかしポストモダン状況において、このようなツリー状の構造はすでに崩壊しつつある（第五章参照）。であるならば今後は、リゾーム状あるいはアノミー状に教員を自由にすることが求められるのではないか。教員が免許更新講習や組合主導の研修ではなく、自らの力で学び、教育学者に仮託することなく自らの見解や実践例を発表していくこと。それが筆者の理想である。そのためには逆説的に、教員にアカデミックな回路を組み込む必要が生じる（下司 二〇〇五）。これはおそらく、子どもに対してシティズンシップ教育を行う必要があることと並行的な事象である。制度的な保障や「大きな物語」が失われているという前提から出発し、子どもも教員も、制度依存から自律的存在へと移行しなければならない。こうした筆者の発想はある面ではイリイチやフレイレの思想に近いかもしれないし、また戦後教育学よりも徹底した啓蒙主義と受け止められるかもしれない。

ともあれ、戦後教育学の継承者たちは新しい状況に古い武器で立ち向かおうとしているように筆者には思われる。しかし教育学がかつての戦後教育学のような力を取り戻そうとするならば、新たな足場を構築することが必要なのではないのか。そのためにも、戦後教育学への批判は継続されなければならない。もちろんそれは限界を見極めるためのカント的な批判であって、全否定ではないことはいうまでもない。

(三)　存在論的倫理へ

では、戦後教育学の継承者のように普遍的価値や近代教育原則を足場にすることができないとすれば、私たちは何を基盤とすればよいのか。次に検討するのは、近代教育批判以後で最も影響力のある理論家の一人である田中智志の説である。

田中は一九九〇年代には近代批判の急先鋒と目されていたが、二〇〇〇年頃に近代教育の批判から再構築へと立場を転換した。この転換は、先に触れた森田尚人の発言を先取りしていたかのようである。田中は、道徳的行為を導く原理たりうる教育思想史を構想すべきであるという森田の主張を直接に受けて、教育の基盤となりうる思想を探求すべきだという。その起点は、大正新教育にみられる「自然・生命思想」およびその背後にある「キリスト教的存在論」であり（田中 二〇一五：五二〇）、最終的に「日常の生活を根底で支えている事実性としての倫理、いいかえれば、自明の理、暗黙の礎としての存在論的倫理」にたどり着く（田中 二〇一五：五四六）。

では、田中による教育の基礎づけの試みはどの程度成功しているといえるのだろうか。

まず考えるべきは、田中の説が科学的に検証可能な域を超え出てしまっていることだろう。田中のいう存在論的倫理なるものは、あるかもしれないし、ないかもしれない。だがそれは、あらかじめ言語によっては理解不可能なものと規定されている以上、科学によって解明される類のものではない。であるならばその探求は、かつての政治的イデオロギー闘争とはまた異なった「神々の争い」を教育学に持ち込むことにはならないだろうか。
次なる問題は、教育の存在論的な基礎づけを探る田中の枠組みでは、逆説的にごく当たり前の日常的な教育実践が思考の埒外に置かれてしまう点である。例えば田中は、「アガペーとしての愛」あるいは「存在論的な相互連関」を否定すると、教師は眼前の子どもに挨拶すらできなくなるという。

アガペーとしての愛は、キリスト教的な概念であるが、普遍的な事実である。〔中略〕もしもそうした存在論的な相互連関、つながりを「非科学的」「超自然的」と呼び、嘲笑し棄却するなら、教師は、眼の前の子どもに「おはよう」という声一つかけられなくなる。人が人と出会うこと、ともに生きることを無心に歓ぶのも、アガペーとしての愛の営みに他ならないからである（田中 二〇一五：五四三）。

筆者は残念ながらアガペー的な愛や存在論的な相互連関を実感したことはないが、学生には挨拶をするし、自分が学生だった頃には全く愛を感じない教師にも一応挨拶はしたと思う。多くの教師や子どもたちも同じだろう。教育とはそのような形而下的な営みなのではないか。教育概念を過度に純化すると、現実の日々の教育活動は不純なもの、頽落したものとして視野からこぼれ落ちてしまう。

思想研究の方法も疑問なしとしない。『他者の喪失から感受へ』（二〇〇二）以降の田中は一貫して、有用性には還元できない、教育を基礎づける存在論（のようなもの）を探求してきた。だがこれらの研究では、題材が変わっても、解読される思想はほとんど同一となる。『人格形成概念の誕生』（二〇〇五）や『社会性概念の構築』（二〇〇九ｂ）では、現実には社会的有用性に取り込まれてしまった「人格」や「社会性」は頽落とみなされ、失われたキリスト教的思想が本来的なものとしてみいだされる。『教育思想のフーコー』（二〇〇九ａ）では、確かにフーコーの文章は引用されているのだが、導き出されるのはハイデガー的存在論である。(5) 橋本美保との共編著『大正新教育の思想――生命の躍動』（二〇一五）の「まえがき」で田中は、戦後教育学が新教育に「教育的価値」を見いだしていたのに対して自分たちは「脱構築不可能な思考」を見いだすのだという（橋本・田中 二〇一五：ii）。だが、戦後教育学と田中の手法は実際にどの程度異なるのだろうか。(6) 「教育的価値」にせよ「脱構築不可能な思考」にせよ、自らの問題関心を過去の素材に託して語っていることに変わりはないのではないか。(7)

とはいえ、「存在論的倫理」をはじめとする田中の論を引き取ることによって、新たな研究課題も開けるに違いない。近代教育には、教育を成立させる根拠が確かに存在した。それは西欧的な

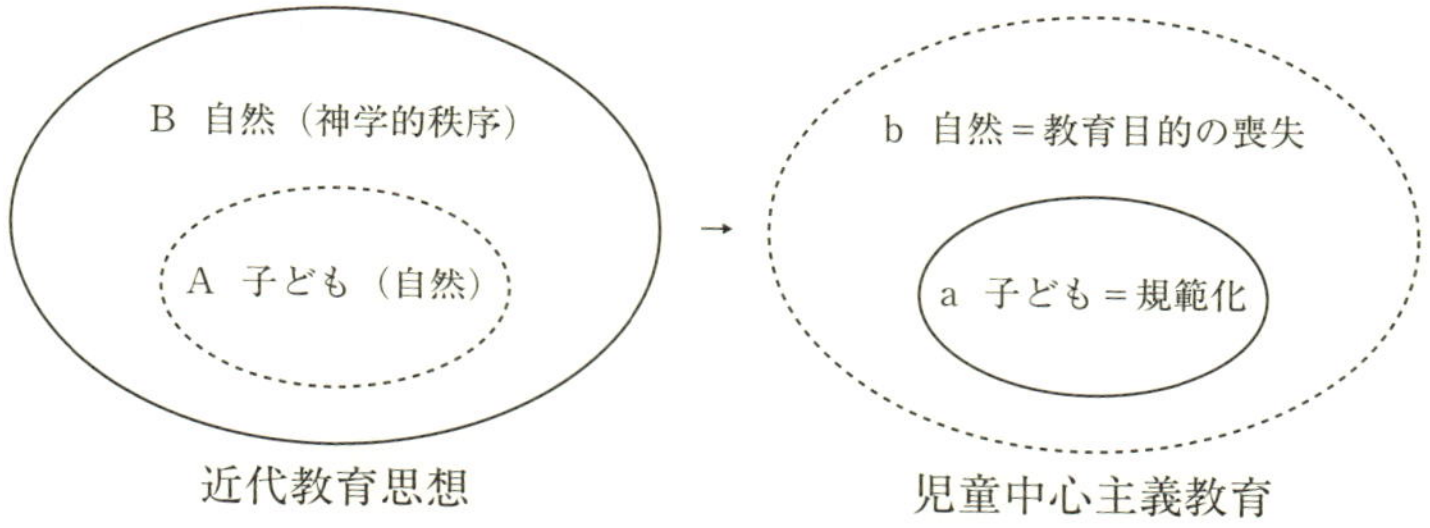

図7-1　「自然」の喪失――近代教育思想から児童中心主義教育へ

「自然」概念である（梅根　一九六六）。コメニウス、ロック、ルソー、ペスタロッチ、フレーベル、ヘルバルト、デューイ……等々。教育学説史に名を残す思想家たちは、みな「自然」によって教育を基礎づけている。近代教育思想において「自然」とは、世界の神学的な秩序であり、教育の目標かつ源泉であり、個人と社会の発達・発展の原理であり、場合によっては神の意志であり、田中のいう存在論的基盤を含むものであった。だが、近代教育思想が新教育の時期に児童中心主義教育として読み替えられることによって、「自然」は、子どもに関する部分は生物学や生理学、心理学の用語に置き換えられ、社会に関連する部分は政治思想に置き換えられた。それによって「自然」が示していたはずの秩序ある一つの教育目標も失われる（**図7－1**）。原聰介（一九九二）が指摘していた教育目的が曖昧になり、教育可能性ばかりが取り沙汰される方法至上主義には（第三章参照）、大まかにいってこのような思想史的な背景があると考えられる。存在論的基盤と呼ぶにせよ、自然と呼ぶにせよ、現代の教育思想の背後には、「根源的に失われた何か」がある（第四章参照）。むしろ、そのような統一的な秩序を欠いた状態がポストモダン状況といえるかもしれない。では何が失われたのか。その探求は、思想史的な課題として今も私たちの前にある。

（四）教育の再政治化へ

続いて検討するのは、二〇〇〇年代以降の教育学の牽引役の一人である小玉重夫による「教育の再政治化」論である。小玉は新たな公共性の構築とシティズンシップの育成を課題としており、近年はこれまで脱政治化されてきた教育を再政治化すべきであるとして、「教育政治学」という分野を提唱している（小玉 二〇一一）。

もっとも、小玉の論を検討する前に新たな『岩波講座』の動向に触れておくべきだろう。『岩波講座　教育　変革への展望』は、佐藤学（学校教育学）、秋田喜代美（教育心理学）、志水宏吉（学校臨床学・教育社会学）・小玉重夫（教育哲学・教育思想）、北村友人（比較教育学・国際教育論）を編者として二〇一六年四月より刊行されている(8)。

同講座第一巻の「序論　今、教育を再定義する意義」において小玉は、戦後教育の歴史を三つの段階に区分する。戦後から一九六〇年代までは、教育には善きもの、近代的価値を有するものとしての輝きがあった。一九七〇年代から九〇年代には、教育はその神話の虚偽性が暴露され、大きな批判を受けることになった。そして一九九〇年代後半以降のポストモダン状況では、それまでの価値や制度が再編されるなかで教育も大きく意味を変容させつつある。先行きが不透明な時代には、教育を考える際にも従来のモデルは通用しない。したがって現在は「批判されたかつての教育とは異なる意味での教育のあり方を再構築する時代」、「教育を再定義する時代」である（小玉 二〇一六a：一―二）。以下では同書第一巻に収録された小玉の「公共性の危機と教育の課題――教育の再政治化とどう向き合うか」を検討しよう。

小玉は、現代を「一九五〇年代型の教育の脱政治化が解除され、教育の再政治化がもたらされつつある状況である」と診断する。しかし「教育の再政治化と向き合うための理論枠組みを、教育学は十分に形成しているとは言いがたい。それは、一九五〇年代の教育をめぐる政治を〈「民主的な進歩勢力」対「反動的な保守勢力」〉という逆コース史観の枠組みで捉え、その脱政治化の側面を今日に至るまで見落としてきたことと無縁ではない」（小玉 二〇一六b：七―八）。

ここで小玉が採る戦略は二つある。一つは、戦後教育史の通説であった「逆コース史観」の再考であり、もう一つは、教育の再政治化に向けた教育実践の構想である。

戦後教育史の再考問題から検討しよう。「逆コース史観」とは、「戦後改革を民主的な改革として位置づけ、朝鮮戦争を境にしてそうした一連の民主的な改革が止まり、その後、逆コースになっていくという歴史認識」のことであり、この歴史認識は「進歩的な革新勢力対反動的な保守勢力という対立図式を前提として教育の課題を論じる、戦後革新派教育学に固有の枠組みを形成してきた」（小玉 二〇一六b：九―一〇）。小玉によれば、「冷戦期教育学は一方におけるイデオロギー的対立と、他方における『子どもの発達』を掲げた教育的価値のリベラルな中立性・脱政治性という、二重の文脈のなかで展開してきた」（小玉 二〇一六b：一〇）。つまり戦後教育学は、「リベラリズム」と非政治的な「子どもの発達」を公儀としながら、秘儀として「講座派マルクス主義に依拠した日本社会の政治的変革の構想を持っていた」（小玉 二〇一六b：一一）。しかし、このような冷戦期の遺産は、現在進行しつつある教育の再政治化と向き合うための理論的枠組みを構築する妨げになっている。ここに冷戦期に構築された保革の対立枠組み、そしてそれに依拠してきた戦後教育学の枠組みを問いなおす必要が生じる。

この後、小玉は教育の再政治化に向けた教育実践の構想を語るのだが、その内実に深入りするのは避けよう。戦後教育史の再考とシティズンシップ教育の実施という両面作戦を展開する小玉の立場は、例えば福祉国家の再編とそれに伴う自由化を、「市場の復権」という構図で悲観的にのみ捉えるのではなく、望ましい社会を形成する契機と捉える点において、戦後教育学の継承者たちよりも教育現実への関与の度合いが高いといえる（小玉 二〇一六b：一五）。理論的にも、小玉が『教育改革と公共性』（一九九九）以来一貫して追求してきた異質な他者が出会う場としての公共性という理念は、今後の教育学の基点の一つとなりうるであろう。そのことを認めた上でなお、二つほど考えるべき点があるように思われる。

一つは、（古いタイプの）政治的中立性を放棄して教育を再政治化することは、小玉自身の立場をも相対化してしまうのではないかという点である。小玉は、戦後教育学とは異なり自らの基盤を普遍的な価値や中立的な概念に置かず、教育と教育学を政治化しようとする。しかしそうした場合、小玉自身の主張はどのように優位性を担保できるのだろうか。戦後教育学は、背後に政治的イデオロギーを隠しつつ、政治的中立性と普遍的価値を僭称することによってメタの観点に立ち、自らの特権性を担保してきた。であるとすればこの手法を放棄した際、小玉自身の説が他の説より優位にあると何によって保障させるのか。あるいは、そのような基礎づけはもはや不要なのだろうか。もっともこの問題は、ポストモダン状況ならではの困難ともいえる。

もう一つは、教育思想研究の意義をどのように考えるかであるが、小玉はそのこと自体を明示的に論じてはいない。そこで次にこの問題を考察することで、本書の結びと代えたい。

三　教育思想から社会思想へ

(一) 教育思想と社会思想

小玉重夫がのべるように、戦後教育学は脱政治化された中立的概念によって、国家や経済界による教育への介入を防ごうとしてきた。同様の事態を広田照幸は、戦後教育学は、「社会の論理」と「教育の論理」を二分法的に切り分けることで、「教育の自律性」を主張し、「社会の論理」(国や財界等の要求)から教育を守るための防護壁を築いてきたと説明する(広田 二〇一四b：一九三)。だが冷戦体制の崩壊以後、国家や社会の要求がより直接的に教育を規定するようになってきている。では、教育が国家や社会に従属しないためには、戦後教育学の枠組みに代わるどのような観点が必要とされるのか。

「社会の論理」と「教育の論理」を二分法的に切り分ける図式自体を問い直し、教育を語る際に積極的に社会に関しても語っていくこと。筆者としてはこれこそが、これからの教育学がとるべき道ではないかと考えている。理想の教育像は、その背後に理想の社会像を含むのだから、その社会像も含めて教育を語ること。これはあくまで理想の教育とあるべき社会像とを連関させて考えることであって、教育を社会の論理に従属させたり、教育を理想の社会を実現する手段とすることではない。

教育哲学・教育思想研究においても同様に、教育思想と社会思想とを連関させて研究が進められるべきであろう。あらゆる教育思想は、理想の社会像を内包する。したがって「社会の論理」を含まない「教育の論理」はあり得ない。中立的な概念によって「教育の自律」と「教育学の自律」を主張する戦後教育学も、背後には革新的イデオロギーと理想の社会像（社会改革の思想）を隠し持っていた。教育思想が社会思想を内包するものであることは、教育学の歴史を紐解いてみれば理解できる。例えば、教育哲学・教育思想史の「古典」とされる名前を列挙してみよう。ソクラテス、プラトン、アウグスティヌス、アクィナス、ルター、コメニウス、ロック、ルソー、コンドルセ、ペスタロッチ、フレーベル、ヘルバルト、デューイ……等々。だが彼らは、教育学者だったのだろうか？　否、彼らは哲学者であり、思想家であり、宗教家であり、何より社会の改革者であった。彼らは、自らが求める理想の社会を実現するための一つの拠り所として、教育を論じたに過ぎない。

加藤守通がのべるように「教育学とは元来、教育を超えた様々な事象への幅広い理解に支えられ成立していた」のだが、「人間、世界、歴史、神への包括的な洞察」といった「教育学が従来持っていたアウラを失い、特殊化されていくにしたがって、それは課題を遂行する技術になり、あるいは課題から逸脱するものを矯正する技術になっていった」（加藤　二〇〇四：五）。原聰介（一九九二）のいう、教育目的の曖昧化と教育可能性論の前景化である。

この転換と教育学の自律は実は無縁ではない。「教育学の自律」は、ある思想を「教育思想」として位置づけることによって成立する。近代に国民教育制度の発展とともに成立した教育学は、自らの学問的根拠を、過去の思想家がものした教育に関するテクスト群に求めた（矢野　二〇一〇：一六六）。その過程で特定の思想は「教育思想」と「それ以外」に峻別され、前時代の思想のうち教育に関しない部分や当該テクストを読解する時代に適合しない部分は教育学の枠から排除されていった。つまり「教育思想」は、それが本来含んでいたはずの社会思想を隠蔽することによって成立するのである。森田伸子は、近代教育学が雑多なテクストの集積と誤読によって成立しているとのべている。

近代教育学は、きわめて多様性に富む近代の様々なテクストの、これまたきわめて画一的な「誤読」からなっている、と言うべきかもしれない（森田伸　一九九二：三八）。

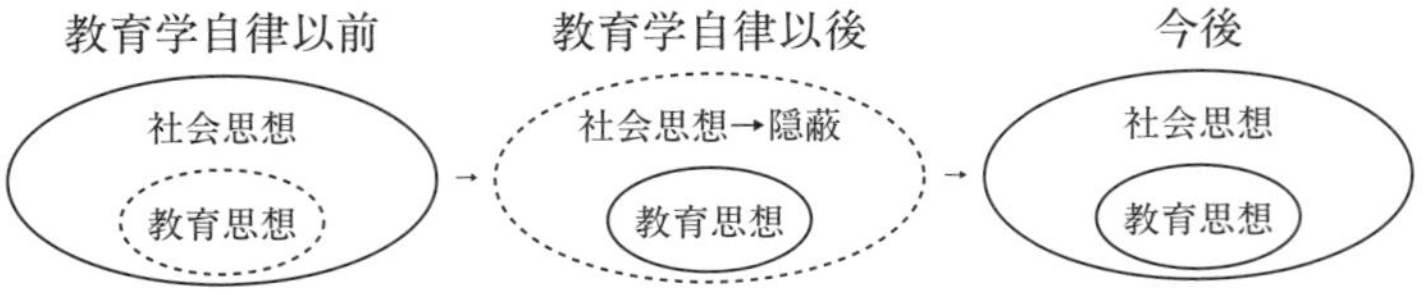

図 7-2　教育思想＝社会思想へ

例えば私たちは、ルソーが社会改革に傾けた情熱を、少なくとも『エミール』から読み取ることはしない。だが周知のように、『エミール』で語られる「自然」は彼にとって社会の理想状態を表すものであり、社会状態（市民）／自然状態（人間）の分裂状況において困難ではあるが目指すべき目標を示すものでもあった。またコメニウスやペスタロッチ、フレーベルについても私たちは、彼らが教育に傾けた情熱を語るのみで、彼らの篤い信仰は「時代的限定」として考慮しない。そして彼らが抱いていた社会変革への強い欲求は、教育によって社会を変革していく自覚へと変換されて受容される。これは先に触れた近代教育思想から児童中心主義教育への移行において、「自然」概念が喪失される過程と同一のものである。

教育学は、ある時は既存の社会への適合を暗黙の思想としてその下請け機能を果たし、ある時は社会変革の願望を持ちつつも、社会思想を隠したまま「教育の自律性」を強弁することで、対抗勢力となってきた。前者はみずから社会改革のヴィジョンを持たないため、あるいは既存の社会秩序を受け入れるため、現状適応のために教育を用いる。後者は暗黙に社会改革の像を保持しているが、それを前面に出すことなく、教育という領域の自律性（そしてそれを支える教育学の自律性）を担保として、文教政策と戦ってきた。だが今や教育・教育学の自律性を主張しても、現代の教育改革の趨勢に対抗し得ない。であるならば私たちが取り得る戦略は、教育思想を再び社会思想を含むものとして提示することであろう（図7－2）。教育思想を社会思想とともに語るという以上の戦略は、小玉重夫のいう「教育の再政治化」や（小玉 二〇一六b）、宮寺晃夫のいう教育の社会理論／政治理論への「埋め戻しと再発見」（宮寺 二〇一四：三八六）に通じるものである。求める理想の社会像を示しつつ、教育を語ること。しかしこれは、「教育思想家」と位置づけられてきた人々が、本来的に繰り返してきたことではないのか。むろんその通りだ。思想家と私たちの拘束具を解除しよう。

(二) 現代思想はカノンたり得るか

では教育思想と社会思想をともに語るとして、私たちは今後いかなるテクストを考察の手がかりとするべきなのだろうか。これまで「教育思想家」と位置づけられてきた人物のものだろうか。あるいは、従来は教育思想とみなされていない、現代思想やポストモダンの思想家のそれだろうか。

筆者はこのような疑問から、教育哲学会第五七回大会の研究討議「「教育学の古典」はいかに創られ、機能してきたのか――教育哲学のメタヒストリー」（二〇一四年九月一三日、於 日本女子大学西生田キャンパス）において、「「教育学の古典」に関するアンケート」を実施した（下司・木村 二〇一五）[10]。教育哲学会大会での調査でありサンプルに偏りはあるのだが、今後研究されるべきとされた思想家については興味深い結果が示されている。デューイ（第一位）、ルソー（第二位）、カント（第三位）、プラトン（第四位）、ペスタロッチ（第四位）、コメニウス（第六位）、ヘルバルト（第七位）、フレーベル（第一〇位）など、教育思想史でよく言及される人物が第一〇位以内に入っている一方で、フーコー（第七位）やイリイチ（第九位）等、教育批判の思想家も重要視されている。第二〇位以内には、マルクス（第一一位）、ニーチェ（第一四位）、アレント（第一四位）、デリダ（第一四位）等、「現代思想」とその先駆者が目を引く（表7－2）。今後、教育哲学や教育思想研究で対象となる思想家は、時代状況に応じてさらに変化していくだろう。

だが他方で、教育哲学・教育思想研究の対象は無制限に拡張されてよいかというと、そうともいえない。新たな思想はすべからく研究対象となるわけではない。本書で描き出してきたように、それを読む時代の教育現実との対応、そしてこれまでの教育学の蓄積との関係が明示されなければならない。また、従来の教育思想研究が何を対象とし、何を対象としてこなかったのかについても、検討されるべきだろう(11)。

(三)「よるべなさ」を生きる

いよいよ紙幅も尽きてきた。本書全体のまとめとして最後に、少し大胆な書き方に挑戦したい。

広田照幸は、教育哲学者の「臆病さ」を批判している。多くの教育哲学者は難解な考察や思想の研究のうちに自分の考えをほのめかすだけで、今後の教育が目指すべき方向を直接に語らないが、それでは教育現実との距離がありすぎる、と（広田 二〇〇九：一一一）。

表 7-2　今後研究されるべき思想家（複数回答、n = 126）※
（下司・木村 2015：235 より）

順	思想家	全体（126）	～20 代（38）	30 代（28）	40 代（26）	50 代（18）	60 代（12）	70 代～（4）
1	デューイ	62.7%（79）	63.1%（24）	64.2%（18）	69.2%（18）	55.5%（10）	58.3%（7）	50.0%（2）
2	ルソー	54.7%（69）	50%（19）	50.0%（14）	65.3%（17）	44.4%（8）	66.6%（8）	75.0%（3）
3	カント	34.1%（43）	36.8%（14）	32.1%（9）	42.3%（11）	22.2%（4）	16.6%（2）	75.0%（3）
4	プラトン	31.7%（40）	21.0%（8）	50.0%（14）	34.6%（9）	27.7%（5）	25.0%（3）	25.0%（1）
4	ペスタロッチ	31.7%（40）	21.0%（8）	28.5%（8）	38.4%（10）	33.3%（6）	50.0%（6）	50.0%（2）
6	コメニウス	30.9%（39）	21.0%（8）	35.7%（10）	34.6%（9）	38.8%（7）	25.0%（3）	50.0%（2）
7	フーコー	26.9%（34）	36.8%（14）	28.5%（8）	30.7%（8）	11.1%（2）	8.3%（1）	25.0%（1）
7	ヘルバルト	26.9%（34）	26.3%（10）	32.1%（9）	26.9%（7）	16.6%（3）	33.3%（4）	25.0%（1）
9	イリイチ	21.4%（27）	26.3%（10）	17.8%（5）	26.9%（7）	11.1%（2）	16.6%（2）	25.0%（1）
10	フレーベル	20.6%（26）	18.4%（7）	21.4%（6）	34.6%（9）	11.1%（2）	16.6%（2）	0.0%（0）
11	マルクス	15.0%（19）	13.1%（5）	14.2%（4）	23.0%（6）	11.1%（2）	16.6%（2）	0.0%（0）
12	ロック	14.2%（18）	11.5%（4）	21.4%（6）	23.0%（6）	11.1%（2）	0.0%（0）	0.0%（0）
13	アリストテレス	13.4%（17）	15.7%（6）	10.7%（3）	19.2%（5）	11.1%（2）	8.3%（1）	0.0%（0）
14	アレント	11.9%（15）	21.0%（8）	10.7%（3）	7.6%（2）	11.1%（2）	0.0%（0）	0.0%（0）
14	デリダ	11.9%（15）	23.6%（9）	10.7%（3）	7.6%（2）	5.5%（1）	0.0%（0）	0.0%（0）
14	ニーチェ	11.9%（15）	7.8%（3）	14.2%（4）	15.3%（4）	11.1%（2）	8.3%（1）	25.0%（1）
14	ヘーゲル	11.9%（15）	15.7%（6）	10.7%（3）	11.5%（3）	11.1%（2）	0.0%（0）	25.0%（1）
14	レヴィナス	11.9%（15）	10.5%（4）	17.8%（5）	15.3%（4）	11.1%（2）	0.0%（0）	0.0%（0）
19	ウィトゲンシュタイン	11.1%（14）	18.4%（7）	14.2%（4）	7.6%（2）	5.5%（1）	0.0%（0）	0.0%（0）
19	西田幾太郎	11.1%（14）	13.1%（5）	14.2%（4）	15.3%（4）	5.5%（1）	0.0%（0）	0.0%（0）

※セル中の表記は、上段：割合、下段：実数である。

筆者自身はこの説に全面的に賛同しているわけではない。研究者は評論家ではないのだから、できるだけ禁欲的に論を進めるべきであって、曖昧な根拠に基づいて断定的な発言をすべきではない。その点、一般に教育社会学者より教育哲学者の方が抑制的である（教育史研究者の方がさらにその傾向が強いだろう）。筆者は研究論文では資料に語らせるよう心がけてきたし、本書でも基本的にそのスタイルを維持してきた。とはいえ、ここまで他人の書いたものを批判しながら論を展開してきたのだから、最後くらい自分の立場を明確にしておいた方がよいだろう。

筆者はポストモダン派に位置づけられることもあるが、そうしたラベリングはどうでもよいことだ。筆者はポストモダン思想の影響を強く受けているが、ポストモダン思想を主たる研究対象としてはいないし、ポストモダニズム風のパフォーマンスもしていない。反対に本書の叙述が「近代的」だという批判も容易に予想しうるが、文字の教育を批判する『エミール』が文字で書かれているように、ポストモダニズムを扱う論文がポストモダン的文体である必要はない。

ポストモダンを主題とする本の結論としては意外に思われるかもしれないが、啓蒙の話で論を閉じよう。理性や啓蒙といった近代的理念は、その限界が明らかだとしても、それに賭けるしかないと筆者は考えている。大学や学会という制度も同様で、綻びだらけだとしてもそのなかで何とかやりくりしていくしかない。もっともこうした両義的態度は特段珍しいわけではなく、デリダやフーコーなどポストモダニズムに位置づけられる思想家のうちにも、啓蒙の理念や大学という組織を守ろうしてきた者は少なくない。

よく知られているように、カントは「啓蒙とは何か」（一七八四）において、啓蒙を人が自ら招いた未成年状態から脱することと定義した。

啓蒙とは人間が自ら招いた未成年状態から抜け出ることである。未成年状態とは、他人の指導なしには自分の悟性を用いる能力がないことである。この未成年状態の原因が悟性の欠如にではなく、他人の指導がなくとも自分の悟性を用いる決意と勇気の欠如にあるなら、未成年状態の責任は本人にある。したがって啓蒙の標語は、「あえて賢くあれ！（Sapere aude!）」「自分自身の悟性を用いる勇気をもて！」である（Kant 1969: 35＝二〇〇〇：二五）。

フーコーは、カントの「啓蒙とは何か」を検討した論文で、啓蒙を「一つの態度の絶えざる再活性化」、「私たちの歴史的な存在の絶えざる批判」として特徴づける。しかも啓蒙という「哲学的エートス」は、「啓蒙の恐喝」とでも呼ぶべき脅しを退ける。啓蒙の恐喝とは、「あなたが啓蒙を受け入れるのであれば、あなたは啓蒙の理性主義の伝統のなかにとどまることになる」、そして「あなたが啓蒙を批判するというのであれば、その時には、あなたはそれらの合理性の諸原理から逃れようと試みていることになる」という「単純で権威的な二者択一」である（Foucault 1994: 571-572＝二〇〇二：一六）。
近代しか選択肢がないとしてそこに開き直るのか。あくまでも近代への懐疑とともにそれを継承するのか。これがハーバーマスとフーコーを、戦後教育学と冷戦後教育学とを分ける分岐点である。啓蒙への両義的な態度。私たちは理性や科学を用いるしかないのだがその威信は揺らいでおり、本当にそれらに頼ってよいのかどうか自信が持てない。

であるならば／だからこそ、何にも頼ることのできない状態で、その「よるべなさ」を生きる。それこそがポストモダン状況におけるただ一つの身の処し方ではないか。「よるべなさ（Hilflosigkeit）」とはドイツ語の一般語にフロイトが精神分析的な意味づけをした用語であり、乳幼児が自分の欲求（飢えや渇き）を自ら満足させることができず、親などの他者に依存している状態を指す（「制止、症状、不安」一九二六、G.W. 14: 186-187; 全集一九：八三）。「よるべなさ」は大人になっても残存して神経症の原因となるが、多くの人は「大いなるもの」に依存することでその解消を図る。「大いなるもの」の最大の例が宗教であり、宗教は「よるべなさ」の解消という目的から生み出されたとすらフロイトはいう。

このようなフロイトの宗教批判「ある幻想の未来」（一九二七）を読んだロマン・ロランは、フロイトに手紙を出す。あなたは宗教の本来の源泉を理解していない。それは永遠性の感覚と呼ぶべき感情、「大洋的」感情なのだ、と。フロイトは「文化への不満」（一九三〇）でこれに応えていう。大洋感情なるものを自分は感じたことはないが、それは幼児期に自我が成立する過程で失われた万能感、超人的な力を持つと信じられた親の庇護下にあった時代の安心感の残滓に過ぎないだろう、と。「ある幻想の未来」でフロイトは、社会の基盤は宗教ではなく理性におかれなければならないという。宗教が約束する未来は幻想に過ぎない。人は宗教への依存から脱却して科学を基盤としていかねばならない。

理性以上の審級はないのだ。宗教上の教義の真実性が、この真実性の証となる内的な体験に依拠するというなら、そのようなたまさかの体験に恵まれない多くの人間についてはどうしたらよいのか。生まれながらにして持つ理性を用いよと万人に求めることはできても、ごくわずかの人しか持ち合わせない動機の上に万人を縛る義務を打ち立てることはできない（G.W. 14: 350; 全集二〇：三〇—三一）。

いや、私たちの科学は幻想ではない。それに対して科学が与えてくれないものをほかのどこかから得られると信じるのであれば、それこそ幻想というべきだろう（G.W. 14: 380; 全集二〇：六四）。

科学が与えてくれる真理は暫定的なもので、常に更新される。そして宗教が与えてくれる親に守られている子どものような安心感を、科学は与えてくれない。したがって宗教への依存を脱して科学を基盤として生きるには、「よるべなさ」に耐える必要がある。

とはいえフロイトの科学信仰は、少なくとも彼にとっては一つの世界観として宗教の代替物となりうるほどであった。彼がしばしば精神分析理論を指して用いる「メタ心理学」という用語は、従来の心理学を超えて生物学的に基礎づけられた無意識の心理学を指す。フロイトによれば精神分析こそが人類を新たな一つの体系に導く特権的な知だった（下司 二〇〇六：第Ⅰ部）。フロイトは宗教に対しては大いなる懐疑主義者であったが、科学については構造主義者よりも頑迷な基礎づけ主義者だった。エーリッヒ・フロムが指摘しているように、フロイトは「啓蒙期合理主義の最後の偉大なる代表者であり、その限界を示した最初の人」だった（Fromm 1950: 6＝一九七一：一三）。

翻って現代、私たちは理性や科学への信頼を、フロイトと共有することはできない。私たちは、人間の知性がもたらしてきたものが必ずしも明るい未来だけではなかったことを知っている。ポストモダン思想は人間の知性の限界を示した。序章で触れたシムは、ポストモダニズムを西洋の懐疑主義の伝統の末端に位置づけている（Sim 1999: 3＝二〇〇二：一二）。もしポストモダニズムを懐疑主義の最新バージョンと考えるのであれば、同様の真理への疑念は、西洋哲学の伝統とともに長い伏流を形成しているというべきであろう。

私たちはおそらく、究極の真理を手に入れることはできない。与えられた限定的状況のなかで試行錯誤しながら、少しばかりましな選択となるよう努力するのがせいぜいだろう。しかも、そうしたことを続けても輝かしい未来が約束されているとは限らない。そのことを認めながらも、進まなければならない。カントが「啓蒙とは何か」でのべたように、保護者の庇護のもと子どものように安寧しているのは楽だが、自分の悟性（理性）を用いて、自分の足で歩き出さなければならない。このカントの図式は、先のフロイトの主張とも重なる。フロイトは、子どもがいつか親元を離れ自立していくように、人類も宗教から独立して科学を基礎として生きていくべきであるという。宗教を捨て、自分が神の子でも宇宙の中心でもないと考えると、私たちは親元を離れた子どものように「よるべなさ」にさいなまれるかもしれない。「しかし」とフロイトは続ける。幼年期は克服されるためにあるのではないか、と。
しかし、幼年期（Infantilismus）とは結局は乗り越えられるべき運命にあるのではないだろうか。人は永遠に子どもでいることはできず、最終的には「敵意に満ちた人生」に出て行かねばならない。これは「現実への教育」と呼ぶべきもので、この歩みを進めることが必要であると念押しすることが本論文の唯一の目的であると、今さらのべる必要はないだろう（「ある幻想の未来」G.W. 14: 373; 全集二〇：五六）
ここにおいて啓蒙とポストモダンの精神が一体となる。ポストモダン状況においても啓蒙とは一つの目標であって、私たちはいまだ啓蒙されていない。いや、完全に啓蒙しつくされることはこれからも決してないだろう。フーコーはのべる。「私は、一体私たちが成人になることがあるのかどうか知らない。私たちが経験して来た多くの事がらは、啓蒙の歴史的出来事が私たちを成人にはせず、私たちはまだ成人になってはいないのだと、思わせるものだ」（Foucault 1994: 577＝二〇〇一：二四）。私たちは永遠に未成熟なまま、おぼつかない足取りのまま一歩ずつ歩いていくしかない。安全な親の庇護の下に戻ることはかなわない。大いなるものにすがることもできない。

であればこそ私たちは、自らの立ち位置を批判的に知ることが必要になる。啓蒙とは、「私たちの歴史的な存在の絶えざる批判」なのである（Foucault 1994: 571-572＝二〇〇一：一六）。本書で検討してきたなかでもっともポストモダニズムを体現していた、ある批判的教育社会学者は次のようにのべていた。

ある学問＝科学が、その対象について認識論的に無反省であり、存在論的に無批判であるならば、その学問＝科学は現実を素材としながらも現実を洞察できないという危険を、つねに負うことになろう。対象にたいする忠誠が、分析の前提となるような学問科学が、まっとうなものであるはずがない（森 一九八七：一一一―一一二）。

「教育」の自明性を疑う教育学。「教育とは何か」という問いは回答不能であると語る教育哲学。「教育思想」は存在しないと前提する教育思想史。そのようなポストモダン・モードの研究こそが新たな教育のヴィジョンを提示しうる。ニーチェが哲学を、マルクスが経済学を、フロイトが心理学を、それぞれ根本から批判し疑問視することによって、新たな視野を切り開いてきたように。

註

（1）堀尾は「『宗像誠也著作集』第二巻、青木書店、一九四九年」と注記しているが、初版は河出書房、一九四八年である。また序章の項目「絶望の教育学――自己批判からの出発」は正しくは「絶望教育学――自己批判からの出発」である（堀尾 一九七九：三〇九）。なお宗像は同書で男女平等の普通選挙に反対しており、大衆蔑視が垣間見える。「婦人参政権など絶対反対」、「中年婦人の図々しさと憎々しさ。こういう連中の一票は必ず々々進歩を阻害するに違いないのである」。「これは中年婦人ばかりではないではないか。有ゼンの男も結局同じことではないか。〔中略〕だから僕は男子参政権にも亦絶対反対なのである」（宗像 一九四八：一一―一二）。
（2） 教育史研究会については第五章も参照。
（3） 以下の論述は、『教育思想事典（増補改訂版）』（勁草書房、近刊）における「戦後教育学」の項と重なる部分がある。
（4） ただし佐藤学（一九九二）だけは特定の教育学者ではなく「授業研究」一般を批判しており、専門外のものには批判の対象は明確ではない。
（5） 著者は「編者」として橋本美保と田中の共著となっているが、内容と文体から田中であると判断する。
（6） 田中は「私たちの試みは、これまでの新教育への批判を無視しているように見えるかもしれないが、そうした批判を踏まえたものである」という（橋本・田中 二〇一五：ii）。だが管見の限り、田中の新教育研究は大きくいって二つの研究動向を十分に踏まえていないように思われる。
第一に、田中自身が挙示している長尾十三二（一九八八a、b、c）や中野光（一九六八、一九九〇）に代表される研究である。これらの戦後教育学の新教育研究は、近代主義や講座派マルクス主義の影響から「継承すべき価値」（理念）と「時代的限界」（実態）を二分法的に区分し、新教育の理念を高く評価しながらも、同時にそれが現実の資本主義や帝国主義、総力戦体制に飲み込まれてきたことを鋭く批判してきた（第三章参照）。だが田中は、戦後教育学の新教育研究は新教育の「教育方法」に関するものであって「教育思想」の研究ではないとして、これらの研究の新教育批判を正面から受け止めない（田中 二〇一五：五二一）。そのため、新教育のネガティブな面は考察の対象外に置かれてしまう。田中は戦後教育学の新教育研究と同じく思想（理念）と方法（実態）とを二分法的に理解しているのみならず、新教育の実態を問うことなくその隠された理念のみを称揚しているのではないだろうか。

第二に、ポストモダン思想以降の比較的新しい新教育研究の動向である。一九九〇年代以降、欧米を中心にフーコーの「統治性」や「生政治」といった概念から教育を読み解く研究が登場した。それらのなかには、新教育が「生命」を賛美したことの政治性や、そうした思想が果たしてきた役割を批判的に問いなおすものも多い。これらの研究からすれば、生命思想と功利主義は対立するどころか全く矛盾しない。むしろ新教育とその背後にある生命思想・自然思想は、総力戦体制へ向かうなかで個々人の生を効率よく管理する新たな統治の形態、生政治の体制として理解できるだろう。筆者もそのような研究動向に影響を受けて、新教育研究に取り組んだこともある（下司 二〇〇六：第Ⅲ部第一章）。なお森田尚人（二〇一三）は、生命思想を含む進化論と功利主義の共犯関係をすでに指摘していた。

(7)　もっとも田中はそのことに自覚的であるのかもしれない。「読まれる思想は、読む思考と共鳴共振することで、現れるから」「大正新教育の思想史研究」は、「存在論的倫理を必要としている」というのだから（田中二〇一五：五四七）。むろん筆者も、現代的な問題関心を完全に排除した思想史の記述は不可能であると考える。教育思想史の方法論については、本書第三章および第四章を参照。
(8)　専門分野は第一巻の著者紹介による。
(9)　ここでは教育に関する思惟を領域としての教育思想・教育哲学に代表させているが、この図式は市井の教育論にも広がるだろう。
(10)　質問紙は、研究討議の報告者・司会者（綾井桜子、室井麗子、藤本夕衣、矢野智司と下司）が原案を作成し、木村拓也が社会調査の観点から調整を加え、意見交換を重ねて完成させた。研究討議の報告は綾井ほか（二〇一五）を参照。

(11) この点については、教育思想史学会第二五回コロキウム「教育思想史の〈裏面〉を問う」(二〇一五年九月一三日、於 慶應義塾大学三田キャンパス)で検討した。相馬ほか(二〇一六)を参照。
(12) 岩波書店版『フロイト全集』ではDie Zunkunft einer Illusionは「ある錯覚の未来」と訳されているが、ここでは人文書院版『フロイト著作集』の「ある幻想の未来」と表記する。同様にDas Unbehagen in der Kulturも岩波版の「文化のなかの居心地の悪さ」ではなく人文書院版の「文化への不満」を採用する。引用箇所の頁数はG.W.と岩波版全集で示すが、訳は修正した箇所もある。

文献

G.W. = Sigmund Freud, *Gesammelte Werke: Chronologisch Geordnet*, 18 Bde., Bde. 1-17, London, Imago Publishing, 1940-52, Bd. 18, Frankfurt, S. Fischer, 1968.
全集 = Sigmund Freud, 新宮一成ほか訳『フロイト全集(全二二巻)』岩波書店、二〇〇六―二〇一二年.

Foucault, Michel (1994 [1984]) "Qu'est-ce que les Lumières?," *Dits et écrits 1954-1988, 4, 1980-1988*, Paris, Gallimard, pp. 562-578. = (二〇〇一) 石田英敬訳「啓蒙とは何か」『ミシェル・フーコー思考集成X』筑摩書房、三―二五頁.
Fromm, Erich (1950) *Psychoanalysis and Religion*, New Haven, Yale Univ. Press. = (一九七一) 谷口隆之助・早坂泰次郎訳『精神分析と宗教』東京創元社.
Kant, Immanuel (1969 [1784]) Beantwortung der Frage: Was ist Aufklärung?, *Kant's gesammelte Schriften*, herausgegeben von der Königlich Preußischen Akademie der Wissenschaften, erausgegeben von der Königlich Preußischen Akademie der Wissenschafte, Berlin, W. de Gruyter, Bd. 8, S. 33-42. = (二〇〇〇) 福田喜一郎訳「啓蒙とは何か」坂部 恵ほか編『カント全集』岩波書店、二三―三四頁.

Sim, Stuart (1999) "Postmodernism and Philosophy," Stuart Sim (ed.) *The Routledge Critical Dictionary of Postmodern Thought*, New York, Routledge, pp. 3-14. ＝（二〇〇二）伊藤賢一訳「哲学とポストモダニズム」『ポストモダニズムとは何か』杉野健太郎ほか訳、松柏社、一一―二七頁.
Taylor, Charles (1989) *Sources of the Self: the Making of the Modern Identity*, Harvard University Press. ＝（二〇一〇）下川 潔・桜井 徹・田中智彦訳『自我の源泉――近代的アイデンティティの形成』名古屋大学出版会.
綾井桜子・藤本夕衣・室井麗子・下司 晶・矢野智司（二〇一五）「「教育学の古典」はいかに創られ、機能してきたのか――教育哲学のメタヒストリー」『教育哲学研究』第一一五号、一―二五.
今井康雄（一九九六）「見失われた公共性を求めて――戦後日本の教育学における議論」『近代教育フォーラム』第五号、一四九―一六五頁.
Imai, Yasuo (2007) "From 'Postwar Pedagogy' to 'Post-Cold War Pedagogy': An Overview of the History of Educational Theory in Japan 1945-2007," *Educational Studies in Japan: International Yearbook*, 2, pp. 57-73.
梅根 悟（一九六六）「近世教育思想史における自然概念および合自然原理の発展――コメニウス、ルソー、ペスタロッチ」『教育史学の探究』講談社、一一―二〇七頁.
海老原治善（一九八八）『戦後日本教育理論小史』国土社.
大田 堯（二〇一四）「子どもの生命と戦後教育学」（聞き手・田中孝彦）教育科学研究会編『講座　教育実践と教育学の再生　別巻　戦後日本の教育と教育学』かもがわ出版、二八五―三一二頁.
小笠原道雄・和田修二（一九九七）「シンポジウム設定趣旨（日本教育学会第55回大会〈教育学はどこへ〉――教育学のパラダイムの再検討）」『教育学研究』第六四巻一号、一頁.
小沢有作（一九九五）「戦後五〇年と教育学」東京都立大学教育学研究室編『戦後五〇年と教育学――日本教育学会第54回大会シンポジウム記録』日本教育学会第54回大会実行委員会、i―vi頁.

海後勝雄・広岡亮蔵編（一九五一／一九五四／一九五六）『近代教育史（全三巻）』誠文堂新光社.
香川大学教育学研究室編（一九九九）『教育という「物語」』世織書房.
加藤守通（二〇〇四）「人間形成の地平（1）――人間形成の地平論の課題」『東北大学大学院教育学研究科研究年報』第五三集第一号、一―二二頁.
片桐芳雄（一九九二）「教育史研究論ノート」森田尚人・藤田英典・黒崎 勲・片桐芳雄・佐藤 学編『教育学年報1 教育研究の現在』世織書房、八九―一一四頁.
加野芳正（一九九九）「はじめに」香川大学教育学研究室編『教育という「物語」』世織書房、i―v頁
黒崎 勲（一九九二）「教育権の論理から教育制度の理論へ」森田尚人・藤田英典・黒崎 勲・片桐芳雄・佐藤 学編『教育学年報1 教育研究の現在』世織書房、三五―六二頁.
黒崎 勲（一九九五）「教育学の最前線（企画趣旨文）」東京都立大学教育学研究室編『戦後五〇年と教育学――日本教育学会第54回大会シンポジウム記録』日本教育学会第54回大会実行委員会、五四頁.
黒崎 勲（二〇〇九）『教育学としての教育行政＝制度研究』同時代社.
下司 晶（二〇〇五）「教育言説の心理主義化に抗して――ある幻想の未来」『情況』第三期第六巻第六号、一〇〇―一一五頁.
下司 晶編（二〇一五）『「甘え」と「自律」の教育学――ケア・道徳・関係性』世織書房.
下司 晶・木村拓也（二〇一五）「「教育学の古典」に関する意識調査――教育哲学会第五七回大会研究討議参加者を対象として」『教育哲学研究』第一一二号、二三二―二三八頁.
小玉重夫（一九九九）『教育改革と公共性――ボウルズ＝ギンタスからハンナ・アレントへ』東京大学出版会.
小玉重夫（二〇〇三）『シティズンシップの教育思想』現代書館／白澤社.
小玉重夫（二〇一一）「教育政治学の方へ――アルチュセール以後のイデオロギー論に着目して」『日本教育政策学会年報』第一八号、八―一七頁.

小玉重夫（二〇一三）「政治――逆コース史観のアンラーニング」森田尚人・森田伸子編『教育思想史で読む現代教育』勁草書房、三七―五五頁.
小玉重夫（二〇一六a）「序論　今、教育を再定義する意義」『岩波講座　教育　変革への展望1　教育の再定義』岩波書店、一―四頁.
小玉重夫（二〇一六b）「公共性の危機と教育の課題――教育の再政治化とどう向き合うか」『岩波講座　教育　変革への展望1　教育の再定義』岩波書店、一―一四頁.
児美川孝一郎（二〇一〇）「戦後教育学とポストモダンのあいだ」『人間と教育』第六五号、八八―九五頁.
佐伯　胖・黒崎　勲・佐藤　学・田中孝彦・浜田寿美男・藤田英典（一九九八）「はじめに」佐伯　胖・黒崎　勲・佐藤　学・田中孝彦・浜田寿美男・藤田英典編『岩波講座　現代の教育　危機と改革　0　教育への告発』岩波書店、v―vii頁.
佐藤広美（二〇一四）「戦後教育学と戦争体験の思想化」教育科学研究会編『講座　教育実践と教育学の再生別巻　戦後日本の教育と教育学』かもがわ出版、一〇―三四頁.
佐藤　学（一九九二）「「パンドラの箱」を開く＝「授業研究」批判」森田尚人・藤田英典・黒崎　勲・片桐芳雄・佐藤　学編『教育学年報1　教育研究の現在』世織書房、六三―八八頁.
佐藤　学（一九九八）「教育学の反省と課題」佐伯　胖・黒崎　勲・佐藤　学・田中孝彦・浜田寿美男・藤田英典編『岩波講座　現代の教育　危機と改革　0　教育への告発』岩波書店、v―vii頁.
相馬伸一・下司　晶・室井麗子・小山裕樹・生澤繁樹（二〇一六）教育思想史の「裏面」を問う――「古典」はどう読まれてこなかったのか」『近代教育フォーラム』第二五号、一六六―一七二頁.
竹内　洋（二〇一一）『革新幻想の戦後史』中央公論新社.
田中智志（二〇〇二）『他者の喪失から感受へ――近代の教育装置を超えて』勁草書房.
田中智志（二〇〇五）『人格形成概念の誕生――近代アメリカの教育概念史』東信堂.

田中智志（二〇〇九ａ）『教育思想のフーコー――教育を支える関係性』勁草書房．

田中智志（二〇〇九ｂ）『社会性概念の構築――アメリカ進歩主義教育の概念史』東信堂．

田中智志（二〇一一）「教育批判の根拠――デューイの協同性と宗教性」『近代教育フォーラム』第二〇号、一一三―一四二．

田中智志（二〇一五）「思想としての大正新教育へ」橋本美保・田中智志編（二〇一五）『大正新教育の思想――生命の躍動』東信堂、五一八―五五〇頁．

東京都立大学教育学研究室編『戦後五〇年と教育学――日本教育学会第五四回大会シンポジウム記録』日本教育学会第五四回大会実行委員会．

長尾十三二編（一九八八ａ）『新教育運動の生起と展開』明治図書出版．

長尾十三二編（一九八八ｂ）『新教育運動の理論』明治図書出版．

長尾十三二編（一九八八ｃ）『新教育運動の歴史的考察』明治図書出版．

中野　光（一九六八）『大正自由教育の研究』黎明書房．

中野　光（一九九〇）『大正デモクラシーと教育　改訂増補版』新評論．

日本教育学会（一九七二）『日本教育学会の教育改革意見書・要望書等資料集　一九五四―一九七〇』日本教育学会．

日本教職員組合編（一九五八）『日教組十年史――一九四七―一九五七』日本教職員組合．

日本教職員組合編（一九六七）『日教組20年史』労働旬報社．

橋本美保・田中智志（二〇一五）「まえがき」橋本美保・田中智志編（二〇一五）『大正新教育の思想――生命の躍動』東信堂、ｉ―ⅲ頁．

羽田貴史（一九九六）「戦後教育と教育学」『教育学研究』第六三巻第三号、二三八―二四五頁．

原　聡介（一九九二）「近代における教育可能性概念の展開を問う――ロック、コンディヤックからヘルバルトへの系譜をたどりながら」『近代教育フォーラム』創刊号、一―一六頁．

広田照幸（一九九九）『日本人のしつけは衰退したか』講談社現代新書．

広田照幸（二〇〇九）『ヒューマニティーズ　教育学』岩波書店．

広田照幸（二〇一四a）「教育課程行政をめぐるポリティックス――第二次安倍政権下の教育改革をどうみるか」『教育学雑誌』第五〇号、一―一五頁．

広田照幸（二〇一四b）「発題　社会の論理と教育の論理」広田照幸・宮寺晃夫編『教育システムと社会――その理論的検討』世織書房、一九一―一九四頁．

広田照幸・武石典史（二〇〇九）「教育改革を誰がどう進めてきたのか――一九九〇年代以降の対立軸の変容」『教育学研究』第七六巻四号、四〇〇―四一一頁．

藤田英典（一九九二）「教育社会学におけるパラダイム転換論――解釈学・葛藤論・学校化論・批判理論を中心として」森田尚人・藤田英典・黒崎　勲・片桐芳雄・佐藤　学編『教育学年報1　教育研究の現在』世織書房、一一五―一六〇頁．

堀尾輝久（一九七九）「現代における子どもの発達と教育学の課題」大田堯ほか編『岩波講座　子どもの発達と教育1』岩波書店、二八五―三二二頁．

松浦良充・堀尾輝久・藤田英典・佐藤　学（二〇〇九）「教育改革における日本教育学会の役割」『教育学研究』第七六巻一号、八七―九六頁．

宮寺晃夫（二〇一四）「あとがき――「教育＝社会理論」に向かって」広田照幸・宮寺晃夫編『教育システムと社会――その理論的検討』世織書房、三八三―三八七頁．

宗像誠也（一九四八）『教育の再建』河出書房．

森　重雄（一九八七）「モダニティとしての教育――批判的教育社会学のためのブリコラージュ」『東京大学教育学部紀要』第二七巻、九一―一一五頁．

森田伸子（一九九二）「教育学的言説の彼方へ」『近代教育フォーラム』創刊号、三二一―三八頁.
森田尚人（一九九二）「教育の概念と教育学の方法――勝田守一と戦後教育学」森田尚人・藤田英典・黒崎 勲・片桐芳雄・佐藤 学編『教育学年報1 教育研究の現在』世織書房、三―三四頁.
森田尚人（二〇〇三）「戦後日本の知識人と平和をめぐる教育政治」森田尚人ほか編『教育と政治――戦後教育史を読みなおす』勁草書房、三―三四頁.
森田尚人（二〇一三）「近代日本教育学史の構想――思想史方法論をめぐる個人的総括」『近代教育フォーラム』第二二号、六七―九〇頁.
森田尚人（二〇一四）「戦後教育学の来歴を語り継ぐために」小笠原道雄・田中毎実・森田尚人・矢野智司『日本教育学の系譜――吉田熊次・篠原助市・長田 新・森 昭』勁草書房、一―一九頁.
矢野智司（二〇一〇）「近代教育学を思想史研究として問うことは何を問うことだったのか――カノン形成から見た教育思想史研究史覚書」『近代教育フォーラム 別冊 教育思想史コメンタール』一六三―一七三頁.
矢野智司・毛利 猛（一九九九）「教育という「物語」――人間形成への物語論的アプローチ（趣旨文）」香川大学教育学研究室編『教育という「物語」』世織書房、三頁.

あとがき

「ポストモダン」という言葉をはじめて知ったのはいつだったのだろう。記憶は定かではないが、高校時代にサブカルチャー誌『宝島』で目にしたのが最初だったかもしれない。一九八〇年代最後の三年間、東京から一〇〇キロほど離れた地方都市で、演劇をつくり、バンドを組み、映画を撮ってといっぱしのサブカル少年を気取っていた高校生にとって、ポストモダンという用語は何やらそれを知らないと「芸術的な活動」をしてはいけないような、とても重要なもののように思われた。もちろん当時はそれが何なのかなど全くわかっていなかったし、背伸びをしていたのだから当然とはいえ、その頃に読んでいた本や雑誌に書いてあることは総じて難解であまり理解できなかった。ただ、そのわからなさは魅力でもあった。

多感かつ血気盛んな頃で、常に何かに苛立っていた。一九九〇年に大学に入り学びはじめた教育学は、大学入試問題よりも強固に正解が決まっているように思われた。子どもの権利、人権、発達、国家ではなく国民、主体性、無限の可能性、等々。後にそれらは「戦後教育学」のタームだと知ることになるのだが、そうした思考枠組みの外に出ることは許されていないようだった（ただし、学科の中で最も若かったある先生の授業はそうした制限から自由で、毎時間、膝を叩きたくなるような知的興奮に満ちていた)。せめて表面上だけでも行儀よく真面目に授業を受けていればよいのにどうしてもそれができずに、ほとんどの時間を自宅に引きこもって無手勝流で本を読み、たまに授業に出ると表現の仕方もわからず反抗的なコメントをする、思い出すのも恥ずかしい困った学生になってしまった。ご迷惑をおかけした先生方には今さらながら深くお詫び申し上げたい。

一九九〇年頃にはポストモダニズムは、教育学に限らずアカデミズムにはほとんど浸透していなかったように思う。かくいう私自身も、まだポストモダン思想をよくわかっていなかったし、時代遅れの実存主義やマルクス主義の方がしっくり来ると感じていた。ところが大学二年生のある日、ポストモダンとは何かが体感的にわかってしまった。サルトルの『嘔吐』のような、というのはいかにも大げさだし適切な喩えではないだろうが、ともかくそれは世界の見え方が全く変わってしまうような体験だった。そして理解してみれば、ポストモダンとはかつて憧れていたような輝かしいものではなく、むしろ悲しくほろ苦いものだった。もっともその感触はポストモダン思想というよりも、アイデンティティに揺れる青年期に起因するものだったのかもしれない。

ちょうどその頃だった。「近代教育思想史研究会」が設立され、『教育学年報』が創刊されたのは。一九九〇年代の教育学は、本書でのべてきたようなパラダイム転換の真っ只中にあった。『近代教育フォーラム』と『年報』はそれまでの教育学に不満を感じていた小さな仲間うちで話題となり、皆で競うように買いそろえるようになった。そして逡巡を繰り返しつつ、同級生より二年遅れて、である。

私は大学院の扉を叩くことにした。いってみれば本書は、教育学の世界への潜入日誌のようなものである。

一九七一年生まれの私は、「戦後教育学」をリアルタイムで経験した最後の世代になるのではないかと思う。在籍した頃の中央大学文学部教育学科教育学コース／大学院文学研究科教育学専攻教育学コースは、戦後教育学と冷戦後教育学の汽水域だった。本書に登場する範囲に限っても、長尾十三二先生、中野光先生、堀尾輝久先生と、戦後教育学を中心的に牽引されてきた先生方が揃っていた一方で、新しい教育学の旗手として森田尚人先生がおられ、金子茂先生が両世代の橋渡しをされていた。卒論や修論の口述試験、大学院での研究発表会などでは、発表者そっちのけで先生方が教育学のあり方について議論をはじめるのが恒例で、毎回がさながら学会シンポジウムのようだった。二つの教育学の狭間で戸惑うことも多かったけれども、この時代の空気を吸うことができたことは大変幸運だった。本書の根幹には、この原体験がある。出来の悪い学生でせっかく頂いたお教えを守ることは出来なかったが、お世話になった先生方のお仕事は自分なりに継承したいと考えている。メタ批評という性格上、本書では批判的に検討させて頂いたがご海容を願いたい。

原体験といえば本書をまとめながら、大学院生時代に足繁く通っていた二つの研究会を何度も思い起こした。一つは松浦良充先生（慶應義塾大学）の主宰されていた「ラ研」で、松浦先生が当時所属されていた明治学院大学で開催されていた。教育思想史学会の若手が集ったこの会では、『近代教育フォーラム』を読み直したり、最新の教育学の動向をフォローしたりと、直接に本書の構成につながるような試みが数多くなされていた。もう一つは、故 森重雄先生（電気通信大学）が主宰されていた「モダニティ研究会」である。モダ研にはフーコー研とデュルケム研があり、フーコー研には田中智志先生も参加されていた。月に二回のモダ研は、ポストモダニズムを実感できる非常に貴重な場だった。田中先生には何度も本書にご登場頂き勝手ながら胸をお借りしたが、私にとっての教育学の原風景が反映されているのだと思う。

直接にご指導を賜った先生方に留まらず、本書の執筆にあたってお世話になった方々は数知れない。全員のお名前を挙げることはかなわないが、本書執筆の経緯に関わる範囲で記しておきたい。

教育哲学会と教育思想史学会には、そこで育ててもらった者として大きな恩義を感じている。特に教育思想史学会は、近代教育思想史研究会の頃から会の運営の末端に参加させて頂き、原聰介先生や今井康雄先生をはじめたくさんの先生方から貴重なご指導を賜った。

本書の内容の多くは、教育哲学会と教育思想史学会で発表したものである。私はフロイト派精神分析の思想史研究から研究をスタートさせたのだが、近代論やポストモダン論に関する依頼を頂くことの方が多く、副業だったはずのものが気づけば本を出せるほどになってしまった。もとになった原稿が求められた事情はさまざまだが、ポストモダンという柱を通してまとめてみれば、ある程度一貫した思考の跡がみいだせるのではないかと思う。

勤務先である日本大学文理学部教育学科には、二〇〇九年四月に着任して以来、多くの刺激を頂いている。なかでも広田照幸先生には普段からいろいろと議論にお付き合い頂いている延長線上で、本書にもたびたびご登場頂いた。広田先生を代表とする科研費プロジェクトで社会学・教育社会学を専門とする方々と議論させて頂いた経験も、本書には反映されている。同じく小笠原喜康先生と北野秋男先生には、学校現場との関わりをはじめとするさまざまな機会で、今後の教育のあり方をともに考えさせてもらっている。恵まれた環境にいることを、大変ありがたく思う。前任校の上越教育大学では同世代の現職派遣院生の先生方と各クラスや各学校をどうするという話ばかりしていたので、東京に戻って天下国家の話にギアチェンジするのは苦労したし、まだ戸惑いを解消できていない面もある。とはいえ、本書のもとになった原稿は院生時代に書いた一本も含めほとんどが東京で執筆されたことを考えると、人は置かれた場所によって考えることも異なってくるのだろう。

研究仲間である江口潔、綾井桜子、白銀夏樹、日暮トモ子、須川公央、青柳宏幸、尾崎博美、関根宏朗、小山裕樹、田口賢太郎の各氏、日本大学大学院の堤優貴、安道健太郎、臼杵龍児、加藤雄大の各氏には、本書の草稿に対して有益なコメントを頂いた。また本書のもとになった原稿には、教育哲学会および教育思想史学会の会員諸氏、ラ研や発達教育学研究会のメンバー、日本大学文理学部教育学科および大学院文学研究科教育学専攻の学生・院生諸君、シノドス・セミナー参加者の皆さんなどから貴重なご意見を頂いた。心より御礼を申し上げたい。

私事ながら、休日にも活字とパソコンに向かってばかりで家族との時間を十分に取ることができず、妻と子どもには本当に申し訳ない気持ちで一杯である。日々に季節に窓の外の日差しの変化を羨みつつ、ワーク・ライフ・バランスを再考せねばと思いながらこの本を書いていた。

本書の企画と刊行にあたっては、勁草書房の藤尾やしおさんに大変にお世話になった。おかげさまで「教育思想双書」第Ⅱ期の一冊に加えて頂けることになり、感謝に堪えない。それにしても、『構造と力』の出版社からポストモダン論を出版できることになるとは、高校生だった頃の自分が知ったらどう思うだろう。

最後になるが、恩師 森田尚人先生に心より御礼を申し上げる。

改めていうまでもないことだが、本書の記述についての責任はすべて筆者にある。

本書は、以下の科学研究費補助金を通して推進された研究成果の一部である。若手研究（B）二〇一一—二〇一三年度 課題番号二六三八一〇四六「ポスト近代における「自律」と「啓蒙」の再評価」（代表 下司 晶）、基盤研究（C）二〇一四—二〇一六年度 課題番号 二六三八一〇四六「ポストモダン以後の教育哲学における規範の再創出」（代表 下司 晶）、基盤研究（B）二〇一〇—二〇一二年度 課題番号 二二三三〇二三六「社会理論・社会構想と教育システム設計との理論的・現実的整合性に関する研究」（代表 廣田照幸）。改めて感謝申し上げる。

二〇一六年一一月 息子の誕生日を前に

下司 晶

初出一覧

ただし、いずれも大幅に改稿してある。

序　章　書き下ろし

第一章　「ポストモダニズムの大いなる遺産」，教育哲学会『教育哲学研究』第 106 号，2012 年 11 月，pp. 24-25.
「ポストモダニズムと規範の喪失？——教育哲学のポストモダン思想受容」，広田照幸・宮寺晃夫編『教育システムと社会——その理論的研討』世織書房，2014 年 8 月，pp. 297-321.

第二章　「近代批判、未完のプロジェクト——『教育哲学研究』における近代論の展開」，教育哲学会『教育哲学研究』100 号記念特別号，2009 年 11 月，pp. 279-296.

第三章　「教育思想史の課題と方法に寄せて——近代教育学批判のアクチュアリティ」，教育思想史学会『近代教育フォーラム』第 10 号，2000 年 9 月，pp. 49-58.
「近代批判から教育人間学へ？——失われた〈歴史〉を求めて」，教育思想史学会『近代教育フォーラム別冊　教育思想史コメンタール』2010 年 10 月，pp. 185-198.

第四章　「言語論的転回以後の教育思想史——あるいは、ポストモダニズムの何がいけないのか？」，教育思想史学会『近代教育フォーラム』第 20 号，2011 年 9 月，pp. 171-181.

第五章　「見失われた啓蒙のゆくえ――教育哲学と教育実践、その関係性の転換」，教育哲学会『教育哲学研究』第 109 号，2014 年 5 月，pp. 42-48.
「教育実践の表象としての思想――戦後教育学とともに失われたもの／臨床ブームがみなかったもの」，教育思想史学会『近代教育フォーラム』第 18 号，2009 年 9 月，pp. 229-232.

第六章　「国民の教育権論をフーコーで組み替える――教育思想のポストモダン・序説」，教育思想史学会『近代教育フォーラム』第 24 号，2015 年 9 月，pp. 88-94.

終　章　「社会／教育の二分法を超えて」，広田照幸・宮寺晃夫編『教育システムと社会――その理論的検討』世織書房，2014 年 8 月，pp. 233-239.

人名索引

ア行

カ行

サ行

タ行

ナ行

ハ行

マ行

ヤ行

ラ行

ワ行

事項索引

サ行

タ行

ナ行

ハ行

マ行

ヤ行

ラ行

著者略歴
1971年生まれ
中央大学大学院文学研究科教育学専攻博士後期課程単位取得退学。
博士（教育学）
現　在　中央大学文学部教授（教育哲学・教育思想史）
主　著　『〈精神分析的子ども〉の誕生――フロイト主義と教育言説』（東京大学出版会，2006年），『教育思想史で読む現代教育』（分担執筆，勁草書房，2013年），『教員養成を哲学する――教育哲学に何ができるか』（共編著，東信堂，2014年），『「甘え」と「自律」の教育学――ケア・道徳・関係性』（編著，世織書房，2015年），『教員養成を問いなおす――制度・実践・思想』（共編著，東洋館出版社，2016年）ほか

［教育思想双書Ⅱ－1］
教育思想のポストモダン
戦後教育学を超えて

2016年12月23日　第1版第1刷発行
2022年4月10日　第1版第2刷発行

著　者　下《げ》　司《し》　晶《あきら》
発行者　井　村　寿　人

発行所　株式会社　勁《けい》　草《そう》　書　房
112-0005 東京都文京区水道2-1-1　振替 00150-2-175253
（編集）電話 03-3815-5277／FAX 03-3814-6968
（営業）電話 03-3814-6861／FAX 03-3814-6854
平文社・松岳社

ISBN978-4-326-29913-3　Printed in Japan